论金融安全的刑法保护

李娜／著

WUHAN UNIVERSITY PRESS
武汉大学出版社

《武汉大学刑法学博士文库》总序

《武汉大学刑法学博士文库》以出版武汉大学刑法学博士研究生的学位论文，促进刑法学的研究，扶植刑法学新生力量为宗旨。

刑法是国家的基本法律之一，刑法学是研究刑法所规定的犯罪、刑事责任和刑罚的法律科学。它既有深邃的理论，又与司法实践具有极为密切的关系。所以刑法学的研究，一直为法学工作者所重视。1979 年《中华人民共和国刑法》公布后，发表和出版了大量的刑法学论文和著作。80 年代中期以后，几所法学院系招收了刑法学博士研究生，给刑法学的研究注入了新鲜血液。一些博士生年轻有为，思想敏锐，功底扎实，研究深入，所撰博士论文，对刑法理论的研究具有相当深度。一本一本的博士论文出版成书，使刑法学的研究生机勃勃，呈现更加繁荣的景象。

武汉大学刑法学博士生是从 1987 年开始招生的。这些博士生都很注意学位论文的撰写，他们的论文大多具有真知灼见，理论水平较高。一部分论文出版之后，在社会上得到颇好的评价。但由于学术著作出版较难，致使有些论文未能付梓；研究成果无法与读者见面，实在令人婉惜。有鉴于此，遂筹措刑法学基金，用于资助优秀刑法学博士论文的出版。同时考虑到过去我们的几位博士生虽然出版了几本博士论文，但由于各自为战，分散在不同的出版社出版成书，未能集结一起，形成一股学术力量，因而与武汉大学出版社洽商，设立《武汉大学刑法学博士文库》，出版社慨然允诺，给予支持。这样每年出版两三本刑法学博士论文，积土成山，集腋成裘，经过若干年，便可形成一套洋洋可观的丛书，为刑法学界增添较有分量的学术成果。

《武汉大学刑法学博士文库》，由武汉大学法学院法律系刑法学教授组成编委会，负责编辑出版事宜，以每年答辩的刑法学博士论文为选题范围，审慎选择其中优秀的博士论文逐年编辑出版。希望我们的刑法学博士生，在攻读博士学位期间，认真学习，刻苦钻研，锐意进取，勇于探索，写出高质量的博士论文，使这套文库不断有优秀著作问世。

最后需要说明:《武汉大学刑法学博士文库》是由刑法学基金资助，在武汉大学出版社大力支持下出版的。刑法学基金是关心我校刑法学发展的校友、校外有识之士与刑法教研室的老师捐款成立的。没有这些同志的资助和出版社的支持，就没有这套文库的出版。对于他们的贡献，我们会铭记于心，永志不忘。这里谨向为建立刑法学基金出资出力的同志们和武汉大学出版社表示由衷的感谢!

马克昌

1997 年春于珞珈山

目　录

前　言

在以和平与发展为主旋律的当代社会里，各个国家比以往任何时候都更加重视安全问题。国家安全已不再局限于传统意义上的政治安全、军事安全，而是更广泛地涵盖了经济安全、科技安全、文化安全、生态安全、社会安全等多个方面。人们逐渐认识到，在国家安全体系中，经济因素是具有决定意义的，其中自然也包括金融安全因素。任何国家都必须高度重视金融安全问题，建立健全完善的保护机制。对中国而言，金融安全是一个较新的事物。在 1997 年亚洲金融危机之后，金融安全问题才逐步引起国人的重视。法学领域的学者也开始认真思考中国的金融安全问题，并总结了我国在此方面的一些症结，提出了一些法律对策。鉴于中国金融体制自身存在的问题以及全球化趋势下国际金融问题的传导与渗透，中国金融安全所面临的挑战是空前的，建立一个完善的防御屏障以保护金融安全已经成为迫在眉睫的任务。刑法作为法益保护的最后一个手段，其在金融安全保护中所扮演的角色是极为重要的。

从刑事法角度研究金融安全，不能只依照制定金融刑法、打击金融犯罪的直线思维，而应当运用综合性的研究方法，全面揭示金融安全的特质，准确厘清金融安全与刑事法的关系，深刻辨明国家对于金融安全所应持有的刑事政策立场，精心设置金融安全刑法的立法模式，合理安排金融安全的刑事司法过程。我国老一辈刑法学家储槐植先生率先提出并大力提倡刑事一体化的研究思路，引起了强烈的反响。简而言之，刑事一体化就是要有在刑法之中、在刑法之外、在刑法之上的多维视角，① 敏锐地把握刑事法制的过程、环境中的相关变量，既立足刑法又超越刑法，通过对犯罪规律、罪刑关系、刑法基础、刑法结构、刑法功能、刑罚体系、制刑、行刑政策等的细致梳理来透视研究对象，更新刑法观念，调整刑法结构，完善刑法机制，追求静态刑法规范和动态刑法运行的协调。本书拟借用这一研究范式，站在宏观角度，以刑事法为中心，以刑法运行的一般过程为思维进路，在对金融安全加以清晰认识的基础上，探究金融安全与刑事法的关系原理，研讨金融安全的刑事政策，分析比较金融安全的刑事立法，并对金融安全的刑事司法建言献策，以期能对加强我国金融安全的保护有所裨益。

---

① 在刑法之中研究刑法，就刑法论刑法的规范解释学，是刑法研究的基础，也是刑法研究的起点和归宿。在刑法之外研究刑法，则要研究刑法的外部关系和内部关系对刑法的存在样态和运作方式的影响。在刑法之上研究刑法，就是要对刑法现象进行哲理思考和总体社会价值判断，揭示种种刑法规律，提高刑事政策制定和刑事立法的科学预见度。梁根林，宗建文，王平，白建军，张立宇．引论：“刑事一体化”与刑法结构“严而不厉”——储槐植先生学术思想撷英［M］//梁根林，张立宇．刑事一体化的本体展开．北京：法律出版社，2003：2.

第一章　金融安全概说

第一节　金融安全概述

一、金融安全问题产生的历史背景

（一）新国家安全观的出现

国家安全是近年来人们颇为关注的一个问题，对于国家安全究竟为何物，人们也有着不同的理解和阐释。英国学者曼戈尔德在《国家安全与国际关系》一书中指出，直到二战结束后，“国家安全”的提法才构成国际政治中的一个常用标准概念，成为诸如军事事务、外交政策、外交事务等较陈旧词语的代用品。布朗在《思考国家安全》一书中认为：“国家安全是一种能力：保持国家的统一和领土完整，基于合理的条件维持它与世界其他部分的经济联系，防止外来力量打垮它的特质、制度和统治，并且控制它的边界。”美国出版的《国际社会关系百科全书》认为，现代社会科学家谈到国家安全这个概念时，一般是指一个国家保护它的内部社会制度不受外来威胁的能力。日本警视厅在解释日本的国家安全时认为国家安全应该理解为用军事以外的手段保卫本国的领土，国民的生命、身体和财产不受侵犯，或者指本国的基本政治组织的永存。前苏联出版的《大百科全书》认为保卫国家安全，即保卫现行国家制度、社会制度、领土不受侵犯和国家独立不受敌对国家的间谍特务机关以及国内现行制度的敌人破坏所采取的措施的总和。① 我国国内对这一概念也有着不同的表述，有观点认为，国家安全就是一个国家处于没有危险的客观状态，也就是国家既没有外部的威胁和侵害又没有内部的混乱和疾患的客观状态。② 还有观点认为，国家安全是国家存在的没有危险、不受威胁的一种状态。国家是由一定的居民、一定的领土、一定形式的政府和不可动摇的主权这四个基本要素构成的，国家安全主要表现在这四个方面，其中任何一个方面的不安全都会影响国家的总体安全。③ 也有观点提出，所谓国家安全是由客观存在的生存状态和利益关系与反映这种客观存在的主观感受的有机统一体所形成的结构，是国家间、国家与国际社会为谋求自身生存、免受威胁而形成的互动关系，其本质是国家生存利益的调适。④ 虽然人们对国家安全的概念作出了不同的表述，但其实质是一致的，即国家安全就是不存在对国家的危险或威胁的状态。

人们在对国家安全及相关问题的主观认识的基础上形成国家安全观。在传统意义上，对于国家安全的理解一般仅限于军事安全与政治安全，无论是主张根据理性主义和道德规范的要求处理国际争端，实现国际和国家制度民主化的理想主义国家安全观，还是以权力及利益为核心，就冷战、遏制政策、核威胁政策、军备竞赛、有限战争和国际危机处理等方面形成严密理论体系的现实主义国家安全观，都离不开这一基本落脚点。然而，安全观是一个国家或国家集团对安全的主观认识，它取决于该国或集团的“核心价值”观，

---

① 刘跃进．国家安全学［M］．北京：中国政法大学出版社，2004：50.

② 刘跃进．国家安全学［M］．北京：中国政法大学出版社，2004：51.

③ 康均心．多维视野下的国家安全论纲［M］//莫洪宪，康均心．国家安全研究：第1卷．

④ 何贻纶．国家安全观刍议［J］．政治学研究，2004（3）．

会随时间和环境的转换而不断发生变化,① 事实证明了这一论断的正确性。在全球化的进程中，非传统安全问题的凸显使得人们不得不对国家安全的内涵与外延作出新的思考。20 世纪 70 年代的石油危机凸显的资源安全问题，20 世纪 90 年代的全球生态环境恶化问题，1997 年亚洲金融危机的爆发、恐怖组织资金的全球性流动所引发的金融安全问题，还有大规模杀伤性武器扩散、信息网络攻击、非法移民，等等，一系列的冲击使国家安全问题逐渐出现了综合化的现象，形成有别于传统国家安全观的“新安全观”，实际上是基于非传统安全问题所形成的国家安全观及战略的统称，诸如综合安全观、共同安全观、合作安全观等。② 非传统安全问题受到了前所未有的重视，全球化背景下的国家安全涵盖了国土安全、主权安全、政治安全、军事安全、经济安全、文化安全、科技安全、生态安全、信息安全等方面，这些方方面面构成了一个国家安全体系。正如基辛格指出的：“世界秩序的内容、作用和目标的变化从来没有像今天这样迅猛和深刻，这样具有全球影响。”③

（二）新国家安全战略下的经济与金融安全问题

国家安全和经济的关系是非常密切的。纵观世界历史强弱兴衰

① Paul M. Evans. Studying Asia Pacific Security: the Future of Research Training and Dialogue Activity. University of Toronto — York Press, 1994, p. 8.

② “综合安全观”由日本政府于 20 世纪 70 年代末提出，认为要防止和对付战争、能源危机、资源危机、自然灾害等方面的威胁，必须将经济、政治、军事、外交等多种手段相结合，发挥其综合作用，这一观点在世界范围内产生了广泛影响。“共同安全观”概念源于欧洲，它是作为东西方对抗的一种反动，尤其是对战略核威慑的一种反动而出现的，认为避免战争，尤其是避免核战争，是一种共同的责任，世界各国的安全——甚至生存——是相互依赖的。“合作安全观”是一种力求通过安全主体（包括国家主体与非国家主体）在一定范围内的合作来谋求国家安全、地区安全乃至全球安全的主张和观念。刘跃进．国家安全学［M］. 北京：中国政法大学出版社，2004: 298-299.

③ Herry Kissinger. How to Achieve the New World Order. Time, 1994-3-14.

的演变历程，经济一直是国家和民族生存与发展的主线。自有人类社会以来，在避免饥馑、克服周边环境对生存的威胁这一原始的本能中就蕴涵了寻求经济安全的意识。自有阶级和国家以来，维护经济的繁荣稳定、排除可能导致财富流失的危险也一直在国家战略中占有重要的地位。现代社会里，国家安全意味着一个国家主权、地位、生存、发展等战略利益的保有和稳固，这些利益目标基本上都是建立在经济的基础之上的，经济因素在国家战略中所占的系数越来越重，经济安全也相应地在国家安全体系中占有举足轻重的地位。在一国的国家安全体系中，政治安全是根本，军事安全是保障，而经济安全则是基础。在今天现代化和全球化浪潮的交互推动下，国家之间的竞争已经发展到以经济为中心的综合国力的竞争，这种竞争更是超越了传统的地理、政治界限。如果说在自然经济时代某些政权和族群可以凭借自给自足的自然经济和优越的地理条件得以偏安一隅，逃避优胜劣汰的社会发展规律，那么在市场经济盛行、世界日益紧密联系成为地球村的今天，对土地、能源等资源的运用能力，对信息、人力资源、商业机会的掌控能力以及在此基础上合成的可持续发展的能力已成为一个国家和民族赖以自保的唯一选择。换而言之，过去在经济领域里确保了生存就赢得了国家安全，而今，在这一领域只有赢得了发展权才能确保国家安全。在这种竞争态势下，经济因素越来越多地扮演着一种决定性的角色，经济安全问题在国家安全战略中所占的地位达到了前所未有的高度，而且经济安全也更深地渗透到政治、军事等狭义的国家安全领域，无时无刻不成为国家关注的焦点问题。如美国现行安全战略中经济安全是其三大支柱之一；俄罗斯 1997 年通过的《国家安全构想》将经济安全列为国家安全的“重中之重”；新加坡将“经济防御”作为其“总体防御”中的重要内容；2002 年中国共产党第十六次全国代表大会的报告则明确提出，“在扩大对外开放中，要十分注意维护国家经济安全”，第一次将维护经济安全写进了党代表大会的文献中。有一种观点甚至认为，在今天这个世界里，国家安全和经济安全是处于同一层面的。① 这样的看法也是有一定道理的。

简单而言，经济安全就是一个国家的经济生活不受威胁的状态。有的观点认为，它主要体现为一国经济在整体上主权独立，基础稳固，运行健康，增长稳定，发展持续，在国际经济生活中具有一定的自主性、防卫力和竞争力，不至于因为某些问题的演化而使得整个经济受到过大的打击和遭受更多的损失，能够避免或化解可能发生的局部性或全球性危机。② 由此可以看出，经济安全既依赖于自然环境、资源方面的无害化和充足供给，也依赖于国家内部经济制度及其运作的理性和稳定，还涉及国际政治经济秩序的协调运作。相比传统的安全领域，经济安全涉及面极宽，从纵向上看可以将其分为全球经济安全、地区经济安全、国家经济安全、行业经济安全等层次，从横向上看则可以分为货币安全、能源安全、粮食安全、贸易安全等，具有很强的变动性。有的经济安全问题还具有相当强的隐蔽性，充满着诸多不确定性和矛盾性，如发展中国家对外国资本的引入及跨国公司的扩张问题、对外贸易中的顺差逆差平衡问题，等等。此外，在所有的安全领域中经济安全是最具有国际性或者是全球性的，单个国家的经济安全无可避免地同区域性和全球性的经济安全捆绑在一起。

在现代经济中，金融充当着核心的角色，它是资源配置的主要渠道，是聚积财富的重要手段。在市场经济条件下，金融业是得到充分发展的行业，金融除了继续发挥传统意义上的融通资金、经营货币、创造信用等职能外，还与信息、风险等要素高度契合，成为容纳风险、放大信用、衍生财富、调控经济的重要领域。在金融全能化的发展中，随着各类金融机构在资金和操作上的混同，以及金融衍生工具对风险的放大，以致任何一个金融环节一旦出现问题都

---

① 张士铨．从全球化角度深入研究国家经济安全问题［J］．当代世界与社会主义．2001（6）．

② 聚焦中共十六届四中全会报道：如何认识和维护国家经济安全［EB/OL］．［2004-12-26］http://www.people.com.cn/GB/42309/42310/3080109.html.

可能会演化成一场全局性的危机，引起连锁反应。同时，与经济全球化伴生的金融全球化带来了金融市场的日益一体化和金融政策的自由化、国际化，这使得金融全面成为无国界活动，成为贯通全球经济的血管和命脉。在这种条件下，金融已不单单是某个国家、某个产业的局部问题，而是一个全局性、全球性的具有战略地位的问题。

金融业是非常敏感、脆弱的领域，容易受自然因素、社会因素、经济因素、非经济因素以及国内因素、国际因素等多方面因素的影响而出现异动。伴随着活跃的金融活动的是无所不在的金融风险，由于金融风险聚积而引发的金融危机成为金融行业的一种痼疾。它们在事前并没有明显征兆，而且有极强的传染性，会在金融体系内迅速蔓延。根据美国《基督教科学箴言报》的统计，在1980~1995年的15年间大约平均每5周左右世界某地就会爆发一场金融危机。有的文章则认为世界上已先后有120个国家发生过严重的金融风险和危机。① 如果说20世纪90年代中期之前的金融危机还是国别性的、小规模的，那么90年代后期的金融危机日益频繁，涉及面也越来越广，破坏性也越来越强。如墨西哥金融危机、东南亚金融危机、俄罗斯金融危机、南美洲金融危机仿佛在一夜之间忽然爆发，迅速席卷多个国家，遭受危机的国家根本无力抵御，不但摧毁一个国家的金融体系，使得大量财富蒸发，还对其他产业造成重创，造成相当长时期的经济衰退。金融危机对经济的破坏性不亚于战争，有观点甚至认为，我们所处的现代市场经济已步入了“核金融”时代，衍生金融工具已经发展到具有核武器能量的层次，具有毁灭性的冲击力。② 人们开始警觉到，当金融成长为经济活动中不可取代的因素时，金融风险及金融危机已跨越了金融行业本身的范围，不仅使金融机构、金融体系面临着破产和解体的威胁，整个国家其实都充满着风险，即便是一个经济非常健康的国

① 李少军．论经济安全［J］．世界经济与政治，1998（11）．

② 陈松林．中国金融安全问题研究．华中农业大学博士论文．10.

家，也会被危机所拖累。加之经济全球化的发展为金融危机的发生和发展增添了更复杂的动因，使金融危机更加难以预防和应对，没有一个机构能够成为永远的安全者，也没有一个国家能够成为永远的安全区。一触即发的金融危机同以往资本主义社会“生产过剩”所引发的经济危机相比，有过之而无不及，它已成为威胁经济安全的头号大敌。金融危机除了对经济安全构成最直接的威胁外，还可能对一些国家的政治局势产生间接影响。在金融全球化形势下，金融市场全面开放，金融政策实施自由化，国际资本无国界地自由流动。发达国家通过对国际金融市场和金融秩序的操纵与控制逐步进行渗透，直接或间接地插手发展中国家的经济主权事务，进而对发展中国家的经济安全乃至国家安全产生威胁，如在东南亚金融危机中国际货币基金组织对韩国、印尼等国进行援助的同时提出了一些附带的政治条件，导致了受援国出现不同程度的政局动荡就是明显的例子。

上述的这些都可以归结为金融安全问题。金融安全已经给今天的世界带来了前所未有的严峻挑战。张幼文先生关于一个国家经济安全和金融安全关系的论述是比较精辟的，他提出，国家经济安全并不局限于金融领域，但金融无疑是影响国家经济安全的最重要方面。一方面是由于金融在现代市场经济中的命脉地位，使由金融系统产生的问题可能迅速成为整体经济的问题；另一方面也由于金融全球化的发展使世界局部金融问题迅速转化为全球性金融问题，从而金融安全成为经济安全的核心。① 各种经济问题首先在金融领域中积累，到金融体系无法容纳这些问题时，它们便剧烈地释放出来。金融安全是经济安全的必要条件，金融不安全意味着经济也不安全，金融安全直接决定着国家的经济安全。② 基于金融安全在国

① 张幼文等．经济安全：金融全球化的挑战［M］．上海：上海社会科学院出版社，1999：3.

② 刘锡良等．中国金融安全问题研究［M］．北京：中国金融出版社，2004：4.

家安全体系中所处的地位，我们认为，必须站在国家安全的高度来看待金融安全，从国家安全层面来研究金融安全，深化对金融安全问题的认识。

二、金融安全的概念与特征

（一）金融安全的概念

从理论上把握金融安全的概念有较大的难度，就目前掌握的资料显示，国外学者仍未对金融安全的概念进行界定。这一方面说明具体和明确界定金融安全的概念较为困难，另一方面说明金融安全是经济安全的核心内容，它与经济安全有着广泛而密切的联系并由经济安全所决定。国际上大多数国家都将金融安全放在国家安全战略系统中来探讨。①我国学者对金融安全所下的定义大致有以下几种：

1. 一国金融体系的安全指的是整个金融体系的稳定，而不是单个金融企业的安全。②

2. 金融安全是相对金融风险而言的，在某一区域的某一时期没有出现金融危险并引致金融、经济的紊乱，金融就是安全的。金融风险来源于金融自身的脆弱性。③

3. 金融安全，简而言之就是货币资金融通的安全，凡是与货币流通以及信用直接相关的经济活动都属于金融安全的范畴，一国国际收支和资本流动的各个方面，无论是对外贸易，还是利用外商直接投资、借用外债等也都属于金融安全的范畴，其状况如何直接

① 刘沛，卢文刚．金融安全的概念及金融安全网的建立［J］．国际金融研究，2001（11）．

② 刘锡良等．中国金融安全问题研究［M］．北京：中国金融出版社，2004：4.

③ 戴小平．论金融安全区的构建［J］．经济问题，2000（6）．

影响着经济安全。①

4. 金融安全就是将金融风险控制在可能引致危机的临界点以下，在不致触发金融危机的条件下尽可能地降低金融风险，提高金融效率。②

5. 金融安全指主权国家在从事资金融通活动中不受内外因素的破坏和威胁，是国家经济安全的核心。③

6. 国家金融安全是指一国能够抵御内外冲击，保持金融制度和金融体系正常运行与发展，即使受到冲击也能保持本国金融及经济不受重大损害，如金融财富不大量流失、金融制度与金融体系基本保持正常运行与发展的状态，维护这种状态的能力和对这种状态与维护能力的信心与主观感觉，以及这种状态和能力所获得的政治、军事与经济的安全。④

7. 金融安全是指国家金融政策、金融机构和市场、金融活动等都能够有效地抵御和消除来自国内外的各种风险冲击和侵害，确保国家正常稳定的金融功能和金融秩序。⑤

从以上金融安全的定义可以看出，人们实际上是从不同的角度出发对金融安全进行了不同的界定，如从单个金融企业与整个金融体系的关系的角度、从经济体内部的角度、从对外交往的角度，以及从国际政治学和国际关系学的角度，等等。既然我们是在国家安

---

① 王元龙．我国对外开放中的金融安全问题研究［J］．国际金融研究，1998（5）；周道许．金融全球化下的金融安全［M］．北京：中国金融出版社，2001：27.

② 刘锡良等．中国金融安全问题研究［M］．北京：中国金融出版社，2004：4.

③ 刘锡良等．中国金融安全问题研究［M］．北京：中国金融出版社，2004：4.

④ 梁勇．开放的难题：发展中国家的金融安全［M］．上海：上海社会科学院出版社，北京：高等教育出版社，1999：10.

⑤ 刘跃进．国家安全学［M］．北京：中国政法大学出版社，2004：86.

全层面上来研究金融安全问题，仅仅局限于金融学范围来思考是有失偏颇的，因此上述前四个概念都存在局限性，后三个概念则是将金融安全提到了国家安全的新高度来界定，具有一定的合理性与现实性。对于金融安全的特征人们也有不同的表述，有观点认为是政治性、综合性、相互依赖性和突发性，① 也有观点认为除上述特征外，还包括紧迫性、区域性、战略性，② 还有人提出金融安全的特征主要表现为金融机构经营的稳健性、金融运行的有序性、有效性和可持续性四个方面。③ 笔者认为，上述这些论述从不同的角度揭示了金融安全的特征，由于金融安全的复杂多变性，我们把握金融安全应该从两个方面出发：第一，金融安全是一个整体性的概念，应避免用孤立的、局限性的眼光看待金融安全，或者只站在金融学的立场上谈金融安全。第二，金融安全是一个发展的概念，随着金融领域的不断发展，它在与内外部环境的互动中会滋生出更多更新的问题，需要深入地研究并加以解决。综上所述，笔者以为，金融安全是国家经济安全的核心，指一国能够保持金融制度和金融体系运行平稳，能够有效地抵御和消除来自国内外的各种风险冲击和侵害，最大限度地保护本国经济利益，从而获得经济、政治与军事安全的一种状态和能力。

（二）与金融安全相关概念的辨析

在理论和实践中，有几个概念和金融安全有着密切的关联，并且使用率很高，因而在此需要加以剖析，并澄清这些概念与金融安全之间的关系。

1. 金融风险、金融危机与金融安全

---

① 杨劬．金融全球化背景下我国的金融安全研究［M］．四川大学经济学院 2003 届硕士学位论文，3-4.

② 卢文刚．国际关系中的金融安全研究［M］．暨南大学 2001 届硕士学位论文，10-13.

③ 李盾．金融开放对我国金融安全的影响及对策建议［M］．对外经济贸易大学 2003 届硕士学位论文，9.

金融风险是一种经济现象，是指因为金融活动的不确定性所引发的产生损失的可能性。现实经济生活中，由于信息不对称的广泛存在和市场主体间的利益博弈行为，存在着各种不确定因素。这种不确定性在金融领域就集中体现为金融风险。它是金融活动的伴生物，有金融活动就会有金融风险。理论研究上通常把金融风险区分为微观、中观和宏观三个层面。微观层面的金融风险，是指金融机构从事具体业务所发生的风险，如借款人未能按期偿还贷款，又如被保险人故意制造保险事故骗取保险金等。中观层面的金融风险，是指某一类金融机构在经营运作过程中存在的风险，主要是由于各类金融机构开展不同性质、类别的业务，在业务组合和资金安排上需要保持一定的平衡，如果这种平衡被打破，就会带来一定的风险。如银行业通常面对的系统性风险及流动性风险等。宏观层面的金融风险，则是指整个金融行业所面临的风险，统指那些对金融体系的稳定、金融运行的协调、金融监管的实施产生威胁的风险。

当金融风险积聚到一定程度，并在一定的诱因作用下集中或连锁恶化，对金融体系和金融运行造成损失和威胁，就酿成了金融危机。金融危机可以从不同的角度分成不同的类型。从影响范围的角度可以分为局部性危机和整体性危机，从破坏程度上看则可以分为重度危机、中度危机和轻度危机。但关于金融危机的判断标准问题，即具备哪些因素和条件才能视为是金融危机，各国金融监管当局和学术界尚没有统一的看法。

金融风险和金融危机可以用来解释和衡量金融安全。正常情况下，金融风险越高，金融危机的爆发概率就越大，金融安全形势就越严峻。金融监管机构关于金融安全的工作目标都是围绕着杜绝金融危机，削减金融风险而制定。但由于金融风险是金融领域的一种常态，即便在最好的金融安全态势下，金融风险也是无法消除的。

2. 金融稳定与金融安全

金融稳定是指金融体系和金融活动没有重大危险，在遭遇危机时不至于产生金融恐慌和连锁反应。金融稳定是对一个国家或地区金融体系、金融结构及金融运行的质量、状况的一种描述，主要通过金融机构、金融体系、金融调控、金融监管等方面的总体性指标来体现。金融稳定是金融安全的前提条件和追求目标之一，但它不能等同于金融安全。相比金融稳定而言，金融安全更具备综合性，它是用“金融—经济—社会”联动的系统观察方法，对一定时空内金融领域以及与金融相关领域的运行及发展特征的全面评价。它既关注静态的金融指标，也关注动态的金融行为。它既考察作用于金融领域的内生性因素，也考察影响金融运行的外生性因素。而且如前所述，金融安全是站在国家安全的高度观察一个国家的金融问题，其视角比金融稳定更为宽广和深刻。

3. 金融效率与金融安全

效率与安全是一对相互制约、关联密切的范畴。金融效率主要考虑的是金融交易规则和交易工具如何降低或节约交易费用、何种激励机制能够促使市场主体节约交易成本并且满足市场需求、何种金融体系更有利于金融创新。金融安全则更多地考虑在既定的框架下如何提高金融组织体系的健全性和生存能力，确保和增加公众对金融行业的信心，如何通过完善监管维持金融市场的稳定、统一，规范各市场主体的行为，促使金融市场稳定、协调发展并发挥其资源配置功能。在金融领域，金融效率与金融安全的关系尤为特殊。由于金融行业的高风险性，确保安全往往是监管者和从业者所优先考虑的，因而在某些场合中，对交易安全的重视势必增加金融的成本，对效率产生影响甚至牺牲部分金融效率。但从长远上看，当金融秩序趋向理性，金融主体的活动趋向稳健并自觉对金融风险进行合理审慎的评估，努力作出降低交易成本、适应市场需求的金融行为，并积极采用高科技手段简化交易程序时，金融安全和金融效率是能够达到高度统一的。

三、我国的金融安全问题

在新中国成立后相当长的时间里，由于体制和机制上的原因，金融业不发达，金融领域基本上是由国有资本独家垄断经营，而且政府管制行为和金融经营行为混杂在一起，行政化色彩较浓厚。在这种条件下没有多少人去谈论金融安全问题。随着改革开放的步伐，我国开始了金融市场化的改革，将中央银行与专业银行的职能分离，并组建了商业银行、信托投资公司、证券公司、保险公司等不同类型的金融机构，在金融领域也开始引入非国有资本，逐步搞活金融行业。随着金融在经济建设中发挥的作用越来越明显，与金融伴生的安全问题也逐渐引起人们的关注。由于这一时期市场机制在金融资源配置中的作用还非常有限，金融市场发育水平和法律监管体系尚在起步阶段，人们对金融安全问题还比较陌生，所关注的多是个别性的金融风险问题，如非法集资、股市波动、外汇储备增减、汇率变动等，而对全局性、系统性的金融安全问题则认识不够。

直到20世纪90年代后期邻近的东南亚国家爆发的大规模金融危机才引起了我们对金融安全的警惕。在这场危机中，我国的货币体系、证券市场虽未受到国际投机资本的直接攻击，但面临巨大的压力。我国的经济尤其是对外贸易受到了很大的拖累。为了应对这种形势，我国政府果断实施了以扩大内需为主线的积极财政政策和稳健的货币政策，并下决心重视和解决金融领域存在的一系列问题。如1998年中国人民银行相继关闭了中国农业发展信托投资公司、中国新技术创业投资公司、海南发展银行、广东国际信托投资公司等问题金融机构，组建金融资产管理公司解决银行的巨额不良资产问题，持续开展了对信托投资公司、证券公司、城乡信用社等违法违规行为高发的金融机构的清理整顿以及对非法金融机构、非法金融业务的打击，并加快了金融法律体系和监管体系的建设，消除了一些风险隐患。但自此以后，在内外原因的作用下，我国的金融安全压力丝毫没有减轻。导致这种局面的内部根源主要在于金融市场不发达，金融体系比较脆弱，金融监管能力还有待提高。1997年巴塞尔银行监管委员会主席德·斯旺对金融危机的成因作了精辟的分析，他认为有五类原因容易导致信贷风险，第一类成因是宏观经济的不稳定；第二类成因是未成熟的金融自由化；第三类成因是政府介入；第四类成因是不合理的内部控制机制；第五类成因是不健全的市场基础构架。① 现在看来，我国的银行体制中还不同程度地存在上述问题，而且我国的投融资体系和信用体系跟不上快速发展的经济的需要，大量中小企业缺乏金融支持系统，导致了游离于体制外的“灰色”金融现象屡禁不止，加剧了金融领域的风险程度。导致金融安全局面严峻的外部原因则主要有：第一，随着我国加入世贸组织，市场保护措施进一步减少，对外资开放领域进一步放宽，银行、保险、证券等金融行业面临的竞争压力不断增大，外国金融机构雄厚的资本实力和先进经营方式的涌入势必改变中国的金融格局，一批金融机构面临被淘汰的威胁，带来一些震荡在所难免；第二，世界经济全球化和金融全球化的发展，使世界上每一个经济体的金融领域相互间搭建起了千丝万缕的联系，在金融国际竞争中，我国的对外负债结构存在不合理的地方，金融业和金融服务贸易的总体竞争力还较弱，容易受到国际金融风波的影响；第三，虽然打击洗钱犯罪以及在金融领域开展反恐行动已逐步成为各国监管当局的共识，但跨国性金融犯罪的不断增多和国际恐怖主义活动的日渐猖獗确实增加了保护金融安全的难度。2002 年底，中央成立了以总理为组长的金融安全领导小组，小组成员均是要员，可见，确保国家金融安全，及时防范和化解金融风险，已经成为我国领导层高度重视的问题。

由于我国经济和金融生活中所存在的结构性矛盾还未得到根本性的解决，过去长期积累的金融风险还未得到完全有效的化解，金融领域的规范化、法治化水平与发达国家尚有不少差距，加上国内外金融环境的复杂多变，现阶段我国的金融安全形势是不容乐观的。

---

① 曹建明．金融安全与法制建设［M］//杨正鸣．金融犯罪与法律控制．上海：立信会计出版社，1999.

第二节　金融安全与金融法制

一、运用法律保护金融安全的一般原理

市场经济是一种法制经济，它的重要特征就是各个主体之间的地位明确、相互间的权利义务关系清晰、按照既定的规则运作、遇到纠纷时由权威性的裁判机关运用完备的实体规则和正当的程序规则来调处。市场经济中各个门类的经济活动都需要有严格的法律规范来保障秩序，保证其健康发展。金融作为市场经济的重要元素，更是离不开法律。我们所说的金融领域的法律，可以统称为金融法制，它是关于金融的各种法律概念、法律原则、法律规范合成的一个整体，是对金融监管者、金融业务的主体、金融交易和运行中所产生的法律关系进行规范、调整和约束的制度安排。它涉及的内容非常广泛，既包括金融机构的性质、地位、组织体制、职能作用、相互关系，也包括金融产品的类别、性质、构成要素、运行方式，还包括金融监管的原则、内容、步骤、程序，等等。世界上绝大多数国家都有数量不菲的金融法律法规，各国的实践证明，通过把金融制度、金融活动的内容和要求直接规定为法律，并推动法律的不断健全和有效执行，可以有效地解决金融领域的诸多问题。

为什么必须依靠法律手段来保护金融安全呢？从较浅的层次来看，一方面是由于金融涉及千家万户，关系到国计民生。而且金融业具有很强的专业性，操作复杂，一般民众难以理解其原理。金融的交易对象是货币以及其他的货币工具，等同于财富；另一方面在于金融业控制的资金数额巨大，所造成的损失严重，影响面广。所以国家对金融实施严格的监管，使用大量的强行性规范、处罚性规范来管理金融。从深层次来理解，笔者以为这是由金融安全所具备的公共产品的特征决定的。诺贝尔奖获得者布坎南认为，只要是集体或社会团体决定，为了某种原因通过集体组织提供某种物品或服

务，便是公共产品。① 公共产品的本质特征是公共性、不可替代性、排他性，是私人机构无法提供或很好地提供的产品以及市场机制无法优化的产品，如医疗、教育、公共设施等。能够提供公共产品的主要是国家和一些以公益为目的的非营利性组织。我们仔细考察可以发现，金融安全是非常符合公共产品的特征的，具体表现为：首先，金融除了是一种商业活动外，也是一种公共性的事务，上至国家下至民众都被卷入金融领域之中，无法脱离其影响。在金融给经济带来活力、给人们带来便利的同时，金融安全也成为社会性问题，势必需要一个公共性机构来着手解决。其次，随着市场经济的发展，金融势必市场化、自由化。金融运行的大多数问题可以通过市场机制和资源配置渠道很好地加以解决，但是金融安全问题的解决则具有一定的难度。一则金融本身的逐利性、投机性以及对风险的嗜好，导致了金融行业中的部分资源要素不按照正常价值规律配置，有些金融主体不按经济伦理行事，而且金融运行过程中市场信号失真、调控手段迟滞或失灵的现象不可避免，市场这只“看不见的手”无能为力时，必须借助于“看得见的手”进行调控；二则影响金融安全的内外因素很多，有些因素只能通过非市场化手段去限制。依靠市场自身无法解决时，就只能由公共性力量挺身而出来承担这个任务。可见，金融安全为所有的金融主体所需要，而任何单个的金融主体都无法去充分地提供或完善它。它的形成和维系成本是非常巨大的，单个的金融主体难以承受。它维系着整个金融领域的安危，代表着整体价值。在金融主体的博弈行为中，它无疑是处于弱势地位，容易被排斥或忽视，而让位于其他利益。基于金融安全的这些特性，我们有理由认为维系金融安全只能主要通过国家或一定公共性机构（这些机构必须是非营利性的）来完成，其主要使命是关注金融领域整体而非个别的利益，其维系金融安全的手段主要是一种外部的规则而非内部的自觉行动。这些

---

① 詹姆斯·M. 布坎南. 民主财政论［M］. 穆怀朋，译. 上海：商务印书馆，1993：20.

外部规则既包括以国家意志为表现形式的法律规范，也包括金融行业性组织制定的对其成员有约束力的内部“契约”。而且历史事实也已证明，金融法制是解决金融风险及金融安全问题的重要保障。最典型的例子莫过于20世纪二三十年代经济大萧条时期的美国，当时美国的金融体系受到重创，数以千计的银行倒闭，证券价格一泻千里。罗斯福总统上台后，以强力手段推动国会颁布了银行法、证券法、证券交易法、投资公司法等法案，建设和完备了银行、证券监管体系，尤其是颁布了被视作金融业分业经营基石的《格拉斯——斯蒂格尔法》，保证了美国在此后的几十年间金融市场稳定，不再重蹈“黑色星期二”的覆辙。

此外，近年来中国官员和学者都热议着“金融生态”的理念，在这个理念里面，金融被比喻为有生命的植物，植物需要适当的阳光、水分、空气、温度和土壤等才能茁壮成长，而金融的生存发展离不开政治、经济、法律、社会、文化等内外部环境。植物的生态环境越好，植物就生长得越好。金融生态环境良好，则可以促进金融资源合理配置，安全稳定运行，创造更多的财富。金融生态环境主要包括经济环境、法制环境、信用环境、市场环境和制度环境等。其中法制环境承担着构建金融组织市场准入、退出和公平竞争机制，创设金融活动主体的行为规则，界定各种金融组织和金融活动的发展空间的任务，而且法制环境还能为政治、经济、社会、文化等方面金融生态环境的改善提供保障，能够增强金融生态环境的稳定性和适应性，保持整个金融生态环境的良性发展和动态平衡。① 专家学者们一致认同法制环境是金融生态环境的首要因素。基于此，金融法制在金融安全问题领域所发挥的作用是非常关键的。一方面，金融法制为金融安全提供了充足的制度供给，强化金融管制措施的公信力和执行力，培育金融自我调节机制；另一方

① 杨建莹．金融生态环境建设需要法制保障——访中国人民银行条法司司长陈小云［EB/OL］．金融时报金时网．http：//www.financialnews.com.cn/cnff/ral/200511010244.htm.

面，金融法制通过对金融违法行为的否认和打击，防范和化解了金融风险，促进了金融机构的优胜劣汰。金融法制所发挥的这些作用是其他手段难以企及的。

上述原理帮助我们从宏观视角把握金融法制对金融安全的维系所发挥的效用。笔者认为，金融法制对金融安全具有决定性的影响。在法制完备的基础上，进一步用法治原则指导我国金融现代化的全过程，实现善法而治、法律至上、权利本位、正当程序等，无疑能将法律对金融及金融安全的引导、规范作用推向更高的层次，对金融安全的保障发挥更加显著的作用。①

同时必须指出的是，金融法制对金融安全的保护具有一定的局限性，不能奢望依靠金融法制消除金融领域中的所有风险。理由在于：首先，法律的作用机制是对社会关系进行定性，按照行为模式—法律后果的逻辑来实施，对于无法纳入法律视野的社会关系以及法律触及不到的领域，法律的作用是空白。其次，法律具有滞后性，其对新兴事物作出反应存在一定时差。再次，立法再完美，还必须依赖于有力的执行手段、和谐的守法环境和强烈的法律信仰，法律的实际效力受到多方面因素的影响，在很多场合下难以到位。我们所能做的应当是调动一切可以调动的积极因素，有力控制那些可控性风险，营造良性的金融安全氛围。

二、我国保护金融安全的法制概况

（一）保护金融安全的法律体系

金融安全是一种较新的提法，世界上大多数国家都很少有直接以金融安全命名的法律，但这并不妨碍在立法精神和立法内容中体现出保护金融安全的主题。根据金融安全的分类标准可以对保护金融安全的立法作出以下分类：以保护对象为标准，可以分为保护货币安全的立法、保护银行业安全的立法、保护证券业安全的立法

① 高晋康．金融法治与我国金融安全［J］．湖南省政法干部管理学院学报，2002（3）．

等；以保护范围为标准，可以分为保护国际金融安全的立法、保护国家金融安全的立法、保护金融机构安全的立法等，但这些都不是严格法律意义上的分类。笔者认为，保护金融安全的法律大致可以分为两大类，一类是关于金融业的立法，主要包括银行法规（中央银行与商业银行法）、保险法规、货币法规、证券期货法规、投资基金法规、信托法规、票据法规、信用法规、外汇法规、金融信息法规、金融监管法规以及国际金融公约、协定。另一类是与金融密切相关的法律，包括民事法律中的合同法、担保法，刑事法律中的刑法，诉讼法律中的民事、行政、刑事诉讼法以及仲裁法，经济法律中的公司法、外贸法、会计法、审计法、破产法，行政法律中的行政许可法、行政处罚法等。此外，在宪法、国际法等部门法中也可以找到有关保护金融安全的法律渊源。

应该指出的是，由于保护金融安全的法律法规发展时间不长，它们分散在不同的部门法之中，各种法律规范之间还缺乏明确的逻辑联系，尚未形成独立的门类和体系，还需将它们进一步整合，使之逻辑清晰、衔接顺畅、相辅相成、配合紧密，共同服务于维护金融安全的目标。同时我们也注意到，现在有些国家已经开始筹划制定保护金融安全方面的纲领性法律，如 2003 年 7 月 17 日法国议会通过的《金融安全法》，就是第一部直接以“金融安全”冠名的重要法律。可以预见，今后关于金融安全的立法必定会有更大的发展，在金融法制中占有一席之地。

（二）我国保护金融安全的立法成就

我国保护金融安全的立法起步较晚，但在近年得到了迅速的发展。在改革开放之前，我国的金融体制非常单一，金融领域的法律基本上处于空白状态。1948 年由华北人民政府发布、新中国成立后一直沿用的《成立人民银行和发布人民币的公告》，其中规定了人民币的法偿性，① 可以视作我国最早的关于金融安全的立法。改

① 即人民币是我国境内的法定货币，在境内支付各种公私债务，任何个人和单位不得拒收。

革开放初期，随着大规模法制建设的开展，为了适应我国金融体制变动的需要，国家颁布了一些金融法规，其中以国务院颁布的《保险企业管理暂行条例》、《银行管理暂行条例》、中国人民银行颁布的《金融信托投资机构管理暂行规定》最具有代表性，它表明国家已将金融立法工作提上了议程。但这一时期的金融立法数量少，不足以保护金融安全。20 世纪 90 年代以后，随着建立社会主义市场经济体制目标的提出，金融体制开始了大规模的改革，金融新生事物层出不穷，金融大案要案也时有发生。在这种背景下，大量的金融立法应运而生，形成了我国金融立法的第一个高峰。1994 年我国颁布了《外资金融机构管理条例》、《金融机构管理规定》等法规，1995 年又出台了《中国人民银行法》、《商业银行法》、《票据法》、《保险法》和《关于惩治破坏金融秩序犯罪的决定》等金融法律法规，因此这一年被人们称为金融立法年。在较短的时间里，一大批规范金融机构和金融行为的法规相继出台，其中关于市场准入、公司治理和内控、任职和从业资格、财务会计管理与审计、市场退出等问题的规定不同程度地涉及了金融安全。刑法也对打击金融犯罪作出了相应规定。1997 年亚洲金融危机爆发后，我国出台了证券法，并推出了大量的金融监管法规，如《防范和处置金融机构支付风险暂行办法》、《金融违法行为处罚办法》、《人民币利率管理规定》、《贷款风险分类指导原则（试行）》、《保险业监管指标》等，以应对严峻的金融风险形势。进入 21 世纪后，我国金融领域出现了新格局。我国加入世界贸易组织使得金融业面临巨大的机遇和挑战，党的十六大正式确立了 21 世纪初期我国经济社会发展目标，指明了金融改革的方向。经济全球化趋势日益增强，金融创新的步伐日益加快，金融国际化日益密切，在这些因素的刺激下，我国迎来了金融立法的第二次高峰。2003 年中国银监会挂牌成立，我国出台了《银行业监督管理法》，并对《人民银行法》、《商业银行法》进行了修改，使得金融法治的框架更为合理清晰，在此前后我国还相继颁布了《信托法》、《证券投资基金法》、《企业集团财务公司管理办法》，并对《证券法》进行了修订，填补了金融法制领域的一些空白，并制定了《金融机构反洗钱规定》、《人民币大额和可疑支付交易报告管理办法》、《金融机构大额和可疑外汇资金交易报告管理办法》等专门保护金融安全的法规。同时，与金融安全相关的法律规范，如《会计法》、《对外贸易法》、《公司法》、《刑法》等也相继出台或进行修订。据统计，仅改革开放以来，我国制定的金融方面的法规有 480 多个，①这些金融法律法规可以说是我国保护金融安全立法中的基本组成部分，也是最为庞大的部分。再加上其他部门法中蕴涵的关于金融安全方面的规定，使得我国关于金融安全的立法具备了一定的规模，完成了在金融安全领域从无法可依到基本有法可依的重大转变。值得注意的是，经过近几年来实践经验的总结与发展，我国对金融安全的立法保护水平跃上了一个新台阶，2005 年至 2006 年间我国反洗钱法律制度取得了重大进展，2006 年 10 月 31 日全国人大常委会正式通过了《反洗钱法》，同时还修改了《银行业监督管理法》，之后中国人民银行制定的《金融机构反洗钱规定》接连出台，这些法律法规均将于 2007 年 1 月 1 日起施行。从上述立法进程可以看出，我国金融安全的法制建设是与金融业的发展、金融体制改革同步的；我国现阶段的具体国情造就了中国的金融安全立法。

从法律形式上看，我国的金融安全立法既有全国人大及其常委会制定的法律，全国人大及其常委会批准的国际条约，也有国务院根据全国人大及其常委会授权制定的授权立法及行政法规，省、自治区、直辖市人大及其常委会制定的地方性法规，国务院各部门和省、自治区、直辖市人民政府、省会城市、较大的市人民政府制定的行政规章，还包括最高人民法院、最高人民检察院制定的司法解释。主要有以下几类：

1. 综合性法律法规。我国的综合性法律法规包括宪法、民法、刑法、行政法、诉讼法、环境法、国际法、军事法等，各个法律法规的调整对象和调整方法各有差异，它们对金融安全问题的调整主

① 朱大旗．金融法［M］．北京：中国人民大学出版社，2000：33.

要是在各自的调整对象与金融安全产生联系的领域中进行。从调整方法上看，有的是作出原则性的规定，如宪法；有的是间接调整，如行政许可法为金融领域的行政审批监管事项提供了依据；有的则是可以直接用来解决金融安全问题，如民事诉讼法中的公示催告程序可以用来处理票据遗失问题，担保法中的保证、抵押、质押规定可以用来解决贷款安全问题，等等。这部分法律数量庞大，难以一一罗列。

2. 专门针对金融领域的立法。我们往往称之为金融立法，其调整对象是各类专门的金融活动，金融立法集中规范了各类金融行为和事件，其中大量的规定都涉及金融安全问题，是我们对金融安全问题适用法律的直接依据。这些法律法规有比较清晰的结构，主要依托于全国人大及其常委会制定的基本法律及国务院制定的行政法规，作出具体规范的则是中国人民银行及中国银监会、保监会、证监会制定的部门规章。现行有效的涉及金融安全保护的金融法律法规大致有以下几类：

（1）金融领域的综合性立法：主要有《中国人民银行法》、《关于金融体制改革的决定》、《金融违法行为处罚办法》、《非法金融机构和非法金融业务活动取缔办法》、《加入 WTO 后中国金融业对外开放的内容与时间》、《金融机构撤销条例》、《国有重点金融机构监事会暂行条例》、《中国人民银行突发事件应急预案管理办法》、《中国人民银行行政许可实施办法》、《中国人民银行行政处罚程序规定》、《金融机构高级管理人员任职资格管理办法》、《外资金融机构中、高级管理人员任职资格暂行规定》、《外国金融机构驻华代表机构管理办法》、《金融稽核检查处罚规定》、《关于对金融机构违法违规经营责任人的行政处分规定》等。

（2）银行安全方面的立法：包括《商业银行法》、《银行业监督管理法》、《商业银行中间业务暂行规定》、《国有独资商业银行监事会暂行规定》、《城市合作银行管理规定》、《城市信用合作社管理办法》、《城市信用合作社联合社管理办法》、《农村信用合作社管理规定》、《农村信用社县级联合社管理规定》、《农村信用合作社机构管理暂行办法》、《网上银行业务管理暂行办法》、《商业银行信息披露暂行办法》、《商业银行内部控制指引》、《外资金融机构驻华代表机构管理办法》、《商业银行设立基金管理公司试点管理办法》、《商业银行市场风险管理指引》、《商业银行内部控制评价试行办法》、《银行业监管统计管理暂行办法》、《汽车贷款管理办法》、《商业银行房地产贷款风险管理指引》、《商业银行房地产贷款风险管理指引》等。

(3) 货币、票证、结算、外汇安全方面的立法：包括《票据法》、《人民币管理条例》、《外币代兑机构管理暂行办法》、《人民币图样使用管理办法》、《经营、装帧流通人民币管理办法》、《中国人民银行假币收缴、鉴定管理办法》、全国人大常委会《关于惩治骗购外汇逃汇和非法买卖外汇犯罪的决定》、《个人存款账户实名制规定》、《人民币银行结算账户管理办法》等。

(4) 保险安全方面的立法：包括《保险法》、《保险机构投资者股票投资管理暂行办法》等。

(5) 证券安全方面的立法：包括《证券法》、《短期融资券管理办法》、《短期融资券承销规程》、《短期融资券信息披露规程》、《全国银行间债券市场债券远期交易管理规定》、《全国银行间债券市场金融债券发行管理办法》、《信贷资产证券化试点管理办法》、《国际开发机构人民币债券发行管理暂行办法》、《证券公司短期融资券管理办法》、《全国银行间债券市场债券买断式回购业务管理规定》、《上市公司非流通股股份转让业务办理实施细则》、《上市公司非流通股股份转让业务办理规则》、《全国银行间债券市场债券交易流通审核规则》、《关于首次公开发行股票试行询价制度若干问题的通知》、《中国证券登记结算公司网络服务投资者身份验证业务实施细则》、《中国证券登记结算公司上市公司股东大会网络投票业务实施细则》、《上市公司股东大会网络投票工作指引(试行)》、《关于加强社会公众股股东权益保护的若干规定》、《上海证券交易所证券投资基金上市规则》、《证券公司债券管理暂行办法》、《证券公司股票质押贷款管理办法》、《证券公司短期融资券管理办法》等。

(6) 信托、基金安全方面的立法：包括《信托法》、《信托投资公司资金信托管理暂行办法》、《信托投资公司管理办法》、《货币市场基金管理暂行规定》、《证券投资基金法》、《证券投资基金托管资格管理办法》等。

(7) 其他有关立法：包括《外国中央银行财产司法强制措施豁免法》、《金融资产管理公司条例》、《企业集团财务公司管理办法》、《典当行管理暂行办法》、《反洗钱法》、《金融机构反洗钱规定》等。

3. 国际条约方面。我国加入或批准的涉及金融安全方面的国际公约主要有《联合国反腐败公约》、《联合国打击跨国有组织犯罪公约》、《打击恐怖主义、分裂主义和极端主义上海公约》、《制止恐怖主义爆炸的国际公约》、《经济、社会及文化权利国际公约》、《巴塞尔公约》、《联合国禁毒公约》、《制止向恐怖主义融资公约》等。

除了正式的立法外，在金融行业内部形成的行业组织，如银行同业工会、证券业协会以及证券交易所、期货交易所、证券登记结算公司等通过会员间的民主协商制定了一些行业内部的规约，如《中国证券业协会会员公约》、《证券投资基金行业公约》等，对行业协会的所有成员都有一定的约束力。在实践中，这些行业内部规则得到了主管部门的认可，发挥着类似法律的作用。

三、对我国保护金融安全立法现状的评价

就金融领域所有立法的总体而言，应该说，经过多年的理论研究与实践摸索，我国制定了金融业所急需的大量法律、法规和其他规范性文件，逐步建立了依法监管的法律运行体制，营造了有利于金融业改革发展的法律环境。就金融安全方面的立法状况而言，笔者的看法如下：(1) 从总体上看，我国的金融法制基本上完成了规范金融的任务，但这仅仅是第一步的工作，下一步应围绕着金融发展与金融安全的任务展开。目前关于金融安全立法的雏形已经基

本形成，但尚待完善之处很多。(2) 从立法构架上看，我国还缺乏在金融安全领域的核心性、纲领性法规，现有的立法多属于行政规章，效力层次较低。虽然《反洗钱法》的出台在一定程度上使得这种局面有所改变，但这也仅是金融安全保护的一个方面而已。(3) 从种类上看，现有的立法主要规制了金融安全中比较敏感的问题，如银行信贷、证券等，还需要在更多领域中体现金融安全，如币值的问题、信用机制的问题、中央银行与财政的问题、存款保险制度问题、银行退出机制问题以及和金融安全密切相关的企业破产问题等。(4) 从内容上看，现有的立法主要关注的是金融机构的法律地位、组织体制、业务范围等方面，对资产质量、抗风险能力、内部监督制约机制等关系到金融安全的要害问题关注还不够，对于系统地防范金融风险，调动包括政府监管、行业组织自律、金融机构内控、社会监督配合等在内的各种综合力量保护金融安全还体现得不充分。(5) 从立法效率来看，这些立法的推进比较艰难。如《中国人民银行法》前后酝酿了16年之久方出台；1998年底证券法出台不久，就有多方提出了修改意见，直至2004年8月才得以第一次修订，2005年10月作出第二次修订；而1993年修订的《企业债券管理条例》、1999年颁布的《期货交易管理暂行条例》等早已经被纳入修订计划，但是时至今日仍未完成。(6) 从立法质量上看，目前立法中关于金融安全保护的诉求比较笼统，法律法规的可执行性较弱，而且立法的前瞻性不强，跟不上金融形势的发展。(7) 从立法民主的角度看，目前立法中民主性的因素体现不够，公众难以参与和评议立法活动的进程，相关的金融利益主体没有通畅的渠道提出自身诉求。而且有些立法的透明度不够，境外的企业、个人难以知晓相关内容。(8) 从立法的通用性来看，目前立法的部分内容，如金融机构的市场准入、退出等方面的规则和国际通行的规则存在着一定差异。我们对金融安全立法进行客观中肯的评估，目的是期望在改进和完善立法时发挥积极的作用。

第二章　刑法学视野下的金融安全

本章拟从刑法学的角度来研究金融安全，运用刑法的专门原理来论证金融安全的相关问题，为对金融安全进行刑事法调整奠定理论基础。

第一节　金融安全与法益的关系

一、金融安全与法益的逻辑联系

法益思想的提出有着深刻的时代背景。近代以来，随着自由主义、民权主义理念的兴盛，意识形态领域的国家主义价值观日渐式微，让位于个人主义价值观。优先保护个人利益、限制国家权力的滥用逐渐成为法律观的主流，刑法不免也卷入其中，权力本位、权威主义的刑法观受到批判。刑法体现国家权力并且以实现刑罚权为己任，为保护国家整体利益而过度限制公民自由，施以严刑峻罚的观点受到质疑，而刑法应以保护人权、限制国家权力特别是刑罚权、保障公民权利和自由的民权主义刑法观越来越得到人们的响应。在刑法保护的对象上，人们越来越倾向于刑法优先保护个人的生命、身体、财产、自由、尊严等基础性的生活利益以及其他更为重大的利益。“法益”一词被各国刑法学家赋予了新的时代意义，在各国的刑法理论及立法中频繁地被使用。在德日以及我国台湾地区，刑法学界已经普遍接受了法益的概念，并且植入刑法的立法技术之中，成为刑事立法上的重要依据。德国刑法学者甚至认为刑法就是一部“法益保护法”。① 台湾地区学者则指出：“各形各色之犯罪行为，能够井然有序地规定于刑法分则中，即是依据法益之分类，编排而成者。”② 我国大陆近年来也有不少学者倡导引入法益概念代替犯罪客体，用以解决刑法理论与实务中的问题。③

简单地说，法益就是为法律所保护的利益和价值。它肇始于西方启蒙运动时期，脱胎于对费尔巴哈提出的“权利侵害说”的批判，经诸多刑法学者琢磨打造而成型。费氏提出犯罪的本质乃是对权利的侵害，刑法规范保护的客体是自然法上的权利。“权利侵害说”把握住了犯罪对权利侵害的方面，但将“犯罪客体”限定为他人的“权利”，对犯罪中很多部分难以解释得通，这激发了学界继续研究的兴趣。到19世纪初，贝尔鲍姆基于犯罪的现实侵害不是权利，而是反映权利的根据（物）或对象的认识，提出“犯罪客体”是现实的、具体的“法律上的财产价值”，侵害社会所保障的财产或者使其蒙受危险者是犯罪的观点，并形成了刑法所保护的是普遍意义的法益，而不是个别的权利的“侵害法益说”。之后法益思想为宾丁、李斯特所接受并加以修正，形成了实体的法益概念以及以法益为工具的犯罪分析方法。④ 所谓法益，即为国家与社会公认，应以国家强制力加以保护的社会上不可或缺之生活利益与社

---

① 苏俊雄．刑法总论（Ⅰ）［M］．台北：台湾大学法学院图书部，第6页。

② 林山田．刑法特论：上［M］．台北：台湾三民书局，1978：6.

③ 杨春洗，苗生明．论刑法法益［J］．北京大学学报：哲学社会科学版，1999（6）；张明楷．新刑法与法益侵害说法学研究［J］．法学研究，2000（1）；魏东．论作为犯罪客体的法益及其理论问题［J］．政治与法律2003（4）；马冬梅．犯罪客体与法益论［J］．山东公安专科学校学报，2003（3）．

④ 杨春洗，苗生明．论刑法法益［J］．北京大学学报：哲学与社会科学版，1996（6）．

会秩序之基本价值。①

笔者认为，法益是考虑一系列刑法基本问题的逻辑起点，也是将诸多复杂多变的社会现象在刑法体系中进行定位的坐标，对于我们研究包括金融安全在内的刑法新课题起着重要的指引作用。事实上，并非所有的利益都可以上升为法益，立法者在一定社会经济形态下从社会生活的需要出发，经过利益选择、判断、评价、比较所确定的那些需要由法律加以保护的利益才可以成为法益。金融安全是否具备了成为法益的条件呢？答案应该是肯定的，理由在于：首先，金融安全中蕴涵着丰富的、重大的利益。现在世界上大多数国家都存在着货币、资本、外汇等金融市场，确保好金融体制、银行、货币、股市、债务、金融信息等各方面的安全，保持好币值的稳定，避免金融动荡的发生，就是为金融发展作出巨大贡献，就是维护了金融领域的基本利益。其次，现代国家都把追求安全作为一项最重要的职责，随着金融——经济——社会相互依存的系统观的逐步确立，各国对于源于金融领域而又远远超出金融领域的安全问题的重视程度日益加强，越来越多的国家从发生在本国或他国的金融危机中吸取了教训，非常看重金融安全对于确保经济体系的平稳发展进而保障社会和政治稳定的能力，把与金融安全有关的利益置于重要的、优先的考虑地位。这些因素共同成就了金融安全成为一种新型的法益。笔者认为，金融安全是理性思维的产物，反映着一个现实的状态，它尽管抽象但并不虚无，是客观存在的不以我们意志为转移的一种重要的国家利益，因此有必要将金融安全上升为刑法保护的法益，一旦这种法益遭受侵害，就必须依靠国家强制力采取各种方法——甚至采用刑罚的手段予以恢复和保护。

金融安全是一种法益应无疑问，但它又应归属于何种法益呢？学者们关于法益的分类有一元论、二元论与三分法之争。在刑法理论上，通说认为法益分为个人法益、社会法益和国家法益，但这种

---

① 林育生．经济刑法之基本原理［EB/OL］．http：//www．ntpu．edu．tw/law/paper/04/2001a/8971202a．PDF．

三分法已经日益受到人们的质疑，进而发展出二元论和一元论。有学者提出立于人性尊严而论，认为除“个人”法益之外，其他都可归于“超个人”法益，即主张法益应该分为个人法益和超个人法益的二元论，① 也有学者举出学说上所谓的国家法益与社会法益，其实都不是一种法益。因为，不管国家存不存在或是司法功能能不能彰显，如果不是我们个人的利益受到破坏，我们的感觉是，生活快乐并未受到影响。所以，属于所谓国家法益或社会法益的种种法益，从人类生活最实在的感觉来看，原本是空虚，所以并非法益。这些利益之所以被承认为法益，事实上是经过技术关系的思索而来的。其不同于一般个人法益的地方，只是量的增加（针对不确定范围的多人）而已，而不是实质上有新的法益类型存在。② 中国大陆也有学者赞成二元论的观点。③ 而一元论则认为任何超个人的法益只不过是多数的个人法益的集合罢了，故在本质上都是个人法益，在法益体系中没有必要再区分为个人法益和超个人法益。④ 笔者认为，法益应是一个复数概念。从法益的本源与法益保护原则来看，作为一切权利基础的个人法益无疑是刑法保护的根本，从这个意义上看，一元论有其合理性。然而我们还必须面对这样一个问题：现实中并非所有法益在任何层面上都是个人法益，某些法益的性质本身并不是各个孤立要素的简单相加，而是在个人法益基础上的某种添附、复合甚至嬗变，它们也不一定能够拆分或还原成个人法益，正如亚里士多德所言：“整体大于部分之和。”因此绝然认为法益仅是个人法益的看法难免有失偏颇。三分法按照法益主体进行分类，将国家法益和社会法益单列出来，比较简明清晰。但这种

---

① 陈志龙．法益与刑事立法［M］．台北：台湾大学丛书编辑委员会，1992：151-154.

② 黄荣坚．论行为犯刑罚的极限［M］．台北：元照出版社，2000：222-223.

③ 张明楷．法益初论［M］．北京：中国政法大学出版社，2000：242.

④ 张明楷．法益初论［M］．北京：中国政法大学出版社，2000：241.

抓住某方面属性的分类方法会带来以下问题：首先，这种按主体分类的方法是否周延，能否穷尽所有的主体，如是否还存在着不隶属于国家，但又不能以“社会”一言概之的某些族群、团体的法益。其次，三分法提出的国家法益、社会法益之分，这两者的界限应如何判断。从理论上讲，社会是一个场域概念还是一个政治概念并未明确，政治学学者和社会学学者们对于是采用国家——社会——公民的三分法还是政治国家——市民社会的两分法还争执不下，莫衷一是，而且事实上在某些场合国家法益与社会法益实际上又是难以区分的。再次，三者之间的关系及重心问题。对于三者间的关系，有学者认为，刑法首先保护的应当是作为个人尊严基础的生命、身体、自由、财产等个体利益。而所谓社会法益和国家法益，作为保护上述个人生活利益的不可缺少的外部前提条件，也都是可以还原为国家和社会中的各个个人的生活利益，即是上述个人利益的体现①。这种看法在观念刑法中可以成立，但在现实刑法中三者同时存在则往往容易导致重国家、社会法益而轻个人法益的倾向，进而损害个人法益，与现代刑法以保护个人法益为核心的思想相悖。笔者在此无意于法益分类的深入探讨，但由于这种区分会直接影响到金融安全在刑法中的定位乃至刑法分则体系的构建，② 因而必须作出一个确切的选择。相比较之下，笔者认为二元论更为可取。前文曾提及金融安全作为一种公共产品，其消费（受益）对象不仅仅是不特定的个人，还包括国家、某些经济共同体甚至整个国际社会，如果金融安全失控，其带来的负面效应如金融市场失控、货币贬值、股市市值减少、外债攀升也具有整体性和全局性，受损者远

---

① 黎宏．日本刑法精义［M］．北京：中国检察出版社，2004：23，28.

② 当然目前我国刑法分则体系基本上是以犯罪侵害的同类客体作为划分标准的，随着法益在刑法中地位的日益提升，在将来立法中考虑以法益作为刑法分则体系构建的标准也是完全可能的。更有学者认为我国现行刑法事实上就是以法益内容进行分类的。张明楷．法益初论［M］．北京：中国政法大学出版社，2000：236.

非只是个人，而是整个社会和经济体系，因而将金融安全归类为超个人法益是比较合适的。在很多情况下，这种超个人法益是可以还原成诸多个体的利益的，如打击证券犯罪、假币犯罪的刑法规定，其终极保护对象都是持有证券和使用货币的广大民众，但有些情况下，金融安全这种法益则很难拆分成具体的个人法益，如打击洗钱、打击背信的刑法规定。应当指出的是，在金融安全这种超个人法益中，国家利益所占有的比重是相当大的，因为现代金融业中大量的财富资源是由国家注入或由其掌控的，维系金融稳定的主要推动者也是国家，从宏观上看，金融安全集中代表和体现着国家的利益。作为个体形式的金融机构、投资者、金融利益相关者除了享有自身利益外，也分享着金融安全的整体利益。正如西原春夫一针见血所指出的："国家予以保护的目标，不是个人，而是'国民利益'。"①

二、金融安全——一种有待立法者重视的法益

基于金融安全的要害性，在法律中加强对金融安全的保护已成为不可逆转的趋势。在刑法领域，关于经济及金融方面犯罪的规定一直都是热门话题，各国刑法也都有为数不少的金融犯罪的规定，但对这些犯罪所侵犯的、为刑法所保护的法益的论述中鲜见有金融安全这种提法。到现在为止各国刑法中还没有对金融安全加以保护的直接规定。笔者以为，金融安全作为一种法益的理念受到冷落，一方面是因为金融安全在世界范围内都是较新的提法，囿于时间限制，刑法学界还没能对有关犯罪的法益重新分析和提炼；另一方面只能归因于金融安全还未得到立法者应有的重视，涉及此方面的刑法理念还有待更新。到目前为止，刑事立法中对金融安全作为一种法益来保护基本上还只是一种抽象的概括。

在我国，人们习惯于把金融秩序视为金融领域的至高利益和法

---

① （日）西原春夫．刑法的根基与哲学［M］．顾肖荣等译．北京：法律出版社，2004：53.

律保护的核心，对金融安全的重视不够。这种忽视现象既存在于金融法律方面，也出现在刑法当中。如 1995 年制定的《商业银行法》第 4 条对银行的经营宗旨规定为“商业银行以效益性、安全性、流动性为经营原则”，安全性屈居第二，让位于效益性，直到 2003 年修改商业银行法，才将安全性列为首位。在刑法领域，立法者将国家对金融的管理秩序视为刑法应首要保护的对象，其次则是要保护具体的财产利益，对此我们可以从现行刑法将绝大部分金融方面的犯罪直接纳入“破坏金融管理秩序罪”一节中看出来，体现了立法者以金融秩序尤其是国家对金融的管理秩序为尊的理念。

笔者以为，把金融秩序作为刑法保护的法益并不足取，理由在于：金融秩序是一种定型化的提法，是指金融活动围绕着预设的目标，在某种可控性的机制下，有规则、有节制运行的一种良好的过程与状态。金融秩序同时也是一种公共性的范畴，良好的金融秩序和金融安全是互为表里、相互呼应的，都象征着一种和谐的状态。它和金融安全之间很难说孰主孰次。从操作层面考虑，金融秩序似乎更加容易掌控，但是金融秩序在其内在机理和外在操作上是存有不足的。从广义上说，金融秩序既包括金融活动秩序，亦包括金融管理秩序，后者又可以分为金融业内部自律性管理以及国家对金融的外在管理所形成的秩序。其中尤以国家对金融的管理意图和制度安排为主。国家本着营造一种良好秩序的初衷关注金融领域并予以规制并无不妥，但问题在于：完全依赖于国家管理者的指挥而期望金融运行能够达到一个有序的、理想的状态仅是管理完美主义者的幻想，仔细推敲就能发现其中存在着国家管理者无能为力的问题：首先，市场经济秩序主要是由市场机制这个“看不见的手”及外部力量即“看得见的手”共同形成，前者强调规则明确、权利清晰，后者强调适度、均衡、到位。金融亦为市场经济一部分，也需依赖内外部力量维系平稳安全，用一个形象的比喻，金融业就仿佛公路系统，各个主体的行为就像在路上行车，道路安全畅通主要基于车辆按章驾驶，各行其道，也有赖于值勤者纠正超速以及其他违章行为，值勤者即为国家所扮演的角色。就如交通秩序一样，金融体系的秩序并非国家所能完全主宰，也不是单纯仰仗国家的管理就万事大吉的，况且任何管理都会有无法预期的情况出现，更弗论管理的失位、缺位和越位。很多国家的实践表明，在经济繁荣、金融监管比较完善的情况下，金融业仍潜伏着巨大的安全隐患，因为在金融体制及其运行中甚至是管理体制中的一些深层次矛盾还没有暴露，一旦它浮出水面，就会造成金融动荡甚至是灾难性的后果。如果这些国家对金融安全给予足够的重视，而不是只满足于表面完备的监管形式，是能够减轻金融灾难所造成的损失的。一言概之，按照管理者的想法整治好了金融秩序并不意味着营造好了金融安全。其次，这种秩序观更多地体现了一种管理行政的思想。过多、过度地突出国家管理的效能，容易形成这样一种错觉：金融领域的稳定归功于管理有方，金融领域出现问题则归咎于管理不得法，这就打破了维护金融领域安全所必须依赖和保持的主体行规、行业自律与国家监管三者并行的平衡关系，既不符合客观规律，也不符合有限行政、效益行政的原则，结果导致管理者之间互相扯皮、“打架”等不和谐现象的出现，形成我国金融管制水平不高的现实。再次，秩序观过于凸显了国家利益至上的观念。虽然金融是国家命脉，国家必须有力地加以掌控，但在金融体系里，除了金融管理者，还有金融运营者（金融服务的提供者）、金融服务的接受者这两类不可忽视的主体。金融安全既是对国家政治、经济利益的保护，也是对国民财富、社会财富的保护，既代表着国家核心利益，也包含着诸多的个体利益。法律应该平等地、一体地保护各方面的利益，过去那种为保护国家利益而忽视和牺牲个人利益的做法已不足取。因此，金融秩序这一提法并非无懈可击。

从另一个侧面看，金融安全代表着国家金融制度和金融体系平稳运行，最大限度地保护本国经济利益，进而获得经济、政治与军事安全的一种目标和能力。金融安全的重要性是完全不亚于我国传统刑法中的金融管理秩序的，而且它的保护跨度比金融秩序更为宽广，所体现的利益和价值更为全面和均衡，更适应时代和法律发展的要求。基于这些理由，笔者认为，作为刑法保护的法益，“金融安全”的提法比“金融管理秩序”的提法更为科学，我国传统的刑事立法坚持国家利益优于一切以及固守于保护金融管理秩序的倾向应该得到修正，应该向以金融安全作为金融领域犯罪的核心法益的方向转变，从而使得刑法对金融领域的保护更具有针对性和效益性。

第二节 金融安全与刑法机能的关系

我们认为,金融安全应该成为刑法保护的法益,而刑法之所以能保护金融安全,关键在于其机能的发挥。刑法机能贯穿于刑法对金融安全实施保护的全过程,是刑法与金融安全产生联系的重要纽带。

一、刑法机能在保护金融安全上的运用

所谓刑法的机能，是指刑法所起的积极作用。① 对于刑法有哪些机能，学者们有各种不同的看法。如日本刑法学界就有两机能说、三机能说和四机能说。② 持两机能说的学者认为刑法具备维持秩序的机能和保障自由的机能，也有学者认为刑法所具备的应该是保护机能和保障机能；三机能说中，川端博认为刑法机能包括限制的机能、维持秩序机能和保障自由机能，山中敬一则认为应包括限制机能、保护机能和保障机能；四机能说则提出刑法机能是报复的机能、预防的机能、保护法益的机能和社会伦理的机能。此外，西原春夫认为刑法的本质机能是限制机能，然后可以再下分为抑止犯罪的机能、维持秩序的机能、保护的机能和保障的机能。大谷实认为刑法的社会机能分为规制机能和维持社会秩序机能，后者又可分

---

① 马克昌．比较刑法原理：外国刑法学总论［M］．武汉：武汉大学出版社，2002：10.

② 马克昌．比较刑法原理：外国刑法学总论［M］．武汉：武汉大学出版社，2002：10-12.

为保护法益机能和保障人权机能。① 我国台湾学者延用了其中的一些看法，韩忠谟赞同上述刑法具备维护社会秩序机能与保障机能的两机能说②。高仰止认为，刑法功能包括“规律的机能、保障的机能和保护的机能”。对此陈朴生也持相同观点。③ 蔡墩铭在其著作中提出：“在法益保护方面，刑法具有二种重要之机能，其一为保护机能，另其一为保障机能。”④ 在我国，学者们多习惯使用“功能”，有观点认为，刑法功能有三：即规制功能、保护功能和保障功能。⑤

人们对刑法机能的判断一般是基于对刑法任务与目的的认识，根据马克思主义对法的论述，法律是体现和服务于统治阶级意志的，同时也反映和调整一定社会条件下的社会生活。人们对任何一个社会事物的认识都是从感觉、知觉等表象继而深入到本质、规律等核心层面。在人们未深入发掘法的任务与目的之前，对刑法机能的理解必定偏重于一些表象性的方面，如报复、威吓，随着法的社会性特征逐渐被揭示，人们对刑法机能的认识就逐渐转向规范、限制、保护。近代以来，民主、自由、人权精神被视为法的核心要旨，刑法机能也相应发生了重大的转向，人们开始认真地看待刑法的保障机能。根据大多数学者的观点，刑法的诸多机能中发挥作用最显著的是法益保护机能、规范机能以及保障机能。刑法所具有的法益保护机能意味着刑法能够通过对犯罪行为科处剥夺自由、财产权利直至生命的刑罚来抑制犯罪，保护社会生活中的重要利益，进

① （日）大谷实．刑法总论［M］．黎宏，译，北京：法律出版社，2003：3，4.

② 韩忠谟．刑法原理［M］．北京：中国政法大学出版社，2002：6.

③ 高仰止．刑法总则之理论与实用［M］．台北：台湾五南图书出版公司，1986：8-10；陈朴生．刑法总论［M］．台北：正中书局，1969：2，3.

④ 蔡墩铭．现代刑法思潮与刑事立法［M］．台北：汉林出版社，1977：6.

⑤ 肖扬．中国新刑法学［M］．北京：中国人民公安大学出版社，1997：22.

而维护社会的整体利益。刑法的规范机能主要在于，作为一种命令性规范，刑法通过将某些行为规定为犯罪来表明禁止公民实施该种行为的立场，若行为人实施了符合犯罪构成要件的行为，并具备违法性和有责性条件的则要追究其刑事责任，从而指引人们不为犯罪行为，以达到防止犯罪的目的。而刑法的保障机能是指刑法对一定行为的处罚设定的高度定型化以限制国家刑罚权的发动，防止国家刑罚权恣意行使，保障一般国民及犯罪者的人权等合法权益。

当然，刑法机能相互之间还存在着一些矛盾、冲突，有学者将其称之为刑法机能的矛盾性和对立统一性。① 这种现象在刑法的法益保护机能和保障机能之间特别明显，两者虽密切联系，互为表里，但又相互矛盾，相生相克。立法者基于自身立场和对社会形势的担忧，有不自觉地扩大刑法调整范围，加重刑罚以确立某种有利于统治阶级所追求的“秩序”的倾向。而法治所内蕴的限制权力、限制滥用刑罚、保障自由的本性又竭力地否定、抵消这一倾向。两者的矛盾应该如何调和？有观点认为应该实现一种“中道的权衡”，以最小限度的社会秩序来保障最大限度的公民自由，应当消除任何形式的“过剩秩序”。② 刑法的诸多机能并不是并驾齐驱的，而是有一定的主从性和配伍性。笔者赞同在刑法机能中以保障机能为要害的观点，因为尽管刑法规范的是犯罪及其刑罚，但它的针对对象却是国家。③ 现代法治的精神要求刑法具备对国家机器行使权力进行限制的功能，要求刑法既应是公民人权保护的大宪章，更应是犯罪人人权保护的大宪章。在设定和衡量刑法的机能时，必须优先考虑保障机能，将其作为绝对原理看待④，当保障机能与其

---

① 魏东．刑法各论若干前沿问题要论［M］．北京：人民法院出版社，2005：44.

② 魏东．论现代刑法的犯罪化根据［M］//赵秉志．刑法评论：第4卷．北京：法律出版社，2004：143，144.

③ 李海东．刑法原理入门［M］．北京：法律出版社，1998：代自序．4.

④ 黎宏．日本刑法精义［M］．北京：中国检察出版社，2004：8.

他机能发生严重冲突时，必须作出牺牲，捍卫前者。这一要求真正实践起来往往困难重重，但是如果不坚守这一理念，保护金融安全的刑法目的及任务势必会被扭曲，甚至适得其反。

上述刑法的三大机能，对金融安全的保护各有分工。在市场经济条件尚未成熟的状况下，金融领域危害金融安全并危及国家安全的失范行为层出不穷，公共道德准则、商业伦理、行业性规约甚至行政手段对其显得无能为力。相比之下，刑法有突出的优于社会规约及其他法律的规范功能，它可以通过设置限制人身自由、判处财产刑、剥夺犯罪人某种资格等多种刑罚，为身处瞬息万变而又充斥着风险的金融环境下的行为人预先圈定行为准则及禁忌，来阻止觊觎金融高收益、危及金融安全的不正当行为。如一直潜藏于经济生活中的洗钱暗流，与其他的违法犯罪行为互为呼应，时刻侵蚀着国家及国民创造的财富，损害着经济肌体的健康，于是刑法明确地将这种行为方式予以规制，将其上升到刑事犯罪的高度，警告人们此类行为的不可为性，为有效打击洗钱行为提供了有力的法律依据，此乃刑法规范机能的发挥。对于违反刑法规范的行为，司法机关对行为人予以定罪、量刑、执行刑罚，对犯罪人予以惩处进而保护社会及公民的正当利益，此为刑法保护机能的发挥。同时，我们也清晰地看到这样的社会现实：民众面对着的国家权力过度强大，而权力有着很强的自我扩张倾向，官方对金融安全还缺乏足够的认识，对金融安全的控制措施和力度波动较大，呈现出时而过激、时而过缓、时而过滥、时而欠缺的欠理性态度，尤其在金融安全形势严峻的情势下，时常能听到一些对金融违法违规行为超格严惩的论调，如将不合格的贷款行为升格为贷款诈骗，把通过非正常渠道融资的行为动辄认定为非法集资，把不规范的套利性证券投机操作等同于操纵市场，等等，这时就特别需要刑法坚持罪刑法定原则不动摇，显现其保障机能的威力。刑法明确规定哪些危害金融安全的行为构成犯罪，对这类行为应处以何种刑罚，确保犯罪人在刑法的规定范围内定罪量刑，就能有力地限制国家欠缺制约地发动司法权。同时，对于涉嫌犯罪的个人或单位而言，他们也能够根据刑法判断自己是否构成犯罪、可能受到何种刑罚的惩治，并且能够就自己是否有罪进行申辩，就是否被滥施刑罚进行质疑，从而避免犯罪人受到不公平的审判和处罚。

二、刑法机能在保护金融安全上的局限性

在长篇累牍的宣扬刑法积极效能的同时，我们也应该看到，和任何事物一样，刑法机能也存在一定的局限，有学者将此称为刑法机能的相对性或有限性，因为虽然刑法是遏制犯罪的最强有力手段，但并不是唯一手段，更不一定是决定性手段。套用时下流行的“经济人”理论，只要实施犯罪的成本低于受到法律惩治所付出的代价，即还存在所谓的边际效益，即使刑法有强大的机能，还是无法阻止有人去实施犯罪。这一原理对于金融安全方面的犯罪同样是适用的。根据中国银监会的统计，在作为“银行案件专项治理年”的2005年中，全国银行业机构共发生案件1272件，涉案金额54.1亿元，相比2004年只是略降了0.77亿元。四大国有商业银行（中国工商银行、中国农业银行、中国建设银行、中国银行）的发案数量和涉案金额相比2004年双双上升，发案数量由389件上升到476件，涉案金额由11.44亿元增至25.31亿元。农村信用社和金融资产管理公司的发案数量则大幅上升。银行业案件在2005年第四季度发案数量比第三季度增加了18件；同时，第四季度当季新发生的案件与陈案数量基本相同，全年新发案件占总案件的38%。从案件的类型上看，主要为外部对银行的盗抢、诈骗案件及银行内部人员的经济案件和违规经营案件，基本上都涉及金融安全问题。① 因此，我们应该清醒地认识到，不应主观夸大和过于眷恋刑法的机能，刑法只是在其他控制手段难以遏制严重危害社会的行为时作为最后的手段来运用。对于金融安全的保护而言，刑法也只能

---

① 银监会拿出案件治理成绩单 刘明康称任重道远［J］. 21世纪经济报道. 2006-3-2. 本书并没有将外部对银行的盗窃、抢劫行为归属为危害金融安全的犯罪，仍然认为这两类犯罪属于侵犯财产罪。

是在不得已的情况下充当着最后一道保护屏障，而不能期望刑法去根治金融安全的痼疾。

第三节　刑法在保护金融安全中的价值冲突

刑法价值观对刑法的走向起着重要的指引作用，并成为很多重大争议问题的判断标尺。对于刑法在保护金融安全中的价值冲突应该如何看待和取舍，正是本节所要探讨的问题。

一、现代刑法的价值取向

自古到今，学者们对于法律所追求的价值到底应包括哪些内容一直存在争论。正义论者主张法律价值应该是公正，公正是人类普遍认同的崇高价值，是一种人类共同追求的目标。罗尔斯认为，正义是至高无上的，每个人都具有一种基于正义的不可侵犯性，即使为了全社会利益也不能加以侵犯。“正义所保障的各种权利，不受政治交易或社会利益的考虑所左右。”① 即不管某个法律是否能产生实效，只要它是不正义的，就是不可取的；功利主义学者们则认为法的价值取向应侧重于保护社会利益或个人利益，能够“为最大多数人谋最大的幸福”的法律，就是一部好法律。乍看上去，两派学者的主张似乎是水火不相容，但实质上他们都没有绝对否定另一方面，只是在二者的冲突与协调上产生了分歧，也即价值取向应侧重哪方面的问题。近代学者彼得·斯坦和约翰·香德认为，秩序、公平和个人自由是法律制度的三个基本价值，人们都希望法律能够保障社会秩序，但人们同时希望法律能够促进公平，给予人们足够的自由。这三方面缺一不可，而且它们之间的平衡十分微

① 沈宗灵．现代西方法理学［M］．北京：北京大学出版社，1992：110.

妙。① 因此立法者在制定法律时必须对其基本价值进行斟酌、衡量，以求得最佳的立法方案。其实任何一部法律，公正与功利的取向都必定同时存在，二者之争只是侧重点之争，并非绝对地彼此对立、排斥。法律要树立其权威，维护公民的权利与自由，“公正”必不可少；法律作为一种调整社会关系的方法，维护社会秩序与稳定，“功利”作用重大。正如亚里士多德所言：“政治学上的善就是‘正义’，正义以公共利益为依归。”② 现实中的法律，更是功利与公正相互协调、彼此妥协的结果。

“刑法价值”属于法律价值的一个分支，功利与公正应该如何结合也是刑法学者们不断探究的问题，一国刑法的价值取向如何，标志着该国司法水平与进步程度。一般而言，刑法的保护功能与功利的价值取向相对应，保障功能与公正的价值取向相对应。具体言之，刑法中的保护功能主要是通过明文规定哪些行为是犯罪、具体犯罪构成条件及相应法律后果，以保护被犯罪侵害的利益与价值，使人民不受或少受犯罪之害，侧重于社会秩序的维护；保障功能则在于限制国家刑罚权，以达到保障个人自由的目的，刑法没有明文禁止的行为，不能认为是犯罪，不能科以刑罚，对于犯罪者，必须在刑法规定的法定刑内判决，这就保障了犯罪人免受不公平的刑罚，从而起到保障人权的作用。刑法的保护机能与保障机能发挥作用的过程也就是刑法价值释放的过程。在实然法中刑法价值的实现程度也取决于刑法机能的发挥程度。有观点提出刑法机能的冲突是刑法价值冲突的聚焦点，并认为“在权利保障机能和社会保护机能不能得到同时实现的情况下，恰当地安排它们的次序与确定它们

① （英）彼得·斯坦、约翰·香德．西方社会的法律价值［M］．王献平，译，北京：中国人民公安大学出版社，1990：1-2.

② 沈宗灵．法理学［M］．北京：高等教育出版社，1994：54.

的重要性便是十分必要和不可避免的”。① 这种观点恰如其分地勾勒了现实生活中刑事立法的状况。

就刑法的基本立场而言，有观点认为，如果只要功利不要公正，那么这种功利就蕴合着本身最终被否定的基因，因此要功利又要公正，这是国家被迫的选择。② 刑法必然要维护统治阶级的利益，此性质决定了它的功利性；另一方面又不得不考虑，若刑法完全缺乏公正性，则意味着刑罚权毫无约束，结果必然会导致滥用权力，侵害公民权益，最终反而会对整个统治阶级产生动摇；而公正谋求的是利益上的均衡，恰好能对功利形成制约，因而刑法也需要公正。二者相结合，使刑法在保护整个社会免受或少受犯罪侵害的同时，也保障全体社会成员的个人权利免受国家权力的滥用，方能更好地维护国家统治。

实际上，在刑法领域公正和功利的冲突往往是非常尖锐、难以调和的。面对这种状态，有学者认为，功利优先，兼顾公正是刑法公正与功利相结合可能实现的唯一最佳方案。③ 也有学者认为，刑法的价值定位应该是符合理性要求的最佳价值整合状态，对各种难以两全的价值进行中庸兼顾，中道权衡。既要全面实现各种价值目标的内容，又要综合协调各种价值目标相互之间的矛盾关系，从而实现整体价值目标的最大化。具体而言，刑法公正要无害于刑法功利，刑法功利也要力求无损于公正。作为刑法功利中所包含的秩序和自由两大要素也要中道的权衡。④ 笔者认为，前一种观点反映了

① 陈兴良，周光权．困惑中的超越与超越中的困惑——从价值观念角度和立法技术层面的思考［M］//陈兴良．刑事法评论：第2卷．北京：中国政法大学出版社，1998.

② 储槐植．刑事一体化与关系刑法论［M］．北京：北京大学出版社，1997：258.

③ 储槐植．刑事一体化与关系刑法论［M］．北京：北京大学出版社，1997：258.

④ 魏东．论现代刑法的犯罪化根据［M］//赵秉志．刑法评论：第4卷．北京：法律出版社，2004：141-143.

刑法价值立场的实然状态，无可厚非。后一种观点提法虽然新颖，但是其内在的判断标准其实与前一种观点是相通的，而且它还停留在一种逻辑演绎上，比较模糊。最为关键的是，这种演绎的结果是两可的，既可能推导出前一种观点所提倡的立场，又可能推导出截然相反的结果。对于同样的一部刑事立法，这种逻辑悖反是不正常的。笔者以为，刑法是顺应历史发展的产物，是不断进步的，不存在统一的、一成不变的价值标准。从历史上看，在刑法出现之初实在难以发掘出其中有多少正义性（保障人权）的价值因素；随着社会进步，在两个世纪前的法国刑法典中出现了“任何违警罪、轻罪或者重罪，不得被处以犯罪前之法律未规定之刑罚”的规定。德国刑法也规定：“行为之处罚，以其可罚性于行为前明定于法律者为限。”“刑罚及其伴随后果，依行为时有效之法律决定。”美国刑法虽无“罪刑法定”的提法，“然其法律中‘正当程序’条款、‘平等保护’条款等，均体现了该原则”。① 罪刑法定原则正式登上历史舞台，翻开了刑法正义价值观新的一页。法国著名刑法学家J. C. SOYER 在《刑法与刑诉法教程》一书中写道：“在我们的社会里现代刑法致力于协调对社会秩序的维护和对个人自由的保护。”②这正恰如其分地说明了刑法中正义和功利所得到的同等重视。

通过对各国刑事立法的考察不难发现，各国越来越趋向于在维护社会秩序的同时，注重保护以人权为核心的社会价值体系。就我国现行刑法而言，已经明文规定了罪刑法定原则、刑法面前人人平等原则、责罪刑相适应原则，体现了立法者对追求刑法公正作出的巨大努力。虽然上述三点均属原则性规定，但对刑法总则、分则均具有指导意义，贯穿于整部刑法典，意义非常重大。与此同时，刑法也扩大了刑事管辖权，增设了不少罪名，重在强调保护政治、经济、社会管理秩序，规定了严厉的刑罚和刑罚具体运用制度，架构

① 朱华荣．各国刑法比较研究［M］．武汉：武汉出版社，1995：229.
② 朱华荣．各国刑法比较研究［M］．武汉：武汉出版社，1995：10.

起更加严密的刑事法网，功利性的价值并未减损。就总体而言，我国刑法仍然是以功利为其主要价值追求目标。

在未来的刑法中，笔者以为，作为一个高度文明社会的刑法基本立场，各种价值目标中正义（公正）应该是一个超然于其他价值的首要价值，它能够引导、制约其他的价值目标。在非正常状态下，还应能够驾驭其他的价值目标，包括功利。正如古希腊格言所说："正义乃百德之总。"按照这一立场，在正义与功利发生严重冲突时，即使牺牲一部分功利和效率，也应该保全相比起来更为重要的公正和权利，实现更高层次的和谐。当然，这只是一种美好的理想，刑法要达到这一目标无疑需要漫长的时间和适宜的内外部环境。

二、刑法在保护金融安全中的价值冲突与选择

在分析了刑法价值的基本问题之后，笔者拟着重探讨刑法在保护金融安全中出现的价值冲突问题。当今世界，面对金融领域在国家安全中的重要性日益加大以及此起彼伏的金融危机所带来的惨烈破坏，任何一个国家对金融安全都不敢掉以轻心，都迅速在法律中作出回应，包括动用处罚最为严厉的刑法。在惩处涉及金融安全方面的犯罪过程中，刑法价值的公正性与功利性再次发生激烈的交锋。

（一）金融安全刑法的价值分析

首先，对金融安全加以刑法保护主要出于功利性价值的考虑。在面临金融安全的危险源头众多而国家却无力完全掌控、缺乏更有效的手段解决这种困境时，刑法势必被推上前台。国家对于刑法保护机能的运用是非常纯熟的，当立法者意识到金融安全的重要性时，就会毫不犹豫地通过立法途径把此类行为明确规定为犯罪，设置刑罚，进而来确保国家所需要的正常秩序。

我们知道，金融安全刑事立法所保护的对象主要是作为社会经济发展基础的金融体制，而非单纯的个人合法财产或权利，它重在确保全局性、整体性的利益，属于一种超个人的法益。在刑法刻意

保护这种超个人法益的同时必然会带来另外的一些问题，即超个人法益与个人法益如个人的权利、自由如何共处，以及金融安全的法益与其他超个人法益如市场经济下的金融自由化、金融高效能化如何协调的问题。如果只是片面强调一种法益而忽视另一种法益，其效果必定是不理想的，甚至造成严重后果。对于这样的矛盾，需要立法者对部分法益加以统一和协调，进行系统地整合。

其次，由于保护金融安全的刑事法功利性突出，以致刑法的公正性受到了很大的影响。应该说，在保护金融安全的同时注重公民个人权利的保障，是刑法力求达到的目标，然而严峻的现实却将法律明显地推到了功利性价值取向的阵营。我们知道，在同一法律体系下，维护金融安全与确保个人的权利和自由之间的矛盾是客观存在的。国家通过刑事手段制裁威胁金融安全的行为，恢复被损害的金融秩序，必然会在一定程度上影响、限制甚至剥夺个体经济行为的自由。站在国家的立场上，为个体的自由行为划定界限予以限制进而保护金融安全是绝对的利大于弊，无可诟病；站在个体的立场上，以个体的行为自由为代价去迎合国家对金融安全的维护则并非完全符合市场经济的公理。经济犯罪的巨大破坏性要求刑法加强对经济秩序的维护，但市场经济的本质属性又要求刑法为经济自由保持谦抑的价值取向。对于金融安全而言，金融业者的自由和自身利益的实现更多需要刑法的公正价值来保驾护航。

从另外一个角度看，为了应对金融安全，刑法是付出了很大成本的，这从各国纷纷采取扩大原有罪名的调整范围、新增罪名、调整刑罚等各种措施严密金融安全犯罪的法网就可以看得出来，但是刑法所付出的这种成本与打击危害金融安全犯罪所取得的收效相衡量，结果又是怎样呢？不可否认，危害金融安全的犯罪在全球范围内都是比较猖獗的。有学者指出，有市场经济就有经济犯罪，① 同理，有金融领域就有危害金融安全的犯罪。尽管这一理由可以为危害金融安全犯罪的蔓延进行一定的辩护，但仍然无法对以增加罪

① 储槐植．市场经济与刑法［J］．中外法学，1993：（3）．

名、加重刑罚为内容的刑法扩张不能达到控制及减少犯罪的理想效果给出令人信服的解释。有学者一针见血地指出，“经济犯罪的发生和金融管理秩序的混乱……存在极大关系，主要应当通过加强社会经济管理、增补漏洞来防止这些犯罪的发生，而不能简单地施以重刑、乃至死刑作为管理不善的补偿。事实上，如果金融管理和……正常秩序没有建立，犯罪就不可避免，死刑也无济于事”。① 因此，金融安全的保护不是仅凭增加刑法成本就可以完成的，从现今刑法付出的成本代价和收效相比较，其效益并不佳，对刑法功利性的殷切希望难免化作立法者的一厢情愿。

有观点认为，国家为了维护经济社会之公平、稳定、安全、效率以及产品劳务市场、资本市场、货币市场、信用市场之正常机能及持续健全，有效打击侵犯经济秩序、违反法规之行为，始制定经济方面之刑法。现代经济刑法很多都是应“社会需求”而来，并非都是经过审慎评估后才作出。② 笔者以为该观点言之有理。金融安全的刑法规定无疑也是因应形势需求而出台的，它是否对刑法应然的价值定位作出充分的考量，尤其是是否对所包含的功利性成分进行了理性的权衡，我们似乎难以得出肯定的答案。

（二）金融安全的保护——刑法面临的新挑战

2001 年 9 · 11 事件发生之后，各国反恐活动空前高涨，反恐怖法案和一系列反恐措施相继出台。在金融领域，金融反恐成为金融安全的新课题，金融反恐的主要任务是沿着恐怖组织资金的来源及去向发现和跟踪恐怖组织的行踪，打击为恐怖主义活动融资以及为恐怖组织洗钱的行为，切断恐怖组织的资金链。此外，防范针对金融中心的恐怖袭击也是重要的任务之一。各国普遍实施了没收或冻结恐怖分子所控制的银行账户的资金、制止恐怖组织利用金融机

---

① 陈兴良．刑事政策视野中的刑罚权结构调整［J］．法学研究，1998：(6)．

② 林育生．经济刑法之基本问题［EB/OL］．http：//www. ntpu. edu. tw/law/paper/04/2001a/8971202a. PDF.

构洗钱的行动，还采取了相关的控制措施，如对被怀疑与恐怖组织有染的账户和机构进行监控，开展执法调查等。据报道，在9·11事件发生后的一个多月的时间里，美国利用其成熟的反洗钱网络，冻结了涉嫌同本·拉登及其恐怖组织有关的165个银行账户。到2002年9月，美国金融机构以“资助恐怖活动”的罪名，冻结了高达数十亿美元的金融资产。与此同时，111个国家采取不同措施冻结恐怖分子的金融资产，英国采取了包括阻止利用外汇兑换系统从事与恐怖活动和毒品走私有关的洗钱活动等措施。9·11事件发生不到一个月，英国就先后冻结了被怀疑与恐怖分子有牵连的6100万英镑的银行账户。德国也冻结了与恐怖分子有联系的214个账户的370万美元资产。① 为了强有力地推行反恐，各国都相继出台了专门的立法。其中影响最大的当属美国的《爱国者法》(《通过截获和阻止恐怖主义所需的合理方式团结和加强美国法案》)，该法案长达342页，共10个部分，由美国总统布什在9·11恐怖袭击后第45天签署生效，有效期至2005年12月31日。② 其中第3部分《2001年国际洗钱消除及反恐怖主义分子金融法案》的规定主要针对金融反恐，其核心内容是扩大和加强财政部、司法部、联邦调查局和中央情报局等政府机关对国内外金融活动的监督、检查和控制的权力。该法案增加了金融机构的客户识别、业务禁止、情报收集和报告等义务，加强对涉恐资金流向的识别、监控。如要求美国银行必须保留更详细的交易记录，司法和情报机关有权查询；某些从事汇款和签收旅行支票等“货币服务业”的非银行部门，也必须遵守《银行保密法》，向政府报告“可疑的交易

① 翟惠敏，徐伟．驱散恐怖主义的阴霾——第22届世界法律大会专题聚焦［EB/OL］．http://www.legalinfo.gov.cn/moj/moj/2005-09/06/content_191180.htm.

② 美国国会众议院于2006年3月7日通过了延长《爱国者法》法案的决议，国会参议院于此前已通过此法案。根据这一法案，《爱国者法》中即将到期的14项条款将永久化，另两项条款的有效期将延长4年。

活动”；财务公司必须核实所有新客户身份，其中包括核实有意开户人士的身份。必要时，财务公司和银行可以咨询合适的政府机关以获得罪犯或疑犯、恐怖分子及恐怖组织名单，以查核有意开户/维持账户的人士/组织是否在这些名单上。在某些情况下，在开设账户时须进行额外的审慎评估，其中包括索取有关账户存款资金来源的资料。要求财务公司监察客户账户内的可疑活动并且向政府报告。同时规定由美国国会与司法部、财政部和CIA共同罗列一份外国涉嫌洗钱者的“黑名单”，被列入“黑名单”的外国人将不准进入美国。由经济合作与发展组织发起成立的金融行动特别工作组（FATF），制定了《打击资助恐怖主义活动的行动计划》，提出了针对调查、预防和监控恐怖主义资金流向和恐怖主义活动的一系列建议，建议与会成员国将恐怖主义资金的转移列为犯罪行为、冻结和没收恐怖分子的财产、报告与恐怖主义有关的可疑交易、加强对非盈利组织资金的监控等反恐融资8条建议。该工作组还专门起草了有关恐怖分子筹资方式及手法的“特别指引”，列出了恐怖分子筹资活动的一般特点，以便协助财经机构及其他容易被不法分子利用的机构，通过现有的反洗钱渠道，监控及举报恐怖分子的筹资活动。① 各国还赋予执法机构和情报机构广泛权力，以防止、调查和打击恐怖主义，如执法机构被允许窃听恐怖嫌疑分子的电话并跟踪其互联网和电子邮件的使用，网络供应商必须保留其用户使用和浏览国际互联网的“痕迹”，以便在检察机关需要时可以随时查询；警方只要获得法官许可，就能检查用户的电子邮件内容；在当事人并无嫌疑的情况下，可以获取其在图书馆、书店阅读和购买书籍的详细信息；可以对公民的教育、医疗、投资、信用、通讯等信息进行类似的检查；准许检查所有秘密档案，准许在公共和私人场所进行监视活动，进行秘密调查，准许执法部门可以在未获法庭授权令的情况下搜查当事人的办公室和居所，查封可能成为证据的资产；

① 宋利红．金融反恐形势分析及对策研究．社会公共安全研究，2003：(5)．

允许司法部门在提出犯罪指控和驱逐犯罪嫌疑人之前对有犯罪嫌疑的外国人拘留7天，要求所有进出海关的人士拍照和脱鞋检查，连外交人士亦不可豁免，等等。除了加强对国内金融的监控，为了追求更进一步的反恐效果，各个国家还在冻结恐怖组织资金来源、打击跨国洗钱方面展开国际合作，联合国及一些国际组织也通过有关决议，起草有关的公约，加强反恐斗争的力量。

上述很多反对恐怖主义的金融措施都被纳入到了刑事调整范围，如根据美国法律，对违反资产冻结行政命令的机构最多可处以50万美元的罚金，对个人最高可处以25万美元的罚金或10年监禁，① 法庭没有授权，执法部门却可以搜查当事人办公室和居所，查封资产，窃听电话，监控来信，偷录行踪，甚至予以拘留，这在以前是不可想象的。和其他反恐措施一样，金融安全的刑事条款与人们奉为至理的人权至上观念和习以为常的自由权、隐私权、正当程序获得权相距甚远，引发了人们极大的争议。在绝大多数的政治家心目中，反恐是国家的至高利益，公民自由应当作出牺牲，但也有人提出异议。在美国参议院表决《爱国者法案》中投反对票的参议员说："保持我们的自由是我们现在参与新的反恐战争的主要原因之一。如果我们牺牲美国人民的自由，我们即使没有动一刀一枪，也输掉了这场战争。"美国金融大鳄乔治·索罗斯在其专著《美国的霸权泡沫》中断言："《爱国者法案》开启了严重滥用权力的大门。"②另外，在民众的心目中也存在着复杂而矛盾的想法，一方面当然是希望自己的基本权利和自由尽量能够得以保全，不受过多的限制，而另一方面，人们也急切希望驱走恐怖主义的阴霾，获得和平、安宁的生活环境。据一项法国的民意调查统计，88%的受访者支持对汽车后盖箱进行检查，73%的受访者支持对电子邮件

---

① 宿景祥．美国"反恐金融战"对国际金融制度的影响［J］．现代国际关系，2002：（4）．

② 刘岩．美《爱国者法案》打开滥用权力大门［EB/OL］．http：//news.xinhuanet.com/world/2006-01/28/content_4110787_1.htm.

进行监控。① 这也在一定程度上折射出了民众的矛盾心态。

对于包括金融安全在内的反恐刑事措施，有学者提出了严厉的批评，认为这些一是对传统自由社会的刑法的背离，二是对传统的罪刑法定原则的背离，三是对传统的报应刑法理论的背离。这充分体现了刑法价值的激烈冲突性。包括金融反恐在内的反恐措施的加强，在很大程度上是为了保护国家利益与公共利益，这在恐怖主义活动猖獗的情况下是必然的选择，刑法的功利性显然在此找到了用武之地。但如上述欧美等国那样采用特别法的方式进行金融反恐，公民在正常情况下本应享有的一些权利和自由受到了限制，一些在正常情况下可以开展的金融活动也受到了阻碍或增大了成本，而涉嫌恐怖主义的个人和组织本可以享有的一些权利更是被立法者和执法者抛诸脑后。这使我们对刑法的这种价值取向产生了怀疑，并竭力希望明确在采取如此强硬的反恐措施成就了刑法的功利性的同时，应否兼顾其他的价值以及能否平衡其他的价值？除了个体要为此付出一些代价外，刑法的公正性是否也要为此付出代价以及应付出多大的代价？我们崇尚的刑法应该既是广大人民的权利保护书，同时也应该是犯罪人权利的保障书，但现实状态下的刑法与这一训诫似乎相距甚远。立法者似乎极度功利地看待刑法的功效，呼吁刑法公正性的声音显得无比微弱，刑法价值观受到更严峻的挑战。笔者认为，这恰是包括金融反恐在内的反恐刑法面临的真实状态，也是其潜藏的最大危机。

通过对金融反恐过程的观察，我们可以清楚地看到在金融安全领域国家利益与个人自由间矛盾的尖锐性以及协调的困难性。卢梭曾经写道："人是生而自由的，但却无往不在枷锁之中。自以为是其他一切的主人的人，反而比其他一切更是奴隶。"② 这句话指出

---

① 郑若麟．法国：自由为安全让路［EB/OL］http：//www.people.com.cn/GB/guoji/25/95/20011015/581716.html.

② （法）卢梭．社会契约论［M］．何兆武，译．上海：商务印书馆，2003：4.

了作为社会的人必然受到一定的约束与限制，不存在绝对自由与绝对权利的真实状况。前述法国人民所认同的为了安全需要牺牲一些个体自由和经济利益是合乎理性的，但国家对个人自由的限制是否符合理性？在保护国家利益的同时侵犯公民利益是否理所当然？当个人自由与社会秩序发生冲突时，刑法作为最严厉的法律又应作出怎样的选择？这既是一直以来刑法探究的问题，也是金融安全刑法中不得不面对的原则性问题。

相比之下，我国刑法在金融反恐方面尚未如此激进。在保护金融安全过程中，国家利益与个人自由的矛盾也是比较突出的，但这不是简单地运用刑法原理分析就可以化解，我们必须在法律实践过程中时刻反思，慎重考量。在复杂多变的现实条件下，刑法受到的挑战非常剧烈。当代德国法学家科殷认为，现代社会，造法的目的是为了和平与安全。① 这既是国家赋予法的使命，也是民众认可法的理由，然而同时人们对法还有其他的期望：谋求实现社会道德价值的倾向，如正义和自由，尽管各种倾向存在一定的对立，然而对法的现实的观察表明，在生机勃勃的法里，所有那些倾向都能保住自己的阵地，相互并存。② 因此，就刑法而言，作为和平与安全的外在支撑，刑法的功利价值是表现得非常出色的，但是要达致实现正义的终极目的，相对温和的刑法公正价值需要得到淋漓尽致的发挥。

第四节 危害金融安全的犯罪：一个有别于传统认知的范畴

当金融安全成为刑法所保护的法益时，侵犯这种法益的行为就

---

①（德）H. 科殷. 法哲学［M］. 林荣远，译. 北京：华夏出版社，2002：118-120.

②（德）H. 科殷. 法哲学［M］. 林荣远，译. 北京：华夏出版社，2002：120-126.

必然被纳入刑法调整的视野，进而对我们谈论了数十年的金融犯罪产生影响。笔者欲从刑法学的角度来探讨金融安全的保护，通过对与金融犯罪相关概念的辨析，分析危害金融安全犯罪与金融犯罪有何重合与相异之处，应该如何看待二者之间的关系，是本节意图解决的问题。

一、传统刑法理论对金融犯罪的认识

（一）金融犯罪概念辨析

在我国刑法学理论研究中，金融犯罪是不可或缺的一部分。作为认知这类犯罪的有效手段，金融犯罪的概念为很多学者所使用，也作出了各种不同的界定，归结起来主要有以下几种：

1. 金融犯罪有广义和狭义之分，广义的金融犯罪指金融活动中一切侵犯社会主义经济关系，依照法律应当受到刑罚处罚的行为。狭义的金融犯罪是指金融系统工作人员在金融活动中侵犯社会主义经济关系，依照法律应当受到刑罚处罚的行为。①

2. 金融犯罪就是以金融机构或者相关主体为被害对象的财产欺诈行为。②

3. 金融犯罪是指在行为人在货币融通过程中，以获取非法利润为目的，违反金融法规，非法从事融资活动，破坏金融秩序，情节严重的行为。③

4. 金融犯罪是指在金融业务领域，违反有关金融法规，破坏金融管理秩序，非法从事货币资金的融通、货币信用的融通及侵害

---

① 谭秉学，王绪祥．金融犯罪学概论［M］．北京：中国社会科学出版社，1993：9.

② 白建军．金融欺诈与预防［M］．北京：中国法制出版社，1994：251，261.

③ 王新．金融刑法导论［M］．北京：北京大学出版社 1998：43. 同时作者提出应以“危害金融犯罪”替代“金融犯罪”的称呼，参见该书第 27-29 页。

上述活动安全等，依法应受刑罚处罚的行为。①

5. 金融犯罪是指破坏社会主义金融秩序，依法应受刑罚处罚的行为。②

6. 金融犯罪是指违法从事金融活动或其相关活动，危害金融秩序，依法应受刑罚处罚的行为。③

7. 所谓金融犯罪，是指在货币资金融通过程中，违反国家金融管理法规，破坏国家金融管理秩序，使国家、人民利益遭受严重损害的行为。④

笔者以为，以上定义所采用的方法基本上是一致的，即主要是在刑法对金融犯罪规定的基础上进行概括性描述，其中所存在的差别仅来自论者对金融犯罪这种犯罪现象所侵犯的法益及具体行为特征的认识差异。在第一个定义中，广义说虽然正确地界定了金融犯罪的场域，即它只能是发生在金融活动之中，但并没能揭示金融犯罪的本质；而狭义说将金融犯罪的主体仅限于金融系统工作人员，显然过于狭窄。定义二主要是从犯罪学的角度对金融犯罪进行阐释，并没有特别顾及刑法本身的规定，不为学界所常用。定义三虽然指出了金融犯罪作为行政犯的特点，即以违反金融法规为前提，但其强调金融犯罪必须以获取非法利润为目的，则显然不符合当前刑法中还有许多金融犯罪并不以此作为构成要件的事实。后四个定义中，虽然人们在表述上各有不同，如定义四试图概括出具体行为的特征，定义五和定义六则简洁明了地套用犯罪概念的本质特征，定义七则强调金融犯罪的严重危害后果，但这几个定义都强调金融

---

① 周振想．金融犯罪的理论与实务［M］．北京：中国人民公安大学出版社，1998：53.

② 薛瑞麟．金融犯罪研究［M］．北京：中国政法大学出版社，2000：8.

③ 胡启忠．金融刑法适用论［M］．北京：中国检察出版社，2003：36.

④ 赵秉志，杨诚．金融犯罪比较研究［M］．北京：法律出版社，2004，前言：2.

犯罪对金融法规的违反与对金融管理秩序的破坏，并不存在实质性的差异。

总的来说，金融犯罪是指违反金融法规，破坏金融秩序并应当受到刑罚处罚的行为。定义本身的功能或主旨是对某一对象进行限定性的描述，揭示其核心内涵，若要揭示其更为具体的特质则需要用基本特征来说明。金融犯罪所具备的基本特征主要有：

1. 金融犯罪发生在金融活动过程中。需要指明的是，金融是“金钱融通”的略称，专指以货币、票据、证券以及其他金融工具为载体，以信用为纽带的专门活动，参与的主体包括金融产品及服务提供者、金融消费者、金融监管者以及为金融活动提供服务的中介性组织。因此认为金融等同于货币资金融通的看法并不全面，只是抓住了金融的部分特性，而没能反映金融的全貌。

2. 金融犯罪是以违反金融法规为前提的行政犯。由于金融业务的对象是货币、有价证券、票据、贵重金属等，经济价值高，而且金融服务流程众多，原理深奥，比一般的商业活动要复杂得多，因此各国都对金融领域采取了比一般商业活动更为严格的管制，制定了大量的法规。在实际操作过程中，金融领域的许多事项需事先经过行政许可方可实施，金融机构及其业务活动过程都要接受政府机构的监察。金融法规是考察这些金融行为是否合法的基本依据，被金融法规认定为违法的行为始有可能被认定为犯罪，而金融法规未予以调整的行为则视为法律许可金融机构自由处置。

3. 金融犯罪是严重破坏金融秩序以致要运用刑罚加以处罚的行为。金融秩序是保证金融市场正常发展和有效运行的机制和规则的总称，它一般包括三个方面的秩序，即：金融市场主体行为的秩序、金融市场客体机制的秩序以及金融市场规则秩序。这三方面的秩序，既互相区别，又相互联系。其中第一种秩序是金融秩序的“肌肉系统”，第二种秩序是金融秩序的“骨骼系统”，而第三种秩序是金融秩序的“神经系统”。正是这三个系统的相互作用，才共同组成金融秩序的整体。金融秩序依靠的是自主原则、等价原则、公平原则和信用原则这四个原则的支撑。这四大原则受到侵犯，金融秩序就会被扰乱。① 上述所提到的破坏金融秩序的行为，既可能是轻微的违规行为，也可能是一般性的违法行为，也可能是社会危害性严重的违反刑法的行为，金融犯罪仅限于最后一种。

（二）关于金融犯罪范围的争议

金融犯罪在理论上的分类一般有两种：（1）以是否金融领域特有的犯罪为标准，分为纯正的金融犯罪和非纯正的金融犯罪；（2）以是否为金融系统工作人员所实施分为金融职务犯罪和金融非职务犯罪。限于文章篇幅，对此问题不再展开。就目前国内著作来看，大多数学者对金融犯罪是进行立法分类，即以现行刑法规定为基础，根据金融犯罪侵犯的客体，将金融犯罪分为危害货币管理制度的犯罪、危害票证管理制度的犯罪、危害信贷管理制度的犯罪、危害保险管理制度的犯罪、危害外汇管理制度的犯罪、危害金融机构管理制度的犯罪等，虽然人们的表述不尽一致，但基本上是大同小异的。

与金融犯罪分类上的趋同相比，我国学者对于在我国刑法分则中到底哪些罪名属于金融犯罪则有较大的分歧，学者们一直对此争论不休，至今也未能得出定论。学者们的观点基本上是围绕刑法分则第三章第四、五节的罪名展开，有观点认为金融犯罪仅指刑法分则第三章第四、五节的罪名；② 有的则认为走私假币罪和欺诈发行股票、债券罪也应纳入到金融犯罪中，而洗钱罪不属于金融犯罪；③ 还有观点将走私假币罪、走私贵重金属罪、欺诈发行股票、债券罪以及提供虚假财会报告罪纳入金融犯罪，④ 还有的著作在论

---

① 何炼成．中国市场经济发展的无序与有序［M］．西安：西北大学出版社，1993：39.

② 胡启忠．金融犯罪论［M］．成都：西南财经大学出版社，2001：25.

③ 卢勤忠．中国金融刑法国际化研究［M］．北京：中国人民公安大学出版社，2004：193.

④ 曲新久．金融与金融犯罪［M］．广州：中信出版社，2003：66.

及金融犯罪时将职务经济犯罪作为其中一部分。① 此外，还有个别学者提出了更为广义的观点，如将抢劫银行、盗窃银行也列入金融犯罪，还提出以下行为也属于金融犯罪的范畴：强令人民银行发放贷款或担保的行为（《人民银行法》第 48 条）；人民银行违法贷款、担保、擅自动用发行基金的行为（《人民银行法》第 47 条）；商业银行严重违反《商业银行法》第 73、74、75、76、77 条的行为。其中，商业银行严重违反《商业银行法》第 73、74、75、76、77 条的行为包括无故拖延、拒绝支付存款本金和利息、违反票据承兑等结算业务规定，不予兑现，不予收付入账，压单、压票或者违反规定退票；非法查询、冻结、扣划个人储蓄存款或者单位存款；以及对存款人或者其他客户造成损害的其他行为；商业银行未经批准设立分支机构的；未经批准分立、合并或者违反规定对变更事项不报批的；违反规定提高或者降低利率以及采用其他不正当手段，吸收存款，发放贷款；商业银行出租、出借经营许可证；未经批准买卖、代理买卖外汇的；未经批准买卖政府债券或者发行、买卖金融债券的；违反国家规定从事信托投资和证券经营业务、向非自用不动产投资或者向非银行金融机构和企业投资的；向关系人发放信用贷款或者发放担保贷款的条件优于其他借款人同类贷款的条件的；商业银行拒绝或者阻碍国务院银行业监督管理机构检查监督；提供虚假的或者隐瞒重要事实的财务会计报告、报表和统计报表；未遵守资本充足率、存贷比例、资产流动性比例、同一借款人贷款比例和国务院银行业监督管理机构有关资产负债比例管理的其他规定的；商业银行未经批准办理结汇、售汇；未经批准在银行间债券市场发行、买卖金融债券或者到境外借款的；违反规定同业拆借的；商业银行拒绝或者阻碍中国人民银行检查监督；未按照中国人民银行规定的比例交存存款准备金，等等，② 但是这种观点不占

---

① 杨文书．金融刑事法律实务［M］．北京：中国工商出版社，1999：210.

② 白建军．论我国银行业的刑法保护．中外法学，1998：（4）．

主流地位。有学者对相关观点进行了归纳，认为学界对金融犯罪的认识可以划分为四个基本层次：最狭义的金融犯罪、狭义的金融犯罪、广义的金融犯罪和最广义的金融犯罪。其中最狭义的金融犯罪仅指刑法分则第三章“破坏社会主义市场经济秩序罪”之第四节“破坏金融管理秩序罪”和第五节“金融诈骗罪”。狭义的金融犯罪是指除了上述最狭义的金融犯罪外，还包括刑法分则第三章中走私假币罪、走私贵重金属罪、提供虚假财会报告罪、欺诈发行股票、债券罪等直接侵害金融秩序的犯罪。广义的金融犯罪则还包括金融机构工作人员在履行职务时或者非金融机构人员在从事经营活动时所实施的与金融秩序密切相关的犯罪，如金融机构工作人员的贪污、受贿、挪用公款、挪用资金、玩忽职守等职务犯罪，以及非金融机构人员非法从事买卖外汇、非法经营证券、期货或保险业务的犯罪即非法经营罪等犯罪。最广义的金融犯罪还包括以金融机构为侵害对象的盗窃罪、抢劫罪以及其他以金融机构资金安全和正常活动为侵害目标的犯罪。①就目前出版的各种著作和论文来看，最狭义说、狭义说与广义说的观点均有较多的支持者。从注释刑法学的角度，笔者较为赞成最狭义说的观点。人们对金融犯罪外延界定的不一致说明了此类犯罪的复杂性，这类犯罪根源于复杂的金融活动，因此我们在注重刑法理论研究的同时，也必须加强对金融原理的分析和对金融实务活动的观察，争取在此问题上有所突破。

二、危害金融安全犯罪解析

危害金融安全犯罪本身并非是严格意义上的法律概念，它是就对金融安全这一法益造成了侵害这个共同点上，对相关犯罪的统称。此类犯罪是指在金融活动或相关活动中，违反金融法规，危害金融安全，应当受到刑罚处罚的行为。危害金融安全犯罪的特征在于：第一，此类犯罪是危害国家金融安全的行为。首先，现代金融

---

① 曲新久. 金融与金融犯罪 [M]. 广州：中信出版社，2003：65，66.

业下，安全是最首要的宗旨，因为金融不像其他的商业活动那样，可以在市场规范和主体自律下加以维持，即便出现一些不确定的状态也不至酿成大祸。金融业不能容忍没有制度与外力规制的粗放状态，一旦出现安全真空，所造成的后果将是不可逆的而且损失是无法估计的。其次，金融所追求的目标主要有两个——安全与效率，对于后者，因为其主要取决于市场因素及政府政策，法律很少过问；对于前者，法律则紧盯不放，这从有关的金融立法中即可看出。再次，金融安全是源于金融而又高于金融的，它和国家安全这一基本国策紧密挂钩，不但关乎金融业，也关乎国运兴衰和民众福祉。因此，金融安全不但涵盖和指导所有的金融活动，而且成为刑法所要保护的重要利益。第二，此类犯罪是依法应受刑罚处罚的行为。除了刑法之外，其他的各个部门法也相当重视对金融安全的保护，因而都将涉及金融安全的行为纳入到其调整范畴之内，依照各自调整方法对其进行保护。而刑法则是作为法律保护的最后一道屏障，以最严厉的手段来保障它，只有当破坏金融安全的行为具有了严重的社会危害性，达到了应受刑罚处罚的程度，刑法才介入。

至于危害金融安全的犯罪在刑法分则中具体包括的罪名，笔者以为，可以从广义和狭义两个不同的角度进行界定。从狭义上看，危害金融安全的犯罪应该包括刑法分则第三章“破坏社会主义市场经济秩序罪”中第四节“破坏金融管理秩序罪”和第五节“金融诈骗罪”，以及刑法分则第三章中走私假币罪、走私贵重金属罪、欺诈发行股票、债券罪、提供虚假财会报告罪、进行不正当关联交易罪，这一范围与金融犯罪范围争议中的“狭义说”基本一致。刑法分则在第三章第四、五节集中规定了破坏金融管理秩序的犯罪及部分贪利性犯罪，它们或直接挑战金融管理的制度、法规而使金融安全受到震动，或通过破坏金融信用、侵占金融资产削弱金融安全，是典型的直接侵害金融安全的犯罪。但刑法这两节的规定尚不足囊括所有侵害金融安全的犯罪，还有一些不法行为如走私假币，走私用于铸币以及作为国家金融储备的贵重金属，欺诈发行具有流通性、代币性质的股票、债券等有价证券等，这些犯罪对金融安全的危害同样不可小视，与金融稳定、金融安全有着直接的关系。如广东、福建、浙江等沿海地区一段时间以来走私、偷运由台湾地区犯罪集团伪造的人民币的行为相当猖獗，并形成了走私、运输、买卖假币一条龙的犯罪态势，造成大量假币流入城乡，除了对当地及周边地区群众的切身利益造成极大的损害和破坏经济建设外，还严重干扰了国家法定货币的流通、回笼。虽然刑法将上述罪名规定在走私罪或妨害对公司、企业的管理秩序罪中，但它们对金融安全无疑具有很大的危害。当然有观点在探讨走私假币罪等是否属于金融犯罪时，认为走私假币等行为一方面危害了金融秩序，但同时也危害了海关管理秩序，而且其主要危害在后者，因而根据其主要危害，应归入走私犯罪而非金融犯罪，并提出结论："刑法分则第三章第四节、第五节之外涉及金融的犯罪，如果立法者已将它们归入其他类犯罪，就不应归入金融犯罪。"① 当然在探讨金融犯罪的范围问题上，这种严格的注释刑法学的分析思路是可以借用的，但我们在探讨"危害金融安全的犯罪"这样一个概念的外延时，就不应唯此思维定式是从，而应当更多的把它当作一个创新性的问题来看待。笔者认为界定危害金融安全犯罪的关键在于，考虑哪些犯罪直接对金融安全造成了危害，只要是直接侵犯了金融安全的犯罪，都属于此类犯罪研究的范畴，而且事实上将这些"边缘性"犯罪确认为危害金融安全的犯罪并不有碍于它们在刑法中的应有地位。如上所述，刑法典本身并不存在"危害金融安全的犯罪"这一概念，它只是作为侵犯某类法益的犯罪的统称在理论与实践中使用，换言之，危害金融安全犯罪并不是一个垄断性、排他性的范畴，在具体范围的认定上并不存在非此即彼的绝对状态。如果我们局限于现行刑法的规定和部分思维定式，不但使危害金融安全犯罪的理念难以立足，也会对更深入地研究此类犯罪造成难以逾越的阻碍。

---

① 胡启忠等．金融犯罪论［M］．成都：西南财经大学出版社，2001：25.

从广义上看，危害金融安全的犯罪除了上述狭义说的罪名之外，还应包括刑法分则第一章“危害国家安全罪”中的“背叛国家罪”、“资助危害国家安全犯罪活动罪”、“叛逃罪”、“间谍罪”、“为境外窃取、刺探、收买、非法提供国家秘密、情报罪”，第三章“破坏社会主义市场经济秩序罪”第八节“扰乱市场秩序罪”中的非法经营罪，以及金融机构工作人员在履行职务时所实施的与金融安全密切相关的犯罪，如金融机构工作人员的贪污、受贿、挪用公款、挪用资金、玩忽职守等职务犯罪，因为上述犯罪行为都有直接对金融安全造成侵害的可能性。

本书的论述将是围绕狭义说而展开。

三、传统金融犯罪与危害金融安全犯罪的异同

金融犯罪是在传统刑法理论中一直使用的概念，而危害金融安全犯罪则是一个新的提法，从名称上看两者非常近似，而且实际上二者的渊源也非常之深，它们之间的共性和差异表现在以下方面：

（一）金融犯罪与危害金融安全犯罪的相似之处在于：

1. 二者都是学理上的概念，而不是来自刑法典的严格意义上的法律概念。金融犯罪是对于实施了违反金融法规、破坏金融秩序、应当受到刑罚处罚的行为的统称，而危害金融安全犯罪则是对在金融活动或相关活动中，违反金融法规，危害金融安全，应当受到刑罚处罚的行为的统称。

2. 二者所包含的具体犯罪存在部分重合的情况。危害金融安全的犯罪也包括刑法分则第三章第四、五节的内容，这些内容是在金融犯罪范围的争议中基本上得到学者们认可的部分。实际上，从以上对比可以看出，狭义的危害金融安全犯罪与金融犯罪的狭义说所涵盖的罪名基本是一致的，因此从金融犯罪狭义说的观点看来，危害金融安全犯罪与金融犯罪并无二致。

3. 二者都侵犯了金融秩序。秩序是来自规制经济学的概念，是对相应对象运行的机制和规则的抽象，它并没有非常具体的指标去衡量。一般认为，良好的金融秩序体现为金融领域能够保持良好

信心、良好信用、良好信息的“三良好”并能够稳定安全运行，能够为经济发展作出贡献。不论是危害金融安全犯罪还是金融犯罪，都会对这种金融市场正常运作制造障碍，对金融机制和规则造成破坏。

（二）金融犯罪与危害金融安全犯罪的不同之处在于：

1. 刑法保护的侧重点不尽相同。刑法对金融犯罪的规制主要是侧重于保护国家的金融秩序以及公私财产权利，而对危害金融安全犯罪的规制则除了要保护金融秩序以及公私财产权利以外，更要从维护整体金融制度和金融体系的稳定及其抗冲击能力的高度来考虑如何完善其立法、司法等各方面的保护。

2. 危害金融安全犯罪的外延比金融犯罪广。金融犯罪是针对破坏金融秩序的行为而言的，而金融安全作为金融秩序的上位概念，它除了包括金融秩序以外，还涵括整体金融制度和金融体系的稳定及其抗冲击能力，因此危害金融安全犯罪的外延要宽于金融犯罪的外延，危害金融安全犯罪在广义上还包括可能直接损害金融安全的犯罪，如“背叛国家罪”、“资助危害国家安全犯罪活动罪”、“叛逃罪”、“间谍罪”等，这些罪名是金融犯罪无法囊括的。

3. 造成的社会危害程度不同。金融犯罪主要发生在金融领域的范围之内，犯罪行为通过对金融市场运行和发展过程中的某一环节或某些部分造成破坏，进而损害金融秩序。而危害金融安全犯罪则着眼于对整体国家安全的损害，犯罪行为破坏维系金融安全和稳定的各种内外因素与环境，造成金融动荡，进而给整个国家的经济、社会、金融带来致命性的冲击。可以说，金融犯罪的社会危害性是局部性、部门性的，而危害金融安全犯罪的社会危害性则是全局性的、整体性的。

4. 犯罪成因和行为特征不同。金融犯罪主要发生在金融活动之中，在金融领域内部形成破坏。危害金融安全犯罪则是从内部和外部两种渠道对金融业产生破坏，即既有金融业内部的失范行为引发犯罪，也包括与国家安全关联的一些行为造成金融领域的破坏，如对金融机构的恐怖袭击等。相应地，金融犯罪的本质特征是在于对金融秩序的破坏，而且其行为主要是金融领域内的金融行为。而危害金融安全犯罪的本质特征是其社会危害性并不局限于金融领域，行为方式也并不仅局限于金融行为。

以上虽然从理论上对危害金融安全犯罪与金融犯罪的异同作出分析，但笔者以为，“危害金融安全犯罪”的概念更重要的是具有观念上的意义，可以将我们的研究视角从传统的金融犯罪概念提升到国家安全这一领域，进而在一个新的起点上来探讨相关问题，这也是现实所需要的，即期望能够得到新的启示。联合国亚太经济和社会委员会发表的《“亚太地区经济社会调查”年度报告》认为亚洲金融危机暴露出受冲击国家的金融部门的许多严重缺陷。这些缺陷不仅体现在金融机构方面，而且体现在监管这些机构的法规方面。① 其中当然也包括刑法的问题。我们应当看到，刑法中关于金融方面犯罪的规定不可谓不多，但是对突如其来的金融危机却显得相当的不适应。因此，刑法关于金融领域犯罪的重心应当调整转移，应当与时俱进，这也是笔者提出危害金融安全犯罪这一概念的期冀所在。

---

① 曹建明．金融安全与法制建设［M］//杨正鸣．金融犯罪与法律控制：代序．上海：立信会计出版社，1999.

第三章 危害金融安全犯罪的刑事政策研究

刑事政策是一国为了防控犯罪所制定的各种策略、方针、措施的总和，它以犯罪学研究为基础，对相关制度的合理性、合目的性、现实性作出价值判断，其研究范围超出于刑事法本身，并指导着刑事立法、司法、执法的各个环节。本章试图解读、梳理现有的保护金融安全方面的刑事政策，并在此基础上提出防控危害金融安全犯罪的刑事政策设想，以期建立起有效、合理的反危害金融安全犯罪的策略。

第一节 我国危害金融安全犯罪刑事政策的现状

一、我国刑事政策概述

最早提出刑事政策概念的是德国的克兰斯洛德和费尔巴哈，克兰斯洛德认为刑事政策是“立法者根据各个国家的具体情况而采取的预防犯罪、保护公民自然权利的措施”；费尔巴哈则认为，刑事政策是国家据以与犯罪作斗争的惩罚措施的总和。① 德国法学家李斯特认为，刑事政策是国家和社会据以与犯罪作斗争的原则的总和。② 法国学者马克·安塞尔认为，刑事政策是由立法者和法官在

① 卢建平．刑事政策的概念界定与学科建构［M］//赵秉志．刑事政策专题探讨．北京：中国人民公安大学出版社，2005.

② 杨春洗．刑事政策论［M］．北京：北京大学出版社，1994：4.

认定法律所惩罚的犯罪、保护“高尚”公民时所作的选择。① 克里斯蒂娜·拉塞杰认为：“从认识的角度看，刑事政策是对犯罪现象的综合分析，对犯罪现象以及与违法犯罪行为作斗争的方法措施的解析；它同时也是建立在一定理论基础之上的旨在解决对广义的犯罪现象的打击与预防所提出的问题的社会和法律的战略。”据我国学者介绍这是现今西方最流行的刑事政策定义②。事实上，刑事政策的概念正朝着从狭义到广义的方向发展，一方面它已经不再仅仅局限于“惩罚措施的总和”，但同时大多数观点也仍然将它限制在刑事法领域之内，不至于将刑事政策扩充到法律制度以外一切与犯罪现象有关联的因素上，否定了“最好的社会政策就是最好的刑事政策”的包罗一切的观点。在我国，人们已越来越重视对刑事政策的研究，有观点认为，通过刑事政策对刑法规范、刑法目的、刑法价值的批判和引导，实现“刑法的刑事政策化”，刑法的运行才能更合目的、更具理性、更富效果。③ 刑事政策主要应着眼于较为宏观的战略和原则，而不应包罗万象，通过对刑事政策的研究，进而建立起有效、合理的反犯罪战略和预防犯罪的整体机制。

汉语中的“政策”一词是指为了完成特定的政治目标和任务而必须遵循的一些准则，④ 它的特点是比较抽象、精炼。毛泽东同志曾指出“政策和策略是党的生命”，还在《论政策》一文中论及锄奸工作时特别指出“对任何犯人，应坚决废止肉刑，重证据而不轻信口供”。⑤ 这可以视为我党在一定历史时期奉行的刑事政策。

---

① （法）马克·安赛尔．新刑法理论［M］//香港天地图书有限公司，1989：12.

② 卢建平．刑事政策的概念界定与学科建构［M］//赵秉志．刑事政策专题探讨．北京：中国人民公安大学出版社，2005.

③ 梁根林．解读刑事政策［M］//陈兴良．刑事法评论：第11卷．北京：中国政法大学出版社，2002：47.

④ 现代汉语词典［M］．上海：商务印书馆，1983：1477.

⑤ 毛泽东．论政策［M］//毛泽东．毛泽东选集：第2卷．北京：人民出版社，1966：725.

新中国成立后,由于人治思想的主导,法律相当地不完善而且地位很低,政策被抬高到显要的地位。在领导者眼中,政策比法律更容易操控,更容易修正,因而也更乐于使用政策。这种态度也影响到民众的判断,使得人们把政策视同法律,因此,在新中国成立后相当长的一段时间里,刑事政策包含着法律,和法律混同。在拨乱反正逐步开始完善法制之初,人们还时而争论"是政策大还是法大"的问题,可见政策在中国的影响力之大。随着刑法的制定实施,国家有关部门开始重视刑事政策,也有越来越多的学者开始引介国外理论并研究中国的刑事政策问题。在这种背景下,中国的刑事政策开始发生蜕变,从执政党的政策转向国家的政策、刑事法的政策,从模糊不清转向逐渐明晰。刑事政策理论也逐步向着独立性、专门性的方向发展,不断深入、细化,逐渐成为自成一体的专门学科。

必须指出的是，长期以来，我国所谓的刑事政策其实主要源于是一种经验性的积累，"我国的刑事政策和策略，是党和国家历史经验的总结，有的甚至是付出血的代价才取得的。它根源于党和国家同犯罪进行坚持不懈的斗争的丰富实践"。① 学界对此问题采取了比较谨慎的态度。早期的通说认为，刑事政策是指根据犯罪变化运用刑罚制度及有关制度有效地同犯罪作斗争，以期实现抑制和预防犯罪之目的的策略、方针、措施和原则。② 相比之下，学界更强调刑事政策的理论性、科学性，尽管刑事政策的实践性很强，但它必须有一定的理论支点，仅仅是经验性的刑事政策往往会因为缺乏科学性而出现指导方向的错误。作为一个法治国家成熟的刑事政策必须完成由经验型向理性型的转变。基于此，笔者在探讨保护金融安全的刑事政策时遵循既考察实证又探究理论，并努力将两者予以结合的研究思路。

---

① 肖扬．中国刑事政策和策略问题[M].北京:法律出版社,1996:7.

② 杨春洗，高铭暄，马克昌，余叔通．刑事法学大辞书［M]．南京：南京大学出版社 1990：578.

二、危害金融安全犯罪刑事政策的渊源及内容

客观地说，由于刑事政策学科发展的滞后，我国在很长时期内除了一些关于如何对待犯罪的很粗线条的立场和原则，如惩办与宽大相结合、惩罚与教育改造相结合、从重从快等，再很难找到针对某一类犯罪的较完整、较系统的方针和对策，更谈不上由国家专门定期地去发布刑事政策、调整刑事政策。在立法和司法实践中发挥着类似刑事政策作用的是党和国家所发布的一些文件、决议、领导人的谈话以及一些刑事立法的规定、司法解释。这种状况对从理论上去总结、分析刑事政策造成了很大的困难，而且我国金融事业起步较晚，关于金融安全方面的刑事政策更被忽视，非常稀少。因此我们只能以时间为线索，从上述刑事政策的渊源中去提取、归集片段的、零星的关于金融及金融安全方面的刑事政策，展开这方面的研究。

（一）立法层面

在立法层面上，我国的一贯态度是将金融领域的不法行为犯罪化，在刑罚适用上也是从重处断。早在1951年，中央人民政府政务院就发布了《妨害国家货币治罪暂行条例》，将伪造国家货币的行为规定为犯罪，而且不论伪造行为是以反革命为目的抑或以营利为目的，最高刑罚均设为死刑；在20世纪50年代的“三反”、“五反”运动中，政务院公布了《关于处理贪污、浪费及克服官僚主义错误的若干规定》和《中华人民共和国惩治贪污条例》，这些文件根据“严肃与宽大相结合、改造与惩治相结合”的方针，规定了对贪污分子和违法工商业者、金融业者的处理办法。① 之后由于我国财政和金融职能合一，在一些关于财经制度的法规中也涉及有打击财政金融犯罪的政策思想，如《国务院批转中国人民银行关于严格禁止各单位模仿人民币式样印制内部票券的报告的通知》、《中华人民共和国禁止国家货币出入国境办法》等。1979年

① 由于我国金融业在1952年基本完成了社会主义改造，因此各金融机构被当作国营单位看待，列入“三反”的对象。

颁布的刑法中关于金融方面的条款很少，大致只有投机倒把、伪造货币、贩运假币、伪造有价证券这几个涉及金融安全的罪名，另外，由于1979年刑法规定了类推制度，因此也可以对与上述罪名相似的犯罪行为定罪处罚。从处刑上看，相应发生了一些变化，如伪造货币罪不再处以死刑，其他相关犯罪也未设置死刑，增加了对这些犯罪处以罚金、没收财产、剥夺政治权利的附加刑规定，对伪造国家货币罪、伪造有价证券罪的管辖权增加了属人管辖的规定。随着国家工作重心向经济建设转移，我国的金融业开始复苏，在国民经济中的地位越来越重要，由于立法和管理的粗疏，金融领域和其他经济领域一样孳生了大量的犯罪，引起了举国关注。1982年全国人大常委会通过了《关于严惩严重破坏经济的犯罪的决定》，对1979年刑法作出相应修改，一方面加重了走私、投机倒把牟取暴利罪的刑罚，最高刑升格至死刑；另一方面增加了套汇罪，最重也可以判处死刑，重开金融犯罪的死刑之门。此后关于金融方面的刑法规定一再增补，罪名越来越多，刑罚更趋严厉，而且入罪的数额和情节门槛一再调低。1985年最高人民法院、最高人民检察院发布《关于当前办理经济犯罪案件中具体应用法律的若干问题的解答（试行）》，就投机倒把罪和诈骗罪的具体认定和刑罚作出详细规定，1988年公布的《关于惩治走私罪的补充规定》规定了走私假币罪、走私贵重金属罪的认定和处罚。进入20世纪90年代以来，在"建立社会主义市场经济"的口号提出以后，出现了金融过热现象，而且由于体制和法律的缺位导致金融异动，一些新类型的金融大案如非法集资案件频发，金融犯罪成为新生市场经济的毒瘤，司法机关疲于应对。在各方呼声下，国家在1995年空前高密度地一连出台了关于金融的"四法一决定"。① 其中全国人大常委会通过的《全国人大常委会关于惩治破坏金融秩序犯罪的决定》，对一系列危害金融安全的行为明确规定为犯罪，严密了金融犯罪的法网，对伪造货币的行为，出售、购买、运输假币的行为，金融工作人员购买假币、以假币换取货币的行为，持有、使用假币的行

① "四法一决定"指《人民银行法》、《商业银行法》、《担保法》、《票据法》、《全国人大常委会关于惩治破坏金融秩序犯罪的决定》。

为，变造货币的行为，擅自设立金融机构的行为，伪造、变造、转让金融机构经营许可证的行为，非法吸收公众存款或者变相吸收公众存款的行为，集资诈骗的行为，银行或者其他金融机构的工作人员违法向关系人或关系人以外的人发放贷款的行为，贷款诈骗的行为，伪造、变造金融票证的行为，金融票据诈骗的行为，信用证诈骗的行为，信用卡诈骗的行为，银行或者其他金融机构的工作人员违反规定为他人出具信用证或者其他保函、票据、资信证明的行为，保险诈骗的行为予以犯罪化，明确了具体的认定标准和刑罚处罚标准，并成为1997年修订刑法所依据的范本。除了制定单行刑法外，立法者在《中国人民银行法》、《商业银行法》、《票据法》、《保险法》中也设定了一些附属刑法条款，如《中国人民银行法》规定，中国人民银行违法向地方政府及各级政府部门、非银行金融机构、个人提供贷款的行为，对单位和个人提供担保的行为，擅自动用发行基金的行为，如果情节严重的，可以追究刑事责任，首次将危害金融安全犯罪的打击面扩大到金融监管机构。在1997年刑法修订中，分则第三章分两节专门规定了危害金融安全方面的犯罪，在条文上大体沿用1995年《全国人大常委会关于惩治破坏金融秩序犯罪的决定》的规定，并进行了一些完善，如加重了集资诈骗罪的刑罚处罚，① 并对伪造、变造金融票证罪中"情节特别严重的"增加罚金刑，对贷款诈骗罪、票据诈骗罪、金融凭证诈骗罪、信用证诈骗罪、信用卡诈骗罪、保险诈骗罪中"数额特别巨

① 《决定》中规定："以非法占有为目的，使用诈骗方法非法集资的，处三年以下有期徒刑或者拘役，并处二万元以上二十万元以下罚金；数额巨大或者有其他严重情节的，处三年以上十年以下有期徒刑，并处五万元以上五十万元以下罚金；数额特别巨大或者有其他特别严重情节的，处十年以上有期徒刑、无期徒刑或者死刑，并处没收财产。"而1997刑法则修改为："以非法占有为目的，使用诈骗方法非法集资，数额较大的，处五年以下有期徒刑或者拘役，并处二万元以上二十万元以下罚金；数额巨大或者有其他严重情节的，处五年以上十年以下有期徒刑，并处五万元以上五十万元以下罚金；数额特别巨大或者有其他特别严重情节的，处十年以上有期徒刑或者无期徒刑，并处五万元以上五十万元以下罚金或者没收财产。"将有期徒刑从三年为起点提高到了五年，而且对于数额特别巨大或者有其他特别严重情节的增加了罚金刑的适用。

大或者有其他特别严重情节的”增加罚金刑，还首次增加了证券犯罪、洗钱罪等规定。新刑法出台不久，亚洲周边国家即受到金融危机袭击，我国稳定的货币币值和外汇体制受到巨大压力。国内的外贸、房地产等国民经济重要部门也受到拖累，银行经营环境恶化，少数金融机构出现了濒临倒闭的状况，金融安全形势更趋紧张。为了适应紧迫的形势，补充刑法的缺疏，1998 年 12 月全国人大常委会通过了《关于惩治骗购外汇、逃汇和非法买卖外汇犯罪的决定》，对骗购外汇、逃汇和非法买卖外汇的犯罪行为加以惩治，并细化处罚规则，加重处罚力度，增加了骗购外汇罪，规定了十年以上有期徒刑或者无期徒刑的重档次刑罚，扩大了逃汇罪主体范围，并细化罚金的计算，加重刑罚的处罚。① 1999 年出台刑法修正案，进一步对危害金融安全的犯罪作出补充修改，增加了期货犯罪，规定了伪造、变造、转让金融机构经营许可证、批准文件罪，编造并传播证券、期货交易虚假信息罪，诱骗投资者买卖证券、期货合约罪，操纵证券、期货交易价格罪等犯罪，通过对这些新型金融犯罪的规定来进一步严密法网。2005 年 2 月刑法修正案（五）对信用卡犯罪又作出了一定的修正，将信用卡犯罪一分为二，增加了妨害信用卡管理罪，并对信用卡诈骗罪的客观方面增加了“使用以虚假的身份证明骗领的信用卡”的行为方式。而 2006 年 6 月 29 日通过的刑法修正案（六）更是将重点之一集中在进一步完善和严密危害金融安全犯罪的法网上，具体在以下方面予以修正：

① 1997 刑法规定的逃汇罪主体是“国有公司、企业或者其他国有单位”，《关于惩治骗购外汇、逃汇和非法买卖外汇犯罪的决定》则将其扩张到“公司、企业或者其他单位”，并将加重处罚，将 1997 刑法中规定的“情节严重的，对单位判处罚金，并对其直接负责的主管人员和其他直接责任人员，处五年以下有期徒刑或者拘役”修改为“数额较大的，对单位判处逃汇数额百分之五以上百分之三十以下罚金，并对其直接负责的主管人员和其他直接责任人员处五年以下有期徒刑或者拘役；数额巨大或者有其他严重情节的，对单位判处逃汇数额百分之五以上百分之三十以下罚金，并对其直接负责的主管人员和其他直接责任人员处五年以上有期徒刑”。

(1) 对于提供虚假财会报告罪，将犯罪主体从“公司”扩大到所有依法负有信息披露义务的公司、企业；在犯罪客观方面，增加了“对依法应当披露的其他重要信息不按照规定披露”作为构成犯罪的行为要件之一，在犯罪结果上，以“或者有其他严重情节”作为兜底性结果，突破了原来必须“严重损害股东或者其他人利益”方才构成犯罪的界限。(2) 增加了不正当关联交易的犯罪。该罪的犯罪主体是针对上市公司的董事、监事、高级管理人员这些特殊地位的人员，对于他们违背对公司的忠实义务，利用职务便利，操纵上市公司从事不正当关联交易，致使上市公司利益遭受重大损失的，以犯罪论处。(3) 将原来的违法向关系人发放贷款罪和违法发放贷款罪合并，不再独立规定违法向关系人发放贷款罪，而是将违法向关系人发放贷款的行为，作为违法发放贷款罪从重处罚的情节。同时，违法发放贷款罪的规定更为严格，一方面，将原来刑法规定的“违反法律、行政法规规定”修改成“违反国家规定”，而所谓国家规定的外延必然要比法律、行政法规大得多；另一方面，将“造成较大损失”作为成立犯罪的要件修改为“数额巨大或者造成重大损失的”，即该罪不再仅仅以特定结果的发生作为成立犯罪的要件，只要实施了该种行为达到巨大数额的，即使没有造成重大损失也要承担刑事责任。(4) 对于用账外客户资金非法拆借、发放贷款罪，在原来单纯以“造成（特别）重大损失”作为犯罪构成要件的基础上增加了“数额（特别）巨大”作为选择性要件，同时取消了对该罪的目的要件，即删去了“以牟利为目的”和“将资金用于非法拆借、发放贷款”的构成要件。(5) 对于非法出具金融票证罪，将“造成较大损失”的犯罪构成要件修改为“情节严重”，而情节严重的情形除了可以是造成较大损失之外，还可以是别的情形，如开具的金额巨大、多次开具，等等，实际上也是进一步地严格了该罪的构成要件。(6) 在洗钱罪中，将其上游犯罪在原来四种犯罪的基础上，扩大到了贪污贿赂犯罪、破坏金融管理秩序犯罪、金融诈骗犯罪这三类犯罪。(7) 增加了骗取金融机构贷款、票据承兑、信用证、保函等的犯罪。它与其他金融诈骗罪的区别在于本罪没有非法占有的目的，而只是骗取金融机构的贷款、票据承兑、信用证、保函等进行暂时的资金周转或其他用途，构成该罪还必须“造成重大损失或者有其他严重情节”。（8）对于操纵证券、期货市场的犯罪，不仅对操纵证券、期货市场的具体情形作出了更为严密的表述，而且对于具体行为要件和刑罚都进行了多方面的修改，将刑法修正案中的“操纵证券、期货交易价格，获取不正当利益或者转嫁风险，情节严重的，处五年以下有期徒刑或者拘役，并处或者单处违法所得一倍以上五倍以下罚金”改为“操纵证券、期货市场，情节严重的，处五年以下有期徒刑或者拘役，并处或者单处罚金；情节特别严重的，处五年以上十年以下有期徒刑，并处罚金”，提高了法定最高刑。（9）增加了金融机构擅自运用资金、财产的犯罪，对于相关金融机构违背受托义务，擅自运用客户资金或者其他委托、信托的财产，情节严重的，追究刑事责任；对于社会保障基金管理机构、住房公积金管理机构等公众资金管理机构，以及保险公司、保险资产管理公司、证券投资基金管理公司，违反国家规定运用资金的，也构成犯罪。在刑法完善的同时，随着金融管理体制的调整和金融立法规划的逐步落实，我国新增了《证券法》、《信托法》、《证券投资基金法》、《期货交易和管理暂行条例》、《银行业监督管理法》，修订了《中国人民银行法》、《商业银行法》、《证券法》等金融法律法规，在它们当中虽然没有直接规定危害金融安全的犯罪，但是对不少违规违法行为保留了“构成犯罪的，依法追究刑事责任”的宣示性规定，表明了国家对这些金融违法行为进行刑事追究的肯定性态度。除了立法机关的正式立法外，我国最高人民法院针对适用刑法中的一些具体问题发布的司法解释，最高人民检察院、公安部对在办理危害金融安全案件中适用法律所发布的一些法令中也包含和体现了这方面的刑事政策。例如最高人民法院《关于审理为境外窃取、刺探、收买、非法提供国家秘密、情报案件具体应用法律若干问题的解释》、《关于审理伪造货币等案件具体应用法律若干问题的解释》、《关于审理诈骗案件具体应用法律的若干问题的解释》、《关于办理伪造国家货币、贩运伪造的国家货币、走私伪造的货币犯罪案件具体应用法律的若干问题的解释》等。

从以上危害金融安全犯罪的立法中，我们可以看出国家关于危害金融安全犯罪的刑事政策的演变过程和基本走向。

首先，我国关于金融安全的刑事政策法律化的过程非常迅速。一方面，国家对金融领域的犯罪非常警觉和重视，有关部门在金融领域问题暴露后的不长时间里就完成了对有关犯罪行为的识别、定性、归类，提出了罪名、行为方式和刑罚设置的原则建议，立法机关随之就将其犯罪化并转变成刑事法条文。我国关于危害金融安全犯罪罪名的迅速增加就是最明显的体现。从1979年刑法的4个罪名，到之后《关于惩治走私罪的补充规定》、《关于惩治破坏金融秩序犯罪的决定》等的出台，罪名增至21个，1997刑法修订更进一步将罪名增至36个，1998年《关于惩治骗购外汇、逃汇和非法买卖外汇犯罪的决定》增至37个，其后在刑法修正案（一）和（五）中又继续进行增补，增加罪名至38个，修正案（六）的出台又增加了3个新的危害金融安全犯罪。① 另一方面，金融监管部门和司法部门在实际工作中比较注意跟踪、总结刑法的实际实施效果，立法机构以及学者们积极地参与对危害金融安全犯罪的研究和对刑法有关规定的评议，这些政策性建议通过各种渠道反馈到立法机关，经过评估和征求意见后，有些意见被采纳，进而对有关犯罪的具体规定，如认定标准、处罚幅度加以修订和完善。正如有学者指出，“刑事政策在一定条件下的适时的法律化是其与法律整合的重要路径，立法者应较好地根据调整社会关系、解决社会问题的急需程度和法律体系的内在联系，分清政策法律化的轻重缓急，对已经成熟且社会条件已经具备的政策尽快法律化，纳入法制轨道。而对那些虽已成熟，但社会条件尚不具备的政策则应灵活对待，以便

① 刑法修正案（六）中新增的犯罪是：进行不正当关联交易的犯罪、骗取金融机构贷款、票据承兑、信用证、保函等的犯罪以及金融机构擅自运用资金、财产的犯罪。

为今后立法留下空间；提高立法质量，提高立法技术，保持法律体系内在的系统性”。① 关于金融安全的刑事政策在这方面与立法实现了很好的结合。

其次，随着国家对危害金融安全犯罪认识的逐步深化，以及针对危害金融安全犯罪的刑事政策的逐步丰富，这类刑事政策从一开始的与经济犯罪混为一体向着专门化的方向发展转变。在早期的经济生活中，金融尚未显示出重要的中枢作用，只是被当作一个国民经济部门看待，因而国家在思考刑事政策时并没有突出金融，而是将其置于经济犯罪的范畴之内，这从20世纪90年代以前关于金融的刑法罪名非常少，而且有的罪名如投机倒把罪只是部分地涉及金融而非专门针对金融就可以体现出来。而后，随着金融业得到长足发展，在市场经济运行中的重要地位不断显现，以及金融风险的暴露和发作，国家开始格外看重金融的地位，开始专门性的研究和思考整治金融秩序、惩治金融犯罪的原则、方针、措施，专门制定金融犯罪的单行刑法，对危害金融安全犯罪的刑法规定进行频繁的增加和修补，并十分关注刑法打击的效果，不遗余力地严密此类犯罪的法网，这都体现出危害金融安全犯罪刑事政策专门化、细致化的特点。

再次，我国对于金融安全犯罪的刑事政策的基本定位是将其视作一种严重犯罪，重刑化观念体现在对危害金融安全犯罪的打击上，反映到刑事法律中就表现为对危害金融安全犯罪的处罚规定一律较重。根据笔者前文对狭义的危害金融安全犯罪的解释，现行刑法危害金融安全的罪名共40个，其中最高刑为死刑的有7个，占17.5%；最高刑为无期徒刑的罪名有15个，占37.5%；最高刑为10年以上有期徒刑的罪名有15个，占37.5%。而且在刑法修改过程中对部分犯罪继续加大了处罚力度，同时还广泛适用罚金刑和没收财产刑。纵观刑法关于经济方面的犯罪，危害金融安全犯罪的刑

① 曲新久．刑事政策的权力分析［M］．北京：中国政法大学出版社，2002：63.

罚严厉程度与走私罪和危害税收征管罪相比是毫不逊色的。从另一个侧面看，我国有对经济犯罪严厉打击的传统。在改革开放前，由于生产资料和生活资料的稀缺，国家对经济实施着严格的控制，如票证制和配给制，经济方面的不轨行为是对整个社会管理制度和分配体制的严重挑战，因而立法者对经济犯罪行为给予非常严厉的制裁。在经济体制改革之初，物资奇缺的现象大有改观，市场日趋活跃，但当时国家奉行的是计划与市场相结合，以计划为主、市场为辅的双轨制经济体制，依然十分强调对经济的严格管制，对于经济生活中一些不合计划管理和宏观调控的行为，国家抱有某种偏见，往往认为是“一放就乱”、“未搞活经济先搞乱经济”，对此仍然抱着严厉打击的态度，将一些应该被当作经济失范行为甚至是正常的经济行为也加以犯罪化，最典型的例子无疑是1979年刑法中的“投机倒把罪”，对于长途贩运行为、有偿中介行为等作为犯罪处理，刑罚最重的可以判处死刑。1979年刑法完全继承了以前对经济犯罪进行严厉打击的思想，并且收到一定的效果，得到国家领导人和民众的首肯，被视为一种好的经验。20世纪90年代初邓小平同志视察南方以及党的十四大召开确立了社会市场经济体制的主体地位，一时间举国皆曰“解放思想”，市场经济活动被彻底松绑，刑法的有些规定已显得不合时宜。正当国家为是放松经济活动监控，让位给市场主体还是继续坚持对经济犯罪进行严打而感到为难之时，由于转型时期思想、制度、法律配套的落后，大量的不规范经济行为如制假造假、走私诈骗、非法集资蔓延，经济生活中不健康的因素迅速呈现出来，引起了国家的警觉，也引发了要求严惩经济犯罪的呼声。这些状况更坚定了立法者在市场经济条件下也要从重惩治经济犯罪的想法。在这种历史条件下，我国对金融安全犯罪持严厉态度，不断扩大危害金融安全犯罪圈、加重刑罚幅度就成为自然而然的事情了。

（二）国家的政策方针层面

在立法工作停滞的年代里，针对金融案件的惩治原则、方针主要由各级党委、政府以及公安部门具体掌握和运用，谈不上有具体的、成型的刑事政策。随着改革开放的不断深入，经济领域的违法犯罪活动出现高发态势，引起了国家领导人的高度关注，提出必须严惩经济犯罪，① 作为经济犯罪一部分的金融犯罪当然也包括在其中，随着《中共中央、国务院关于打击经济领域中严重犯罪活动的决定》的出台，此后刑事法律开始大规模介入经济领域，国家开始运用刑事政策控制经济犯罪。1983 年国家有关部门根据中央领导的指示精神组织了“严打”活动，对包括金融在内的经济犯罪案件也按照“从重从快”、升格处罚的方针进行惩治。② 此后国家还在金融领域组织了多次专项整治工作，包括整顿证券市场、期货、外汇市场，清理整顿违规经营的金融机构、信托投资公司、城乡信用社等，取缔非法金融机构和非法金融业务，在历次整治工作中都提出了一些刑事司法方面的原则意见。2001 年，全国治安工作会议决定在全国范围内开展新中国成立以来第三次“严打整治”斗争，此次严打将整顿和规范市场经济秩序作为重要内容，其中包括整治危害金融管理秩序的违法犯罪。同以往的严打斗争相比，此次严打罕有地把经济犯罪列为首要对象，其规格、持续时间、动员范围都超过了历次打击经济犯罪专项斗争，显示了规制经济犯罪及金融犯罪的刑事政策地位的提高。归结起来，在法律之外涉及金融

① 1982 年 4 月 10 日，邓小平在中共中央政治局讨论《中共中央、国务院关于打击经济领域中严重犯罪活动的决定》的会议上，发表了《坚决打击经济犯罪活动》的讲话，载邓小平文选：第 2 卷 [M]. 北京：人民出版社 1994：402-404.

② 邓小平于 1983 年 7 月 19 日在北戴河同当时的公安部长刘复之谈话，尖锐地指出：“刑事案件、恶性案件大幅度增加，这种情况很不得人心。几年了，这股风不但没有压下去，反而发展了。原因在哪里？主要是下不了手，对犯罪分子打击不严、不快，判得很轻。对经济犯罪活动是这样，对抢劫、杀人等犯罪活动也是这样。”“为什么不可以组织一次、二次、三次严厉打击刑事犯罪活动的战役？”“现在是非常状态，必须依法从重从快集中打击，严才能治住。搞得不痛不痒，不得人心。”转引自曹凤．中国“严打”十八年 [J]. 警方，2001 (6) .

安全犯罪的刑事政策主要有政府工作报告、最高人民法院和最高人民检察院的工作报告、最高人民法院定期召开的全国法院工作会议或刑事审判工作座谈会、国务院召开的金融工作会议、中国人民银行召开的会议、中共中央政法委员会召开的会议所形成的有关文件和决议、国家领导人和有关部门负责人的讲话等，如最高人民法院的《办理骗汇、逃汇犯罪案件联席会议纪要》、《关于依法严厉打击集资诈骗和非法吸收公众存款犯罪活动的通知》、最高人民检察院《关于认真贯彻全国打击走私工作会议精神依法严厉打击走私犯罪活动的通知》、《关于认真贯彻执行〈全国人大常委会关于惩治骗购外汇、逃汇和非法买卖外汇犯罪的决定〉的通知》、中共中央纪律检查委员会、中共中央政法委员会、最高人民法院、最高人民检察院、国家外汇管理局《关于单位、企业违法买卖外汇问题的几点处理意见》。除了中央层面，各个地方也通过类似的会议或下发一些文件，提出关于金融安全刑事政策方面的实施意见及措施。

总地看来，党和政府关于刑事司法、社会治安、经济、金融方面的政策、文件、决议、讲话等，承载着国家和执政党认可的价值取向，是金融安全刑事政策的重要指针，规定着刑事司法活动的政治方向，确定着刑事司法活动的基本任务，不但和刑法水乳交融，还对立法、执法起着重要的驱动作用。最为明显的例子是 1982 年中共中央、国务院作出了《关于打击经济领域中严重犯罪活动的决定》，随后，全国人大常委会根据该文件的精神作出了《关于严惩严重破坏经济的犯罪的决定》，将其原封不动地转化为立法规定。而且在很多场合下，各级政法机关极端重视这些文件、讲话，视它们为最高准则，贯彻它们的积极性、主动性胜过执行法律，不假思索地以这些文件、讲话精神作为认定危害金融安全犯罪以及决定刑罚的依据。这种“政策法”现象应该说是一种不稳定的法律实践状态。严格地说，有些文件、讲话的精神是与法律相抵触甚至超越刑法和刑事诉讼法规定的。例如在 1983 年严打斗争中，中央纪律检查委员会、中央政法委员会发出《关于严惩严重经济犯罪的意见》，其中对十几种犯罪的定罪与量刑作出了直接规定；最高人民法院、最高人民检察院、公安部发布的《关于判处无期徒刑、死刑的第一审普通刑事案件管辖问题的通知》更是无视刑事诉讼法，规定“在当前严厉打击刑事犯罪活动的这段期间，中级人民法院在必要的时候可以决定把某些属于严重危害社会治安，应判处无期徒刑、死刑的第一审普通刑事案件交由基层人民法院审判，以便依法从重从快惩处这些罪恶严重的普通刑事犯罪分子”。这遭到了学界的批评。

除了上述正式、成文的刑事政策，最高人民法院还定期公布一些典型案例，为各级司法机关审理类似案件提供参考，其中关于金融安全的刑事案例占有一定的比重，其中也蕴涵了司法机关对处理这类犯罪的原则、精神，可以视为一种间接性的刑事政策。

三、对目前危害金融安全犯罪刑事政策的评价

（一）总体评价

根据前面的分析，可以简要地将当前我国关于危害金融安全犯罪的刑事政策归结为：扩大犯罪圈，从严规制，从重治罪，以儆效尤。刑事政策首要的职能是作为一种行动指南，为刑事立法和司法程序的建构、适用进行指导。目前，我国正处在经济社会转型时期，在建立、完善市场经济以及与之相适应的法律体制的过程中，编织金融刑事法网，勾画出危害金融安全行为的范围是立法者必须完成的一个任务，也是刑事政策的中心任务。在这方面，我国的相关刑事政策是比较称职的，它对金融运行过程中的一些违规违法行为的察觉是非常及时的，反应是非常迅速的，甚至可以说走到了其他部门法之前，如《证券法》直至1998年年底才出台，而1997年刑法已经先行一步规定了证券犯罪，至今我国的《期货交易法》仍未出台，而1999年刑法修正案就已经将期货交易活动纳入刑法规制范围。除此之外，我国的刑事政策在司法方面也发挥了一定的积极作用，即刑事司法活动通过对刑事政策的目的性识别和价值性选择，将相对静止抽象的法律规范运用于复杂的社会实践，并保证

在实践过程中按照法律精神、原则和逻辑规律诠释法律规范。

在看到危害金融安全犯罪刑事政策积极方面的同时，我们也应该清醒地看到它所存在的问题。笔者以为以下方面是值得我们注意的：首先，我国危害金融安全犯罪的刑事政策主要集中在立法方面，即涉及应该将哪些金融违法违规行为入罪、应该适用怎样的刑罚幅度惩治等内容，而很少涉及司法方面的刑事政策，无论是实际部门还是学者都倾向于照搬国家某阶段的刑事政策措施，如“严打”、“惩办与教育结合”，等等，而没有对危害金融安全犯罪自身的特点进行认真研究和制定有针对性的政策，特别是对危害金融安全犯罪控制源头进行严格管理方面的刑事政策。其次，现有危害金融安全犯罪的刑事政策的效果并不尽如人意，这也是最大的问题所在。正如有学者所说：“公共政策学有两个基本主题：一是公共政策的制定是否符合人民的要求，是否要解决人民所需要解决的公共问题，此即公共政策的制定是否受到人民‘控制’的问题；二是政府制定的公共政策是否有能力解决人民的公共问题，满足人民的需要，此即公共政策的‘效力’问题”①，现有刑事政策制定者的主要思路是希望通过增加罪名、加大刑罚力度的方式不断扩张金融犯罪圈，进而达到控制混乱的金融交易市场、强化交易规则的效果。这种既严又厉的刑事政策执行的实际效果如何？是否达到了刑事政策制定者的预设目标？从目前刑事司法的现状来看，答案是模糊而矛盾的。我们先来观察刑事政策第一个层面，即多罪化的效果。二十多年来，关于金融安全的犯罪罪名几乎是呈几何级数增长，确实打击了不少金融犯罪行为，但另一个侧面却是金融犯罪浪潮的日益高涨，并没有因刑法罪名的大增而得到遏制。如 1995 年 6 月施行的《关于惩治破坏金融秩序犯罪的决定》规定了大量危害金融安全的犯罪，如果说 1995 年、1996 年犯罪率的上升与立法的出台有关，但直至 1999 年 10 月 8 日在北京召开的全国经济犯罪侦

① （美）查尔斯·E. 林布隆. 政策制定过程［M］. 朱国斌，译. 北京：华夏出版社，1989：2.

查工作会议中，仍然传达出全国范围内的经济犯罪活动依然十分猖獗的信息，尤其是在金融、财税、商贸等领域以及国有大中型企业，① 这证明了单靠增加罪名来打击此类犯罪的措施是多么的无力。近几年来此类犯罪似乎没有大幅上升，甚至出现下降的迹象，如2001年全国法院全年共受理金融诈骗案件1750件，比上年上升0.34%，受理破坏金融管理秩序犯罪案件4924件，比上年下降42.95%，② 2002年全国法院受理经济犯罪案件40901件，比上年下降5.19%，③ 应该说这是国家加大对危害金融安全犯罪治理的结果，但从案件总量和涉案金额来看仍然是触目惊心的。因此，尽管有转型时期较为复杂的经济社会原因，但仅仅依靠增加罪名并未能达到依靠刑事立法控制犯罪的初衷。对于现行刑事政策的第二个层面即重刑化，在实施中更是暴露出严重的问题。因为不断上升的犯罪数量给刑法造成更大压力的同时，现有的重刑结构使刑法在控制犯罪方面面临更小的回旋余地，因为从立法上增加刑罚强度的空间已经很小，④ 特别是冀望增加危害金融安全犯罪的死刑已经再难有说服力。有学者以假币犯罪为例指出了重刑化结构的弊端：沿海某市1997年至2002年五年间共有230余名犯罪嫌疑人因实施伪造、出售、运输、买卖假币犯罪而被判处有期徒刑以上刑罚，其中47人被判处无期徒刑以上刑罚，占全部被判刑人员的1/5。对于一种经济犯罪而言，如此高频率、高密度地适用重刑在当今世界上是罕见的。然而伴随着刑法成本投入不断增加的不是人们期望的假币犯罪发案率的大幅下降，却是令人吃惊的持续攀升。⑤ 由此看来，单纯依靠重刑来防控危害金融安全犯罪只是对刑法资源和成本的浪

---

① 唐稷尧．困境与根源：刑法对经济犯罪的控制［J］．四川师范大学学报：社会科学版，2001（1）．

② 中国法律年鉴［M］．2002年．中国法律年鉴社，2002：146.

③ 中国法律年鉴［M］．2003年．中国法律年鉴社，2003：143.

④ 唐稷尧．困境与根源：刑法对经济犯罪的控制［J］．四川师范大学学报：社会科学版，2001（1）．

⑤ 储槐植，宗建文．刑法机制［M］．北京：法律出版社，2004：33.

费，并不能解决真正的问题。综合上述两方面可以看出，目前危害金融安全犯罪的刑事政策只实现了刑事政策制定者设定的部分目标，其实施效果不但不尽如制定者所愿，也不尽如民愿，而且还有自我否定的倾向。这种刑事政策是值得反思的。

（二）关于现行立法的法网是否严密的争议及评价

不论是理论界还是实务界一直以来对于扩大包括危害金融安全犯罪在内的经济犯罪圈以及对此类犯罪规定重刑的刑事政策都褒贬不一，争议不绝。储槐植先生曾提出建立“严而不厉”的刑法结构，进而达到刑罚轻宽、法网严密的状态，这种观点一提出即反响热烈，各方面的人士都将这种观点加以发挥，应用于经济犯罪、金融犯罪，特别在“严”字上大做文章。理论界不少学者认为应该严密经济犯罪法网，因为我国经济犯罪罪名体系并不完善，某些严重危害经济秩序的行为还没有犯罪化，同时还应扩大经济犯罪轻罪范围，① 银监会、证监会、保监会等实务部门则是要求进一步完善、增设刑法罪名，如银监会提出要增设如骗取银行贷款、银行信用罪、违法处置不良资产罪等罪名，证监会方面的意见则主要集中在证券公司挪用客户保证金、上市公司大股东占款以及操纵市场行为等罪名的增加和修改，而保监会则希望将保险资金违规运用等也明确列入刑法的处罚范围之内。② 原中国人民银行副行长唐双宁在2005年11月3日的“2005中国金融论坛”中发表题为《大力推进金融法治环境建设》的讲话，指出刑事法律制度对金融犯罪的打击力度不够，有必要修订刑法相关条款，扩大挪用资金罪、用账外客户资金非法拆借、发放贷款罪等罪的适用范围，进一步明确

① 储槐植．议论刑法现代化［M］//中国法制出版社．刑法论文选萃．北京：中国法制出版社，2004；刘华．论经济犯罪的刑事政策［M］//顾肖荣．经济刑法．上海：上海人民出版社，2003；另外认为应增加经济、金融立法罪名的文章比比皆是。

② 肖华东．我国刑法不堪重负 金融犯罪促使刑法修改［EB/OL］．新浪网，http：//news. sina. com. cn/c/2005-06-28/11037066201. shtml.

"违法向关系人发放贷款罪"、"违法发放贷款罪"、"违法票据承兑、付款、保证罪"等犯罪的认定标准，增设骗取银行贷款（信用）罪等新罪名。①（笔者注：上述实务部门的意见已经在2006年6月出台的刑法修正案（六）中得到部分采纳。）

与上述看法截然不同的另一种观点则来自理论界的少数学者，他们并非不赞成法网严密，而是认为现行刑法关于金融方面的法网已经足够严密。如游伟教授在接受《瞭望东方周刊》采访时指出："我们的《刑法》已经不堪重负。"他说，每年都有人大代表提出包括修订《刑法》在内的很多法律修改意见，而这些意见往往只是基于对一种某项犯罪率上升的感觉，没有仔细考察个中缘由，于是就一味地怪罪法律的不完善、不健全，从而加重了法律本身，尤其是《刑法》所承受的责任。上海社会科学院法学研究所所长顾肖荣认为，中国现行刑法并不完美，但是，在涉及金融犯罪方面的立法还是比较完善的。现在的问题不是急于修正法律，而是解决好行政监管的问题，也就是银监会、证监会和保监会应该发挥更大的作用。另一位不愿透露姓名的学者在支持顾肖荣观点的同时说了一句更为"惊世骇俗"的话："他们之所以如此强调对《刑法》进行修订，很难不让人怀疑他们可能有借此推卸责任的想法，把责任推到立法者身上。"② 还有学者撰文主张不应该将太多的经济越轨行为纳入刑法判断的视野，理由是我国刑法基本上做到了对各种经济越轨行为都规定了制裁条款，而且其构成条件很低，它体现的是一种判断对象过于宽泛、泛化的犯罪化政策，"法网"过于严密，"经济人"时时刻刻都有触犯刑法的危险，很容易成为犯罪分子。该论者提出这种状况的消极影响在于：其一，对市场经济行为规范约束过于严格，不完全符合市场经济运行规律和我国当前经济建

① 唐双宁．大力推进金融法治环境建设［EB/OL］．中国金融网，http：//www.zgjrw.com/News/2005113/SBank/633361094800.html.

② 肖华东．我国刑法不堪重负 金融犯罪促使刑法修改［EB/OL］．新浪网，http：//news.sina.com.cn/c/2005-06-28/11037066201.shtml.

设、社会生活的实际，扼杀了部分人冒险创新精神和投机动力，不利于社会和国家发展；其二，法网过于严密，反而增加了执法的随意性，造成有的越轨行为被查处而有的越轨行为没有被查处，不利于公正执法且极易滋生腐败；其三，法网过于严密，造成打击面过宽，不利于经侦部门集中精力打击严重经济犯罪。①

上述观点在现行刑事法网是否已经足够严密问题上发生了正面冲突。如上所述，实务界、监管部门多数看法是现在的金融安全法网不够严密，有一些违法违规现象还未入罪，而理论界有部分看法是金融安全的法网已基本完善，不需再密也无需太密。笔者认为，金融安全的法网是无法穷尽所有的金融违法、犯罪行为的，特别是在金融业务非常活跃、金融创新层出不穷的时代背景下，不但我国做不到，就连西方发达国家也做不到，这就决定了必须有所取舍。法网过疏、漏洞百出则形同虚设，法网过密、一切举动皆受限制则必人人自危，成死水一片。因此，笔者以为，应该用系统论的观点来看待这一问题，我们要在保证经济迅速发展的同时又要防控各种危害金融安全的犯罪，法网是否已经足够严密只是整个防控战略中之一环，因此应该将它放在整个刑事政策当中去衡量，与其他措施相辅相成、相互呼应。事实上，我国关于危害金融安全犯罪的刑事政策在经历了一段时间的发展与实践之后，现在应该静下来认真思考一下刑事政策本身的合理性、合法性、灵活性、适应性等问题。刑事政策是执掌国家权力的政治机构（执政党、立法机关）以国家的名义所制定的，但它最终是适用于社会并用以处理社会关系，“国家规定反犯罪斗争的基本方针。但是国家的努力只有同市民社会各种机构的努力，人民整体的努力和每一个公民单独的努力协调一致，才能获得成功”。② 我们审视刑事政策，不能只站在国家一

---

① 魏东．论现代刑法的犯罪化根据［M］//赵秉志．刑法评论：第4卷．北京：法律出版社，2004：125，126.

② （俄）博斯洛夫．刑事政策的基础［M］．刘向文，译．郑州：郑州大学出版社，2002：19.

极的角度，只看个别制度、个别方面，还应查看刑事政策的整个战略构想、立论基础、资源、信息来源、组织保障手段，尤其是刑事政策的整体与其内部组成、总体目的与各部分的职能目的的相互关系，并且考虑到社会和民众的需求和承受能力。我国危害金融安全犯罪日益高涨已是不争的事实，无论是扩大抑或维持现有的危害金融安全犯罪圈，继续加重、维持抑或减轻现行危害金融安全犯罪的刑罚以及采取其他一些相关配套措施来加以应对，这些问题都需要我们进行更加深入的分析，找出更加充分的、更有信服力的依据，不是仅凭所谓的经验或者简单的理论推理就可以想当然地照搬以往或者国外的某些规则，否则一旦脱离了民众与社会实际，刑事政策就不可能发挥应有的作用，而仅仅成为国家专制的工具。

除了对危害国家安全犯罪刑事政策的整体性评价，现在也有学者提出了对刑事政策进行评估的观点。即依据一定的标准和程序，运用一定的方式和方法，对某种已付诸实施的刑事政策，通过考察其作用过程的各个阶段、各个环节，对刑事政策的效率、效能、效益以及价值等进行检测和评价，以判断刑事政策的效果。其强调要运用实证技术以及政治哲学方法进行事实评估和价值评估。刑事政策评估的内容包括刑事政策效益评估、成本评估、过程评估、影响评估以及价值评估，具体的评估方法可以有前后对比法、对象评定法、专家判断法、自我评定法、成本效益分析法、统计抽样分析法、模糊综合分析法、矛盾分析法、加权评价法，等等。① 这种评估需要进行大量的数据采集，并需要建立各种分析模型，需要有专门的人员来实施。从目前来看，我国现在尚未建立起刑事政策评估的体制和规则，对刑事政策的评判还基本上停留在单纯定性分析和逻辑推理上，但已经开始不自觉地运用了上述所提及的一些专门方法。长远看来，将这种定量与定性相结合、实证与理论相结合、个案比较和综合分析相结合的方法应用于刑事政策的评估是刑事政策领域发展的一种趋势。特别是危害金融安全犯罪本身的技术含量较

① 刘仁文．论刑事政策的评估［J］．政法论坛，2002（4）．

高，犯罪方式复杂，犯罪成本、犯罪效益等变数很大，有比较丰富的数据，非常适宜于开展刑事政策评估工作，可以通过比简单定性更精确、更完善的评估为刑事政策的制定调整提供依据。

第二节　影响危害金融安全犯罪刑事政策制定的因素

任何国家的立法、司法都不是脱离社会大环境而封闭运行的，它必然受到诸多因素的影响和制约。刑事政策也是一样，它总是在一定社会条件下针对犯罪的现实状况而制定的，由于它具有政治性、宏观性和灵活性，① 更容易受到一些主客观因素的影响，这些因素的此消彼长必然触动刑事政策相应地发生变化。有学者指出，影响刑事政策制定的因素主要有：社会治安形势和犯罪态势、一定时期的政治、经济和社会形势、理论学说、民意、领导人的意志、国际组织，② 因此我们在确立危害金融安全犯罪的刑事政策时，应该结合危害金融安全犯罪的特点并充分考虑上述因素，深入分析目前制定危害金融安全犯罪刑事政策所应考虑的各种背景因素。

一、我国危害金融安全犯罪的发展态势

社会治安形势和犯罪态势是影响刑事政策制定的最主要因素。③ 在危害金融安全犯罪的问题上，由于信息渠道的限制，我们很难全面统计到各个时期的总发案数据，但从一些已经披露的资料中可以大致地勾勒出犯罪态势并对其整体状况作出评估。据统计，2003 年全国公安机关经济犯罪部门共立案侦查金融票证类犯罪案件 3800 余起，涉案金额高达 34 亿元。公安部、中国银行业监督管

① 沈德咏．略论刑事政策与经济犯罪审判［J］．法律适用，2004（7）．

② 何秉松．刑事政策学［M］．北京：群众出版社，2002：233-240.

③ 何秉松．刑事政策学［M］．北京：群众出版社，2002：233.

理委员会、中国人民银行自2004年3月起联合组织开展整治金融票证违法犯罪活动，据不完全统计，从这项工作开展以来至8月底，全国公安机关共立金融票证类犯罪案件2954余起，涉案金额24.83亿元；侦破案件2080余起，挽回经济损失达1.77亿元。① 从上述数据中我们不难发现，我国危害金融安全的犯罪正面临着严峻的形势，控制不好的话可能会呈现出愈演愈烈的势头，当前此类犯罪呈现出来的特征是：

（一）涉案金额庞大，大案要案不断涌现。我国目前货币发行供应总量已经达到了29.9万亿元，各项存款余额达到30万亿元，贷款余额达到30万亿元，外汇储备达到8100亿元，② 经过金融业进出的资金保守估计也有100万亿之巨。随着我国金融实力的不断增强，金融领域的犯罪涉案金额也"水涨船高"，近两年来，光是金融票证犯罪案件的涉案金额平均每年已经高达数十亿元人民币，③ 更不论发案率更高的非法吸收公众存款案件、贷款诈骗案件、集资诈骗案件等。而且危害金融安全犯罪案件明显地向大型化甚至巨型化发展，有些大案的涉案金额动辄上千万甚至上亿。早期的案件如1996年河北省衡水市农业银行被美籍华人梅直方、李卓明骗取100亿美元备用信用证案；北京市中关村城市信用社主任霍海音非法出具金融票证罪、用账外客户资金非法发放贷款罪达10亿元的案件；近期的案件如2000年判处的南德集团及牟其中信用证诈骗罪，虚开信用证的涉案金额达到8000万美元，造成2.9亿元人民币损失；分别号称中国第一和第二富豪的周正毅、毛玉萍贷款诈骗案、杨斌票据诈骗案，金额都超过了千万元；广东的卢奕群

① 公安部通报整治金融票证违法犯罪活动情况［EB/OL］. 人民网，http：//www.people.com.cn/GB/14641/14643/37928/.

② 中国人民银行.2005年第四季度货币政策执行报告［EB/OL］. 中国人民银行网，http：//www.pbc.gov.cn/detail.asp? col=427&ID=909.

③ 公安部通报整治金融票证违法犯罪活动情况［EB/OL］人民网，http：//www.people.com.cn/GB/14641/14643/37928/.

等四人伪造人民币 5.6 亿多元案；曹予飞等集资诈骗人民币 3.2 亿元案，等等。部分案件除了涉及的金额庞大以外，涉案金融机构的级别也越来越高，涉案人员的职位也越来越显要，不断有金融高官卷入犯罪，如中国建设银行两任行长王雪冰、张恩照、中国银行香港分行总经理刘金宝、光大集团董事长朱小华、华夏银行行长段晓兴、中国农业发展银行副行长胡楚寿、于大路，等等，尽管他们主要的罪行都是属于职务犯罪，但经由他们手中违法发放的贷款和给他人提供的便利，都牵涉着严重的危害金融安全犯罪，当今我国金融机构受到犯罪冲击的严重程度可略见一斑。

（二）个案涉及地区广，社会影响大。由于金融业专司资金融通，汇集着国家和社会的大量资金，服务着成千上万的单位和民众，而金融业本身的注册资本非常有限，其营运的资金主要来自于客户，因而危害金融安全犯罪不像一般的财产犯罪那样只局限于某个特定范围，它所针对的犯罪对象和受害人都非常广泛。一旦案发，不但涉及金额巨大，而且牵涉的受害者甚多，涉案资金由于被犯罪人所侵占、挥霍或用于其他用途，大多很难追回，尤其是集资诈骗案件和证券犯罪案件。如 20 世纪 90 年代发生的北京沈太福非法集资案，所筹集的资金来自于全国 17 个城市的 10 多万人；1997 年无锡邓斌集资诈骗案涉及的直接受害群众数十万，分布在十几个省市。而证券犯罪案件的受害人则更为普遍，由于操纵交易市场、内幕交易等犯罪在作案之时广大投资者还被蒙在鼓里，只是当成正常的市场盈亏，而且证券市场流转快，虽保存有交易记录，但逐笔核实查找受害人非常困难，任何一个案件都关系到上百万股民的利益。这些个案不仅仅对个人或单位造成损害，而且危害到整个金融秩序或者某一地区的金融稳定，影响非常巨大。

（三）犯罪手段现代化，智能化、高科技化、专业化特征表现尤为突出。科学技术的迅猛发展在为人类带来许多福音的同时，也常常被犯罪分子利用来助纣为虐。在危害金融安全犯罪中，犯罪手段的智能化、高科技化、专业化特征表现尤为突出，犯罪主体往往是“白领阶层”，他们具有一定的文化知识，尤其是对金融知识及相关技术颇为精通，并利用其技术进行违法犯罪活动，一般人不易于识别，就使得此类案件颇为隐秘、不易侦破，具有很强的欺骗性。如证券方面的犯罪，早期的案件如红光案、民源案还只是针对股票上市环节和短期交易行为的，而近期的证券欺诈案件则涉及面更广，如亿安科技、中科创业、银广夏等公司操纵股票案，而2005年末开审的德隆案则到了登峰造极的地步。该案涉及银行、信托、证券、租赁、保险等多个金融门类及实业部门，由“德隆系”控股、参股的企业有200家左右，其中上市公司五家；由“德隆系”控制或与之有关联的金融机构中，有七家证券公司、三家信托投资公司、两家租赁公司、四家城市商业银行、两家保险公司。其中证券犯罪主要涉及三只股票，犯罪时间长达六七年，犯罪人一边打着委托理财的旗号非法吸收公众存款以及通过控制金融机构融资，先后筹集了近500亿元的资金，一边通过几十家空壳公司收购上市公司法人股以及通过手中控制的四万多个证券账户轮番炒作流通股，采取不停的自我买卖、操纵股价等方式共买入股票678亿元，卖出622亿元，使有的个股涨幅达到了19倍，其操作手法令人眼花缭乱，一般人根本看不出其中的奥妙，也给侦破和审理工作造成很大的困难，光是起诉书就有12页，卷宗数量更是堆积成山。①

（四）跨国、跨境犯罪案件增多。随着我国金融市场的逐步对外开放，跨国金融交易活跃，犯罪分子利用国内金融监管体制和法规的漏洞作案日趋增多，最为明显的当属洗钱犯罪和外汇犯罪。另一个值得注意的情况是我国驻外的一些公司、个人实施的危害金融安全犯罪，由于这种犯罪往往是内外勾结，更增加了打击的难度。如中航油（新加坡）股份公司领导人陈久霖、林中山、荚长斌、李永吉、顾炎飞在国外期货交易中被指控犯下的隐瞒重要信息、串谋欺诈银行、制造虚假信息、内幕交易、不据实向证券交易所报告

---

① 德隆主案开审，中国整肃证券市场秩序［EB/OL］. 新华网，http://www.hb.xinhuanet.com/zhuanti/dl.htm.

等十多项违反新加坡刑法、证券与期货法、公司法的案件；创维电子董事会主席黄宏生被控涉嫌行贿会计师以伪造会计纪录、协助公司在香港联合交易所上市的案件；周正毅之妻毛玉萍被香港法院判决造市及诈骗银行8900万元信用证贷款等案。

从以上犯罪态势来看，危害金融安全犯罪确实来势凶猛，对国家金融安全造成了极大的威胁，必须引起足够的重视，但是仅凭这些犯罪数据和表现就理所当然地认为要对金融安全犯罪采取严厉的刑事政策则又欠深思熟虑，不宜提倡。虽然依赖于刑法进行严厉打击可以起到立竿见影的效果，然而这只能是一种“头痛医头，脚痛医脚”的补救性措施，不可能立足长远，形成良性机制，而且往往遮蔽了人们对导致此类犯罪的更深层次社会矛盾的探究。类似这样被牵着鼻子走的刑事政策在危害金融安全犯罪猖獗的今天，是否还能真正发挥作用是值得我们认真思考的。

二、转型期我国的经济与金融环境

转型期中国的经济环境现实状况如何，是我们制定刑事政策时必须仔细斟酌的重要问题，只有制定出与我国现实状况相符合的刑事政策，才能在经济持续发展的同时又有利于预防与控制犯罪。在菲利的眼中，犯罪是由人类学因素、自然因素和社会因素综合作用而成的一种自然的社会现象。人之所以成为罪犯，并不是因为他要犯罪，而是由于他处于一定的物质和社会条件之下，罪恶的种子得以在这种条件下发芽、生长。① 同样，我们在研究危害金融安全犯罪的刑事政策时，首先应该明确每一个个案的发生都与作案者本人的个人因素及其周围的环境密切相关，但若从宏观上把握此类犯罪，笔者认为社会因素是非常值得仔细研究的，可以说特定的经济环境是此类犯罪孳生和发展壮大的前提条件。

在20多年的时间里，我国的经济面貌发生了翻天覆地的变化，

---

① （意）菲利．实证派犯罪学［M］．郭建安，译．中国政法大学出版社，1987：35.

经济体制发生了根本性转变，国民生产总值、社会财富成倍增长，各个经济产业和所有制形态重新布局，金融业也得到迅速发展，在我国社会经济生活中发挥着越来越重要的作用。然而同时，我们也面临着种种难题和挑战。我国这些年的经济发展都围绕着“转型”进行，今后的经济发展也面临着进一步转型，需要妥善解决好在长期的经济增长中积累下来且尚未得到有效解决的一些“瓶颈”问题，还要解决好转变经济增长方式，树立可持续发展观念等问题。相比其他的经济发展时期，转型期经济是矛盾最突出、秩序最混乱的一个时期，由于从计划经济向市场经济转变的过程中，原有的制度遭到弱化，新的制度未能很好地衔接起来，政府管制运用得不够合理，行政权力还在某些领域不透明地参与资源配置和市场运作，在有些场合下还可以在缺乏监督的条件下寻租，导致了资源和财富的配置方式发生扭曲，在一些经济领域留下很多真空地带，必然会出现无序、违规现象。金融领域也是如此。在改革开放当中，我国涌现了大批新生的中小企业，它们创业时基本上是依靠自身的“造血机能”，实现缓慢的资本积累。数据显示，北京、顺德、温州三地民营企业初始资本90.5%以上来源于企业创立者的自有资金，而不是银行贷款，① 但当它们发展到一定规模时，资金的不足就会成为最大的限制，必须借助于金融领域来“供血”。但由于观念、制度方面的原因，各种所有制经济主体获得银行信贷资金支持的“待遇”是截然不同的——民营、个体经济获得的支持排在最后自不待言，因而在面对融资难题和发展壮大自身的迫切需要时，它们只能选择各种非正常的途径如民间借贷、向地下钱庄高利借贷、非法集资、付出额外代价向银行借款等。可以说，对资金的迫切需求和没有正常渠道供给共同刺激了这些企业或个人违规操作直至犯罪。被媒体炒得沸沸扬扬的民营企业家孙大午非法吸收公众存

---

① 中瑞财团控股有限公司课题组．我国民营企业融资现状及存在问题研究［N］．证券时报，2004-6-17，http：//www.p5w.net/p5w/home/stime/today/200406170183.html.

款案就是一个明证。现在，随着金融体制改革的不断深化，金融制度的不断严格，不少“富豪”纷纷因为源自于金融环节的问题而落马，以这种“问题”富豪为代表的非国有经济主体在危害金融安全犯罪中占有越来越大的比重是值得我们深思的。有的经济学家用“原罪”来形容这一现象。追究其犯罪的根源，我们也不能完全归结为犯罪人的贪婪与无视法律，还有部分原因确实是与转型经济的特殊历史条件分不开的，这些企业由于无法获得宽松的、甚至是基本的生存环境，只能通过违规违法来换取更有利的发展条件。① 从经济学角度看，在社会未能提供经济良性运行和经济人规范运作的条件与环境时，经济主体就会不自觉地采取某种形式的违规做法，以适应其生存和发展的基本需要。通过它们的缩影，我们可以意识到，在中国的经济发展当中，经济行为的违规违法操作具有相当的普遍性，即便是国有经济性质的主体有时也会采取一些违规的“变通”方式来换取更大的利益。除了上述有的企业为了生存而“不得不”违法违规之外，一些不法分子和企业则是“主动地”利用我国金融市场监管滞后、治理不当等缺陷铤而走险，实施危害金融安全的犯罪来满足个人私欲和实现其他不正当利益。以上两方面因素的结合，使得金融领域成为犯罪的重灾区。

在经济和金融不断成长而又问题频出、主体行为普遍不规范的状态下，我们的刑事政策应该如何应对？我们强调厉行法治、强调一切发展都应该被纳入规范的轨道上来，这一论断无疑是正确的。但在具体的实施过程中，必须考虑到经济和金融运作方面的失范行为不可能一夜消失，各种体制上的不协调甚至局部混乱的状况短期内还无法根治的现实。有观点提出：应当在多个目标之间寻求一种明智的妥协：既应当考虑到法律的严肃性，也应当考虑到具体的制度环境；既要考虑恢复民众的正义感，也要避免导致严重的社会阶层间的对立；既要给历史一个交代，也要眼睛向前看，追求当下及

---

① 要注明的是，并非所有危害金融安全的陈案都是源于“原罪”，只是部分企业在改革开放之初可能存在这种情况。

未来社会福利的增长。① 笔者以为这样的考虑是周全而符合实际的，我们在考虑刑事政策时也应该将这种思路予以贯彻。

三、危害金融安全犯罪的国际形势以及国际组织的影响

在整个世界范围内，即便是在金融监管非常严格的西方国家，金融罪案发案率都居高不下，而且大案要案频出，令各国监管当局和司法部门十分头痛。与我国相比，发达国家金融安全方面的犯罪主要是针对监管体制的漏洞实施的高智商和高科技犯罪，如1995年巴林银行证券交易员里森因欺诈和伪造文件造成13亿美元损失的犯罪；日本大和银行交易员井口俊英违背银行指令在账外买卖美国联邦债券，造成11亿美元亏损的犯罪。另外，利用金融机构电脑系统漏洞窃取客户信用卡资料、利用计算机网络实施金融诈骗、盗取金融机构资金等案件在发达国家频发，如美国在2004年有10余家金融机构被网络犯罪者光顾，造成近12亿美元的损失，②2005年6月，美国专为银行处理信用卡交易的CardSystems公司遭黑客入侵，共4000万份信用卡资料被盗取，其中还包括8000多名中国客户的资料。③ 此外还发生了电脑黑客对金融机构网络进行攻击的案件。同时，一些传统型的金融犯罪如证券犯罪也卷土重来，近年来美国就连续爆出了安然公司、世通公司两家著名大公司伪造账目、虚报利润欺骗证券投资者的丑闻。随着金融新科技的运用引发的金融业态变化，新类型的危害金融安全犯罪还会出现，传统型的金融安全犯罪也不会偃旗息鼓。对国外金融安全犯罪进行研究对比，吸取其教训和防治的经验，对我国制定相应的政策是不无益

---

① 秋风．解决“原罪问题”需要政治智慧［N］．南方都市报，2004-1-15，http：//www. nanfangdaily. com. cn/southnews/spqy/sheping/200401150045. asp.

② 台黑客被疑盗取美国10余家国际金融机构12亿美元［EB/OL］，搜狐网，http：//news. sohu. com/20040923/n222196464. shtml.

③ 杨筱．美信用卡资料被盗8660名中国用户受牵连［N］．中国经营报，2005-6-25.

处的。

如前所述，9·11事件以后，世界各国对国家安全的重视提高到了前所未有的程度，把金融安全作为重中之重来加以保护，将金融安全的保护与反恐紧紧地联系在一起，专门开展了金融反恐行动。这些举动扩大了危害金融安全犯罪的外延，使危害金融安全犯罪具有了更多国际化的特征，也丰富了危害金融安全犯罪刑事政策的内容。此外，各国在金融安全的其他领域，如打击洗钱犯罪上开展的国际性合作也取得了一定成效。笔者认为，危害金融安全犯罪现在已经成为全球性话题，各个国家除了应根据本国国情和犯罪特点制定相应的刑事政策外，还必须有国际性的视野，善于吸收、总结其他国家在此方面的成功做法，如美国有关反恐法案中比较详尽地规定了金融机构的客户识别、对资金流向的识别与监控等方面的原则；金融行动特别工作组（FATF）针对涉及恐怖主义的洗钱犯罪提出的完善洗钱法的8项建议和关于判别恐怖分子筹资方式及手法的"特别指引"中有不少值得借鉴的内容，可以为我们在制定刑事政策时考虑金融反恐方面问题时提供帮助。同时，针对目前金融安全领域国际合作开展的发展态势，我国关于金融安全的刑事政策也应当有所反映，以增强刑事政策的开放性、合作性。当然，一定程度的借鉴其他国家某些方面的刑事政策并不意味着趋同与迎合，我们在制定刑事政策时应该谨慎对待，根据自身的立场和判断，有所取舍，确保国家的利益。

在各国制定刑事政策的同时，一些国际性和区域性的非政府组织也在规划、研究刑事政策问题，它们的主要工作包括对各国刑事政策进行分析、评估，提出制定刑事政策的指导原则，这些工作对促进各国刑事政策的传播、交流、合作发挥了积极的作用。此类组织主要有联合国预防犯罪和罪犯处遇大会、联合国预防和控制犯罪委员会、联合国区域间犯罪和司法研究所、联合国预防犯罪和刑事司法委员会、国际刑法协会、国际社会保护协会、国际犯罪学学会、国际刑警组织、亚洲预防犯罪基金会、亚洲及远东预防犯罪和罪犯处遇研究所、拉丁美洲预防犯罪和罪犯处遇研究所、赫尔辛基预防犯罪和罪犯处遇研究所、非洲预防犯罪和罪犯处遇研究所等。① 研究这些组织的成果，参与它们的活动也能为我国制定、宣传刑事政策提供有益的借鉴。

四、法律文化的影响

中国历史上的刑法一向发达，关于刑事政策方面留下了不少遗产。特别是我国独有的以儒家道德理想主义为核心的刑事政策思想和历代统治者根据治国经验总结出的“刑罚世轻世重”的治理原则对现实社会还有着深远的影响，今天中国的严打斗争、重刑主义在某种程度上就是“治乱世用重典”思想的体现。对于包括危害金融安全犯罪在内的经济犯罪而言，由于我国历史上自然经济占据着绝对主流地位，造就了重农抑商的观念，商人社会地位低下，并被打上了无商不奸、重利轻义的烙印，因而历代刑法文化素来都是将其列为重点打击对象，并动用严刑。由于文化顽强的生命力和延续性，不仅治国者不能摆脱其影响，一般的民众更是割舍不断，绝大多数的民众对重刑并不排斥，而且对国家明正典刑，通过死刑以平民愤的做法大力支持。即使在商品经济如此发达的今天，对于不法奸商非法牟利的行为仍为千夫所指，因为危害金融安全的犯罪往往会掠取民众的财富，造成民众的直接损失，加之仇富心理的作祟，人们往往要求如对待暴力犯罪一样严厉打击、从重处罚金融安全方面的犯罪。可以说，在我国现阶段的法律文化构架中，民众和国家是内呼外应，高度一致的。

在论及法律文化之余，我们不得不提到民意的问题，民意指政府机关以外，人民或团体对于公共事务的意见表示。民意是来自民间的群众意见和主张，在古代社会里就有采风之说，统治阶级一方面通过这种渠道观察民间疾苦，另一方面借此试探民众对税赋轻重、官吏为政及刑法宽严的反映，以便检讨和修正治国策略。在现

---

① 刘仁文．刑事政策初步［M］．北京：中国人民公安大学出版社，2004：187.

代社会里，公众传媒的出现和强大，使之被人们称为除立法、行政、司法之外的“第四种权力”，而民意更是通过媒体发挥着巨大的、与官方沟通和施加影响的作用。民意虽无传媒机器那样的扩张力，但有着更强的生命力和更持续的影响力，以致于传媒体制都想尽办法迎合民意，迁就民意。同样，民意对刑事活动也存在着非凡的影响力。民意的根基是社会大众朴素的善恶观，对于符合道德伦理、公序良俗的行为，民意趋向宽容、同情，而对于丑恶、不伦、背信的行为，民意就趋向否定。从总的来说，民意对犯罪的态度是谴责、憎恶、仇视的，称颂国家从重从快打击犯罪的举动是“大快人心”的。但民意和民众的价值判断与自身安全感的多寡有关，具有波动性，当犯罪态势严重时期，民意要求遏制犯罪的呼声就会高涨，而当社会平和富足时，民众中呼吁人道、轻缓地对待犯罪人的声音就会比较响亮。刑事政策应在相当的程度上考虑民意，但又不能被民意所左右，这是任何一个国家成熟的立法者所应秉承的尺度。但在实践中，司法受民意尤其是挟民意汹汹而来的舆论影响的例子比比皆是。西方学者称这种现象为受害人或社会团体在“伸张正义的习俗”的指引下重新行使了司法的功能，① 这种现象忽略了国家、回避了法律及相应体制的制约，是不可取的。

五、当前世界各国的刑事政策潮流

当前西方国家的刑事政策在基本价值取向大致统一的基础上也存在着一定的差异。总的看来，西方国家刑事政策措施都不约而同地向非犯罪化、非刑罚化、非监禁化的大方向发展，在刑事政策所追求的目标上，则更加强调“抚平”犯罪行为对社会造成的伤害。一般认为，当代西方国家采用的是“轻轻重重”的两极化刑事政策，但在具体表现形式上有不同。如美国刑事政策总的情况是“轻轻重重，以重为主”，“轻轻”是为了更好地实现“重重”，使

① （法）米海依尔·戴尔玛斯—马蒂．刑事政策的主要体系［M］．卢建平，译．北京：法律出版社，2000：201.

司法机关腾出力量对付重罪；而在西方其他一些国家，特别是北欧诸国，采取的则是“轻轻重重，以轻为主”，即将“重重”作为对“轻轻”的一种补充。① 随着犯罪潮的回升以及国家安全局势的严峻，各国在主张对轻微犯罪、中等程度犯罪实行非犯罪化、非刑罚化，使犯罪人得以重返社会的同时，对新型的严重危害社会行为也及时予以犯罪化并集中有限的刑罚资源予以严厉惩罚。当然，在我们在探寻中国刑事政策的过程中，上述国外的刑事政策只能起到参考作用，而不能直接照搬，如非犯罪化的做法就不见得适合我国，因为国外构成犯罪的条件与我国大相径庭，原样照搬要么就是削足适履，要么就会南辕北辙。

第三节 危害金融安全犯罪刑事政策应有的内容

前文对当前危害金融安全犯罪的刑事政策以及对我国国情的现状进行了剖析与评价，在此基础上，我们将进一步探讨危害金融安全犯罪的刑事政策应有之内容。目前对于我国危害金融安全犯罪应该制定怎样的刑事政策，学界并没有进行专门的和深入的探讨，由于一向都将金融犯罪视作经济犯罪的一个分支，因而大多数论著都是将重点放在对经济犯罪的刑事政策的讨论上，对此学界可谓是百家争鸣，提出了各种各样的看法。笔者以为，这些观点对于本文的论题有着很大的借鉴意义，可以借此在探讨危害金融安全犯罪的刑事政策时获得一些启示。

有观点认为，对于经济犯罪，应该严密经济犯罪刑事法网，扩大经济犯罪轻罪范围，“轻轻重重”的国际刑事政策潮流对于我国现有经济犯罪并不适用；经济犯罪刑事政策的目的在于遏制经济犯罪，一般通过犯罪压制和犯罪预防两方面的工作展开，前者主要依靠刑事手段，后者除了需要法律防范以外，还需要经济防范、行政

---

① 杨春洗．刑事政策论［M］．北京：北京大学出版社，1994：397-400.

防范和技术防范。① 有观点提出，不能以规范经济中的法律应对方式来处理转型期不规范经济所产生的问题，只能按照“相对合理”的思路，兼顾经济发展与经济秩序的要求，来设立适合目前“中国国情”的规制经济的刑事政策，其内容可以简略概括为“抓大放小”，即重点打击严重经济犯罪行为，适当放宽对较轻违法的刑罚惩治。② 还有观点提出，经济犯罪的刑事政策应该树立“严打不如严管”的观念，对经济犯罪实行综合治理。③ 还有观点认为审理经济犯罪案件应当注意贯彻的刑事政策是：1. 依法从严惩处严重破坏经济的犯罪分子；2. 必须坚决、慎重，务必搞准；3. 惩办和宽大相结合；4. 惩罚犯罪与保障人权并重。④ 同时也有观点主张对经济违法犯罪行为实行严格规制，要求法网细密，规制全面；处罚严厉，以儆效尤；依法追诉，既往也咎，这是一种与中国传统的“治乱世用重典”的社会规制思想相通的主张，而且这种严格规制的主张，在我国现行刑事立法中已经有所体现。⑤

上述这些观点虽然对经济犯罪刑事政策看法相异，但是它们共同传达了一个重要信息，即认为对经济犯罪的刑事政策除了应关注最核心的“罪与刑”问题外，还应该在刑事法律以外谋求各种对策，相互配合、相互呼应，实现共同防控。这一理念无疑是正确而有效的。没有任何一种犯罪是仅仅依靠刑事立法本身就可以得到控制，州事政策应该是围绕防控犯罪而展开的多方位的措施的总和，笔者以为这一概括较为合理地界定了刑事政策所应涵盖的内容与任务，我国在制定各类犯罪的刑事政策时应该加以重视。

---

① 刘华. 论经济犯罪的刑事政策 [J]. 法学，2003 (11).

② 龙宗智. 论我国转型期规制经济的刑事政策 [J]. 法学，2005 (1).

③ 尤小文. 转型期经济犯罪形势及其刑事政策 [J]. 中国人民公安大学学报，2002 (5).

④ 沈德咏. 略论刑事政策与经济犯罪审判 [J]. 法律适用，2004 (7).

⑤ 龙宗智. 论我国转型期规制经济的刑事政策 [J]. 法学，2005 (1).

笔者认为，本书所探讨的危害金融安全犯罪的刑事政策不应照搬经济犯罪的刑事政策，理由在于：首先，危害金融安全犯罪从外延来看，比传统观点中的金融犯罪要大，它包括通过实施金融行为危害国家安全的一些犯罪以及通过其他的犯罪手段如走私、商业欺诈等对金融安全产生危害的犯罪，这些犯罪的规制原则和打击要点都和经济犯罪有所不同，相应的刑事政策必有所差异。其次，危害金融安全犯罪的立意比普通的金融犯罪要高，它是站在国家安全的角度看待金融及犯罪问题，并且由于金融行为同市场经济领域下的其他商业行为在运作方式、规制强度、处置方式上有着很大的不同，因而危害金融安全犯罪不能一成不变地适用经济犯罪的刑事政策，必须有所变通。当然，这种变通并不意味着推倒重来，而是要在充分参酌经济犯罪刑事政策基础上进行自我完善和相应修正。基于此，笔者拟从三个方面来探讨危害金融安全犯罪的刑事政策，提出一些不尽成熟的看法。

一、刑事立法方面的对策

刑事政策是观念层面的，而刑事法律是实在层面的，没有刑法，刑事政策就只能停留在空中楼阁，没有刑事政策，刑事立法就会缺乏理性的、合目的的指引。因此刑事立法问题从来就是刑事政策关注的头等大事，也是刑事政策的起点。前面论及学者的观点都涉及了立法问题，认为刑事政策首先需要解决的问题就是犯罪圈的大小与刑罚力度的轻重这两点。

对于如何处理危害金融安全犯罪在这两个方面的权重，笔者比较赞成在刑法中对此类犯罪延用“严而不厉”的刑事政策思想。鉴于我国正处于经济体制改革和社会转型的过程中，经济关系日益复杂，金融领域不断扩大，而许多金融管理制度尚未完善甚至还没有建立，金融管理秩序较为混乱、无序，在这样一种现状之下，只有不断完善危害金融安全犯罪的罪名，扩大犯罪圈，建立起严密的刑事法网，方能有效抑制和防范各种对金融安全有着严重危害的行为。至于有观点认为我国刑法已经“不堪重负”,[①] 笔者以为这完全可以通过立法技术予以解决（具体内容将在后文详述）。

在刑罚轻重方面，世界各国以及我国严打的实践都已经证明，重刑化并不是解决犯罪率攀升的良方，尤其当危害金融安全犯罪作为一种非暴力犯罪，并不直接侵犯人身安全，若大量适用死刑、无期徒刑等重刑的话，一方面犯罪率并不会因此而下挫，另一方面还有违现代刑罚发展潮流，在国际性的人权对话中陷于被动。当然，我们还要面对一个事实，就是有些大案要案动辄涉及上亿元的金额，严重危害国家金融安全，破坏力极大，过于宽松的刑罚又似乎有放纵犯罪之嫌。因此，有不少观点提出可以采用西方“轻轻重重”的政策来解决这一问题。所谓“轻轻”就是对轻微犯罪，包括偶犯、初犯、过失犯等主观恶性不大的犯罪，处罚更趋轻缓，并积极动用各种非刑事化策略，如非犯罪化、非刑罚化和非司法化；所谓“重重”主要是针对严重的犯罪，在处罚上应该较以往更重，其基本的做法是更多地、更长期地适用监禁刑。事实上，西方国家所提出的“轻轻重重”政策思想，其中“重重”主要是针对恐怖犯罪、有组织犯罪以及各种恶性暴力犯罪，如枪击、抢劫及其他的反社会犯罪，其是针对各种恶性暴力恐怖事件的层出不穷和日益升级的状况而不得不采取的一种对策，其主要针对对象并不是危害金融安全的犯罪。西方国家提出“重重”政策反映了一种无奈、一种困惑、一种现实和理想的冲突，这也显示出刑罚目的观的现实主义倾向在西方国家的重新抬头。[②] 我国传统刑罚政策是重刑主义，人们提出向“轻轻重重”政策转变无疑是有进步意义的，但将此作为整体刑事政策予以考虑尚可，运用于危害金融安全犯罪就未必行得通。因为我国刑法中关于危害金融安全犯罪的刑罚规定较重，如果依照“轻轻重重”政策，则大部分是属于“重重”的范畴，

---

① 我国刑法不堪重负 金融犯罪促使刑法修改，http://news.sina.com.cn/c/2005-06-28/11037066201.shtml.

② 杨春洗．刑事政策论［M］．北京：北京大学出版社，1994：398.

就会出现对危害金融安全犯罪动辄判处死刑、无期徒刑、10年以上有期徒刑等重刑，刑法必会面临回旋余地太小、欲“重”不能的尴尬境地。况且危害金融安全犯罪从本质上与暴力、恐怖等犯罪相差甚远，套用“重重”的政策理由并不充分。

因此，笔者以为宽松的刑罚政策仍应是危害金融安全犯罪的最佳选择，理由在于：

在当前我国各种经济、金融管理制度尚未健全的情况下，金融违法行为乃至犯罪行为的发生是不可避免的，甚至可以说是一种常态现象，此时重刑的威慑力相当有限。政府在我国从计划经济向市场经济转变的过程中扮演着主导性的角色，有计划的设计与推进实现了国家经济体制短期内的转型，但同时这种外部的强加性决定了我国经济体制中必然存在着某些先天不足之处，它无法像西方国家那样在市民社会长期的逐步发育、成熟过程中，自发性地形成各种市场规范并得以自觉的遵守，之后才由国家立法予以确认。这种产生于民间带自律性的市场规范与我国由政府自上而下颁布的各种更多具有外在强制性色彩的规范在社会认同上存在着很大差距。前面已经提到，在转型时期经济及金融方面最大的挑战是违规的普遍性，这和我国转型期间确立各种规则的仓促性、民众认同感不高以及缺乏权威性是有很大关系的。市场经济发育的不完善使得人们将追逐个人利益作为唯一目的，无视市场规则与道德机制，相对于这种追逐私利的巨大内驱力而言，各种民事、经济、金融、行政法规乃至刑事法律所确立的市场规范都是微不足道的。“在宏观上市场经济是以法律为边界的公平竞争的经济，在微观上竞争主体均以获取超出平均利润以上的最大利润为目的，以便在竞争中求得生存和最大发展。这种生产经营目的成为经济主体采取非法手段突破竞争的公平界域的内动力。……不能否认‘有市场经济就有经济犯罪’这种客观现象。可以说，经济犯罪与市场经济具有共生性。”① 在

① 唐稷尧．困境与根源：刑法对经济犯罪的控制［J］．四川师范大学学报：社会科学版，2001（1）．

市场秩序失范和混乱的状态下，犯罪人所考虑的只是如何更巧妙地规避法律，如何更隐秘地掩饰自己的违法犯罪行为。事实上，完善整个金融监管机制是遏制危害金融安全犯罪的根本，一味地加重刑罚并无意义。许多学者认为："运用刑罚处理抵触经济行为，无非是出于威慑的考虑。但是，在市场经济条件下，任何涉足于经济活动的经营者，其目的就是为了获取最大利润，利润的吸引力远远超过刑罚的威慑力……刑罚在利润面前永远是微不足道的成本。"①特殊的国情、特殊的经济发展阶段，造就特殊的刑事政策。监管机制的缺失是当前大量危害金融安全犯罪滋生的重要原因，如果我们将这一责任转嫁到犯罪人身上，通过加重他们的刑罚来进行补救，无疑是南辕北辙，永远无法真正达到降低犯罪率的目的，反而有损于金融事业的发展，扼杀部分人的创新精神和冒险勇气。如有学者指出的，"经济犯罪的发生和金融管理秩序的混乱、税收管理体制缺陷存在极大关系，主要应当通过加强社会经济管理、增补漏洞来防止这些犯罪的发生，而不能简单地施以重刑、乃至死刑作为管理不善的补偿。事实上，如果金融管理和税收管理的正常秩序没有建立，犯罪就不可避免，死刑也无济于事"。②

综上，对于危害金融安全犯罪在立法方面的对策，应该将更多行为纳入到犯罪的行列，使得法网更严密；在刑罚上以适用轻刑为主导，对于那些破坏力强，对国家安全产生严重危害的行为，如通过金融体系为有组织犯罪、恐怖主义犯罪提供帮助的，则不排除重刑的适用。事实上我国现行刑法已经为危害金融安全犯罪规定了重刑，因此实现宽松的刑罚政策主要是依靠司法方面来体现，如有学者认为，在法律现成的刑罚结构下，司法机关的刑罚适用活动应当体现刑事政策的精神。惟有如此，才能通过卓有成效的刑事司法活

① 钟安惠．我国市场经济下的"经济犯罪"与国家刑罚权［M］//苏惠渔．市场经济与刑法．北京：人民法院出版社，1994.

② 陈兴良．刑事政策视野中的刑罚权结构调整［J］．法学研究，1998（6）．

动，使刑法结构在动态中趋向合理化。①

在论及上述对危害金融安全犯罪刑事政策立法方面的构想之余，笔者以为还有以下两个问题是值得我们注意的：

第一，对危害金融安全犯罪的刑事政策的设定务必全面、周到、统一、清晰。所谓全面，是指刑事政策应该针对一种整体的犯罪，应该要全面考察危害金融安全犯罪所涵盖的法益，应该详细考虑到刑法的价值与机能方面的趋向，应该顾及到惩罚犯罪与保障人权的并重性，与之实现有机的配伍。所谓周到，是指刑事政策在对不同形式的危害金融安全犯罪的规定中要充分考虑到各种因素，合理安排规制的松紧、罪名的多寡、刑罚的轻重等。现在我们经常听到银行监管部门认为银行犯罪规定不够明确，证券监管部门反映对证券犯罪量刑太轻，而保险监管部门则埋怨保险犯罪罪名太少，学者们则质疑某些相近犯罪的处罚轻重为何不一及依据何在，等等，这些都反映出现行刑事政策在某些方面的失衡以致立法出现问题。当然由于各类金融活动活跃程度和监管水平的差异，对于不同的犯罪，刑事政策内部也有必要分出轻重，但是应保持在总体上的平衡和协调状态。所谓统一，主要是指当前关于金融安全方面的刑事政策有“政出多门”的倾向，中央、地方的各个党政部门纷纷向立法机关传达意见，施加影响，立法中也出现了部门利益化的倾向，这从另一个侧面说明了对危害金融安全犯罪的刑事政策缺乏统筹。从国家的角度上，应该有一个部门对刑事政策进行较好的规划。所谓清晰，则指在条件具备的情况下，由国家选择一定的方式对外发布刑事政策，而不是将其作为内部办案依据来掌握，以利于民众知晓，也有利于学术跟踪研究。

第二，刑事政策应当合法。不论刑事政策如何调节和影响刑法

① 陈兴良．刑事政策视野中的刑罚权结构调整［J］．法学研究．1998（6）．

的运作，刑法永远是“刑事政策不可逾越的樊篱”，① 在实践中我们不能再犯刑事政策超越法律的错误，我国过去在严打运动中就发生过以刑事政策替代法律、随意降低立案门槛、在法定刑限度外处刑、盲目的从快从重等问题，或者是刑事政策操持于某些党政机关之手，对司法活动进行遥控，而且根据某个区域、某个时段的形势随意变动刑事政策，并以之代替现行法律的规定，显然都是违反刑事法律的。刑事政策是重要的，但并不意味着它可以超越刑法甚至是替代刑法。

二、刑事司法方面的对策

所谓刑事司法政策，是指在刑事司法活动中所奉行的政策，②其内容包含了刑罚以及与其相似、相关制度、措施的运用，主要涉及侦查、起诉和审判三个环节。它从预防犯罪、改造犯罪和抑制犯罪的目的出发，对各种犯罪现象及其原因进行研究，分析各种刑罚制度及相关制度的功能及缺陷，并且针对不同的犯罪行为和犯罪人采取不同的对策、策略和具体措施。③ 有学者指出，“刑法之定罪论刑，本身不是目的，而只是达到一定目的——防卫社会，预防犯罪的手段，即是一种政策的作用，刑事政策，也就是为刑法定罪科刑基础的政策。所以，刑法之制定与运用，罪刑之确定与执行，都应以刑事政策的观点出发，以是否合于刑事政策的要求为指归，不合于刑事政策的立法，是不良的立法，离开刑事政策的裁判和执行，也必定是不良的裁判和执行”。④ 可见刑事政策在追诉犯罪、

① （德）冯·李斯特．冯·李斯特文集：第2集，第80页，转引自梁根林．解读刑事政策［M］//陈兴良．刑事法评论：第11卷．北京：中国政法大学出版社，2002：48.

② 刘仁文．刑事政策初步［M］．北京：中国人民公安大学出版社，2004：60.

③ 陈卫东，石献智．刑事政策在刑事司法中的地位和作用［J］．江海学刊，2002（5）.

④ 林纪东．刑事政策学［M］．台北：台湾中正书局，1969：9.

惩治犯罪、预防犯罪方面扮演着重要的角色。它不但在刑事司法中发挥着宏观性的导向作用，左右着刑事司法的基本价值取向，还对具体的司法实践活动发挥着直接的指导作用。

受限于我国重实体轻程序的传统，关于司法方面的刑事政策过去少有人问津，现在它逐渐引起了人们的关注。有观点指出了我国刑事诉讼中刑事政策所存在的矛盾，并认为现代的刑事司法政策应该是：（1）在侦查起诉阶段。国家原则上应当对所有犯罪行为实施侦查调查，在侦查（以及以后的诉讼）过程中，对犯罪嫌疑人实施羁押的必要性降低，取保候审以及许多任意侦查措施应该得到较为广泛的运用。在证据收集方面，应强调重物证而轻证人证言和犯罪嫌疑人的口供。（2）在审判过程中。在证据规则方面，政策上强调实物证据的优先性和证据的合法性。（3）在刑罚的执行方式上，要么不公开，要么温情脉脉。① 上述观点主要是从宏观的角度来展开论述的，但其研究方式非常值得借鉴。

笔者认为，危害金融安全犯罪司法方面的刑事政策主要涉及对犯罪追诉的原则与主要措施、对犯罪审判的原则与主要措施、对犯罪执行刑罚方面的原则与主要措施，以及国际司法合作的原则与措施，不但关系到刑法，还涉及刑事诉讼法、监狱法、行刑法、社会矫治法、国际公约等领域。危害金融安全犯罪的刑事司法政策具体包括以下内容：

（一）危害金融安全犯罪侦查追诉阶段的刑事政策

刑事侦查是刑事司法活动的起点，在这个阶段，侦查机关根据相关犯罪线索调查案件事实、收集证据、确定犯罪嫌疑人、对案件性质和罪名进行初步认定，并决定是否采取进一步的刑事措施。侦查工作质量的好坏关系到刑事司法活动的成败。在这一阶段，刑事政策主要关注的是：

---

① 古立峰．刑事诉讼中的刑事政策：以社会理论为基础的分析理路（一个导论）[J]．法律科学，2004（2）．

1. 提高危害金融安全犯罪的追诉率。目前危害金融安全犯罪处于高发阶段，金融安全形势比较严峻，虽然不少犯罪分子已经被绳之以法，但是我们应该清醒地看到，被曝光、被查办的只是诸多金融罪案中的一部分，很多金融罪恶都被湮没了。原因在于：一方面，由于政策法规的漏洞和监管的缺失，一部分隐藏较深的罪案未被发现或相隔很久才被发现，前述中国银监会统计的近两年金融机构发案数量中大部分是陈年旧案就能说明这一点。除了金融机构外，中国股票市场近年来违规违法行为频发，许多可疑的交易行为和市场异动现象中不免隐藏着犯罪，得到查处的只是很小一部分，而大部分都没有得到及时彻查，如成都红光案在民事诉讼认定构成证券欺诈之后长达三年之久才启动刑事程序就是典型的例子。另一方面，由于有的地方、有的金融机构对危害金融安全犯罪打击态度不坚决，相当一部分金融机构内部人员实施的本属于犯罪的行为被当作违纪违规行为而“消化”掉了，而有的金融机构之外的犯罪人被政府中极个别人当作“能人”加以“保护”、姑息，再加上公安检察机关普遍存在的人力不足、侦查技术不高、装备有限等问题，对一些金融罪案无暇查处或延缓查处，导致了危害金融安全犯罪追诉率较低的状况。当然这往往也是经济犯罪普遍存在的一个问题。对此，笔者以为，对于危害金融安全犯罪应该高度重视、深挖严查、决不姑息。除了侦查机关主动去发现犯罪线索外，金融监管机关、金融中介机构要有高度的责任感，一旦发现犯罪的蛛丝马迹，就要及时、坚决地向司法机关反映和移送。此外，要严格规范公安机关撤案制度及检察机关的不起诉制度，既不随意将一般的犯罪边缘现象一概纳入犯罪化领域，也不轻易放过犯罪。

2. 慎重适用刑事强制措施。我国刑事诉讼法规定了拘传、取保候审、监视居住、刑事拘留、逮捕等刑事强制措施以保证刑事侦查活动的顺利进行，而在办案过程中，侦查机关运用得最多的仍然是拘留、逮捕等监禁措施，在涉及国有金融机构领导人员犯罪的时候，纪检机关还运用“双规”手段。笔者认为，危害金融安全犯罪分子的人身危险性并不高，对其实施拘留、逮捕主要是为了防止其逃匿或串谋、毁灭证据妨碍侦查。但如果侦查工作开展得早，侦查手段有效，防范措施得力，这些隐患是可以被控制住的，比如在国外及香港地区，对待此类犯罪分子基本上是广泛采用交纳保释金、限制离境等措施来防范，进而可以避免因侦查周期长而产生的超期羁押现象，因而在适用刑事强制措施尤其是剥夺人身自由的刑事强制措施时应该采取谨慎的态度。

3. 提高侦查效率。我国台湾学者陈朴生认为：“刑事诉讼之机能，在维持公共福祉，保障基本人权，不计程序之烦琐，进行之迟缓，亦属于个人无益，于国家、社会有损，故诉讼经济于诉讼制度之建立实不可忽视。”① 现在金融安全案件的侦查流程是由公安机关先立案侦查，待侦查终结后再移送检察机关审查起诉，通过审查后方向法院提起公诉，这一周期耗时一般较长，遇到比较复杂的案件时，公安机关和检察机关更会达成一种默契，检察机关往往根据刑事诉讼法关于检察机关一共可行使两次退回补充侦查权的规定，“技术性”地为侦查多赢得一些时间，如德隆集团负责人唐万新案件就用完了公安和检察机关所有能运用的侦查时间。虽然侦查机关在本意上是为了更负责、更全面地把握案情，追查出案件真相，但如果案件的侦查占用了大量的时间和司法资源，侦查成本会大大提高，而且时间拖延过长会带来如证据灭失、追赃难度变大、受害人迟迟无法得到补偿等问题，因此我们不得不考虑提高侦查效率的问题。侦查机关在金融案件上之所以耗费如此长的时间主要是在于案情的复杂，这里的“复杂”往往具体表现为其中涉及诸多专业性、技术性问题，是令侦查机关比较头痛的因素。因此，从提高侦查效率、实现诉讼经济原则的角度出发，考虑到危害金融安全犯罪专业

① 陈朴生．刑事经济学［M］．台北：台湾正中书局，1975：327.

性强、侦查难度大，笔者以为，有必要对此类犯罪的侦查体制进行合理调整，探讨由金融监管机构配合公安、检察、安全机关追诉犯罪的有效机制。如美国的证券委员会是拥有一部分准立法权和准司法权的，它行使着市场监视、犯罪调查、检查权、控诉权等权力，在美国法院许可下，可以进行传唤、搜查、扣压以保全证据等，执法手段相当充分，具有很强的威慑力。① 香港证监会则享有对内幕交易等罪名的调查直至裁定的权力。② 我国也已经将反洗钱职责从公安部移交给中国人民银行行使，就是基于中国人民银行在反洗钱方面专业化程度更高、获取信息更及时的缘由。由于银监会、证监会、保监会、中国人民银行等机构在维护金融安全方面的知识更全面、反应更敏捷，具有反危害金融安全犯罪的经验和专门人员，因此，笔者以为，可以考虑赋予这些机构除刑事强制措施以外的一些侦查职能，③ 并安排司法会计和网络警察等方面的人士同时介入，以增强打击金融安全犯罪的力量。

（二）危害金融安全犯罪审判阶段的刑事政策

审判阶段是适用法律的核心环节，大致可以把它分为定罪和量刑两个环节。定罪从根本上说是一种主观之于客观的能动性过程，包含着专业性很强的证据审查和法律推理。量刑则是一个综合性的事实评判与价值评判过程。在刑事审判过程中，刑事政策发挥着法

---

① 唐震斌．以投资者为本，提高监管效率［N］．证券时报，2005-12-7.

② 如截至2005年12月的9个月内，香港证监会内幕交易审裁处共裁定6名人士罪名成立，罚款6800万港元，向84名受规管人士采取行动。香港证监会去年后9个月裁定6名人士罪名成立［EB/OL］．［2006-2-14］，人民网，http：//hm. people. com. cn/GB/42274/4101627. html.

③ 如新颁布的《证券法》在证监会享有的调查取证、询问、查阅复制文件资料、查询和申请冻结账户的权力基础上，增加了到被监管机构现场检查权、封存资料权、经负责人批准直接查封、冻结资金账户和银行账户、经负责人批准限制交易等权限。

律所未能发挥的作用，因为成文法国家刑法典的规定都是抽象、精炼的，只是总括性地描述了犯罪构成和处刑幅度，对同一宗具体的案件，不同的审判人员可能会判决出不同的结果，这种情况下就特别需要刑事政策进行定向、导引和约束，保证判决的合理性和中立性。笔者拟从定罪和量刑两个环节分别提出对危害金融安全犯罪审判阶段刑事政策的构想。

1. 定罪工作中的刑事政策。过去我们总结的定罪阶段刑事政策主要有两个，一是“一要坚决，二要慎重，务必搞准”，二是“不纵不枉”，从司法的性质和追求的目标来看，这两大刑事政策无疑是非常正确的。但是在司法实践中特别是危害金融安全犯罪审判中，能否切实地贯彻这两大原则呢？依笔者看来，做到这一点有相当大的难度，其中主要的障碍来自于证据方面。我们知道刑事诉讼证据必须符合真实性、合法性、关联性三大要素，根据我国法律规定，刑事审判适用的是“事实清楚，证据确凿充分，排除其他可能性”的客观真实证明标准。由于很多危害金融安全犯罪案件作案手段隐蔽，而且由于金融行为本身就有很大的随机性、不可回溯性，比较难重复犯罪过程，不但收集证据难度大，即便能收集到一些实物证据，也不一定能构成直接的因果证明关系，在证据链条的组合和证明程度的确认上仍有很大的困难，加上审判人员对金融专业规律和特点的相对陌生，做到所谓的“内心确信”是相当大的挑战。换言之，由于危害金融安全犯罪案件复杂，不是简单地套用犯罪构成就能够准确地定罪。在危害金融安全犯罪广泛存在这种证据困境的情况下，笔者以为，定罪环节可以在上述两个大原则的基础上，尝试一些新措施。例如鼓励被告人认罪的制度，在美、英、意等国，其刑事诉讼制度中规定了辩诉交易制度，即起诉和辩护双方律师进行磋商和谈判，起诉方以撤销部分指控、降格指控或者建议法官从轻判刑等许诺换取被告人作认罪答辩，以便节省审判所需要的时间和开支，特别是避免审判的不确定性。西方有学者专门研究了“囚徒困境”问题,① 认为对被告人而言，以认罪换取较轻刑罚是最佳的博弈。从国外的司法实践来看，如果被告人主动认罪，法官可以径直判刑，被告人也可以获得较轻的刑罚。虽然我国刑事政策中有坦白从宽的原则，但并没有刑法化，只是一个酌定量刑情节，坦白与否对最终量刑的影响不是太大。因而我国的坦白从宽原则和西方的认罪制度还是存在很大差异的。笔者认为，在危害金融安全犯罪的审判中，如果被告人坦白承认被指控的罪名的，法官可以能动地决定简化审判过程，取消调查、质证、辩论等环节，直接定罪。相应地，在量刑过程中则要落实对被告人从轻、减轻、免除处罚等实实在在的从宽。实际上，关于在我国是否可以运用辩诉交易制度的问题曾被炒得沸沸扬扬。2002 年黑龙江省牡丹江铁路运输法院第一次试用辩诉交易制度审结了一起故意伤害刑事案件。辩方征得被告人同意，与检察机关交易：辩方同意认罪，并自愿承担民事责任；控方同意建议法院对被告人适用缓刑从轻处罚，整个案件的开庭仅用了 25 分钟。对此学者们存在很大争议，核心是检察机关作为公诉人能否实施这种行为及应否实施这种行为，大多数观点对此持否定态度。笔者认为，这涉及刑事司法体制的变动和重构，相比被告人在无诱导情况下主动认罪的难度要大得

---

① “囚徒困境”博弈是图克（Tucker）1950 年提出的一个著名的博弈模型，基本情况如下：两个犯罪嫌疑人在共同作案被逮捕之后，警方缺乏足够的证据指证他们所犯的罪行。如果其中至少有一人供认犯罪，就能确认罪名成立。为了得到所需的口供，警察将这两名罪犯分别关押以防止他们串供或结成攻守同盟，并给他们同样的选择机会：如果他们两人都拒不认罪，则他们会被以较轻的妨碍公务罪各判 1 年徒刑；如果两人中有一人坦白认罪，则坦白者从轻处理，立即释放，而另一人将重判 8 年徒刑；如果两人同时坦白认罪，则他们将被各判 5 年监禁。博弈的结果是：由于这两个囚徒之间不能串通，并且各人都追求自己的最大利益而不会顾及同伙的利益，双方又都不敢相信或者说指望对方有合作精神，因此只能实现对他们都不理想的结果(各判 5 年)，并且这个结果具有必然性，很难摆脱，因此这个博弈被称为“囚徒困境”。

多，应该充分斟酌后方决定是否采用，对此并不在本书的讨论范围之内。但问题在于，在刑事法律还没有规定辩诉交易制度之前，以政策先行的方式在实践中应用，是否构成了对现行刑事法律的偏离或突破呢？这一问题是值得考虑的。无论如何，依目前的情况，我们应该在刑事法律许可的范围内制定出更多的鼓励被告人主动认罪的方针、措施。

2. 量刑过程中的刑事政策

法官在量刑时掌握着一定的自由裁量权，无不对犯罪动机、犯罪性质、犯罪手段、危害后果、被告人的年龄、智力、身心健康状态、被告人的身份、前科情况、认罪态度、案件的社会影响、被害人对被告人的态度、被害人受补偿的程度、相似案件的处理方式、上级司法机关的判决思路等予以考虑，同时，法官也必然会受到刑事政策的影响和制约。刑事政策是左右法官自由裁量的重要因素。由于刑法所具有的公正与功利二元价值，法官在量刑中，最明智的选择应当是“以最小限度的对犯罪人利益的损害达到防卫社会的目的”。① 这也应是危害金融安全犯罪量刑刑事政策的落脚点。笔者认为，对于危害金融安全的犯罪在确定对被告人适用何种刑罚和刑罚组合时，应理性认识刑罚的威慑性，充分考虑各种刑罚的弊端及相互间的可替代性原则，并顾及到今后刑罚执行的效果。

(1) 尽可能地限制适用死刑。由于对死刑的种种弊病学界已有较多分析，在此笔者不再赘述。就危害金融安全犯罪而言，刑法规定适用死刑的条件主要有数额特别巨大、数额特别巨大而且给国家和人民利益造成特别严重损失的、犯罪集团首要分子、有其他特别严重情节这几项，审判人员在思维习惯上是审查被告人具不具备这些条件，如果具备，则可判死刑，如不具备，就不能判死刑，这确实无可厚非。然而司法解释中可以适用死刑的数额起点并不算高，如伪造货币罪，根据最高人民法院《关于审理伪造货币等案

---

① 聂颖．短期自由刑的刑事政策分析［M］//赵秉志．刑事政策专题探讨．北京：中国人民公安大学出版社，2005.

件具体应用法律若干问题的解释》，伪造货币的总面额在三万元以上的即属于“伪造货币数额特别巨大”，而现实中涉案数额动辄上千万、上亿元，可见“犯罪数额特别巨大”这道门槛很多犯罪人轻易就可以跨过。特别是在科技发达的今天，一个属于初犯或偶犯的犯罪人如果掌握了高科技技术，就很可能一举突破刑法所规定的数额标准，对此不加辨别地适用死刑可以说是缺乏人道主义、不符合理性的。在立法不易更改的情况下，刑事政策反而有可以灵活变通的余地。笔者认为，对于严重的危害金融安全犯罪，审判人员可以考虑采用这样的刑事政策：除非找不到不判死刑的理由（而不是可以找到判死刑的理由），或者是有比立法本身规定更严重的判处死刑的理由，否则就应该坚决不判死刑。对于前者，在我国立法中不判死刑的理由（即可以或应该从轻、减轻、免除处罚的直接理由）比较少，主要有如自首、立功、未成年人、部分残疾人、孕妇等，另外则是一些特定理由，如从犯、胁从犯、犯罪预备、犯罪未遂、犯罪中止、正当防卫、紧急避险等，此外还规定最高人民法院可以核准特殊情况下的减轻处罚，因此我们应该用刑事政策来确立更多的可以不判死刑的合法理由，例如认罪、初犯等；对于后者，应该运用刑事政策，对于同时符合两条或两条以上可以判处死刑的条件的，才适用极刑，如除了数额特别巨大外还必须同时有其他严重情节，除了是犯罪集团首要分子外还必须是累犯，等等，否则一般情形下不应该首先选择死刑的适用。

（2）谨慎适用无期徒刑。自由刑的最大合理性在于它能够遏制再犯。有观点分析，就特别预防而言，无期徒刑的效力十分明显，如果犯罪人不具有减刑、假释资格，无期徒刑基本上能够彻底剥夺犯罪人的再犯能力，如果犯罪人能够被减刑、假释，那么它也能够在较长的时间里剥夺犯罪人的再犯能力。① 从刑罚效益上看，无期徒刑剥夺犯罪人的终身自由，每对一个罪犯判处无期徒刑，都

① 王媛．无期徒刑的刑事政策分析［M］//赵秉志．刑事政策专题探讨．北京：中国人民公安大学出版社，2005.

意味着以后将需要耗费大量资源，如保障吃穿住、身体健康等基本生活条件的开支、配置监所和看管人员的开支。即使是罪犯终身无偿劳动改造，也只能创造有限的经济效益，而且我们还应该反推，如果罪犯不被终身监禁所可能为社会创造的财富可能会更多。从这方面看，无期徒刑的效益实际上是很不经济的。危害金融安全犯罪中很多是高智商的白领犯罪，需要特定的经济、社会环境才能实施犯罪，把他们同社会隔离开来，与金融环境隔离开来，很多犯罪人就丧失了继续犯罪的机会和能力。另一方面，这些犯罪人知识层次高，头脑灵活，智力胜于体力，通过强迫劳动来改造好他们的思想实非轻而易举。因而，笔者认为，对法定最高刑为无期徒刑的危害金融安全犯罪，应持谨慎态度，除非特别必要，一般不应定无期徒刑，而对于法定最高刑为死刑的罪名，则可以将其作为死刑的替代手段积极地加以运用。

（3）合理适用有期徒刑。在一定时期内限制人身自由的刑罚在各国刑法中都运用得非常广泛，它通过隔离改造方式，对具有人身危险性和再犯可能性的罪犯进行惩罚及剥夺其再犯能力，并利用刑罚的严肃性对潜在犯罪人起到一定的威慑作用。在我国现有的一些危害金融安全犯罪量刑中，有期徒刑的起刑点和刑罚档次都较严，需要合理地加以运用。即对于数额、情节、损失都严重危害金融安全的犯罪，才考虑适用10年以上有期徒刑，对于只具备上述一项或两项的，则应结合犯罪动机、被告人的身份、金融业内对此的反映、案件的社会影响等因素，综合考虑所判刑期的长短。对于危害金融安全犯罪的短期自由刑的适用问题，笔者认为，除了坚持罪责刑相适应原则外，在刑事政策上还应注意以下两方面：第一，扩大缓刑的适用。我国刑法规定，对于被判处拘役、三年以下有期徒刑的犯罪人，根据其犯罪情节和悔罪表现，暂缓执行刑罚确实不致再危害社会的，可以适用缓刑。现在，不少地方的法院对扩大缓刑的适用范围形成了越来越多的共识，如北京市高级人民法院院长秦正安在2006年2月9日召开的全市法院院长会上表示，今年全市法院在严惩严重刑事犯罪的同时，将适当扩大缓刑适用范围，并适时出台适用缓刑范围的指导性意见。① 但危害金融安全犯罪在适用缓刑方面还存在以下障碍：一是现行刑法对金融诈骗罪最低的量刑档次是五年以下有期徒刑或拘役，如果审判人员从严量刑，这些罪名就没有适用缓刑的可能；另一个比较明显的障碍就是缓刑的适用遇到人为操作上的障碍，如佛山的一些基层法院规定判缓刑案件一定要经过审判委员会讨论通过。② 笔者认为，对危害金融安全犯罪适用缓刑是比较可取的，作为刑事政策应该充分发挥缓刑之长处，对危害金融安全犯罪中符合该量刑档次，又有自首、坦白、协助有关机关积极挽回损失行为等悔罪情节的，应该优先考虑判处最高刑为 3 年有期徒刑的刑罚，以便可以适用缓刑。第二，积极探索短期自由刑的替代处分方法。短期自由刑的弊端已遭人们非议多时，诸如对罪犯的威慑力不大、改造效果有限、极易交叉感染，等等。针对短期自由刑的这些弊端，刑事政策应该为立法提供多种可供选择的替代方案，如考虑建立短期自由刑易科制度，完善财产刑、资格刑，实施社区矫正制度，等等，作为备用的选择。《澳门刑法典》第 64 条规定，"如对犯罪可选剥夺自由之刑罚或非剥夺自由之刑罚，则只要非剥夺自由之刑罚可适当及足以实现处罚之目的，法院须选非剥夺自由之刑罚"，就是很好的范本。

（4）突出罚金刑的适用。现代意义上的罚金刑首先是为了避免自由刑，特别是短期自由刑的弊端而发展起来的，其刑事政策意义在于通过剥夺犯罪人的金钱而使其产生痛苦，以财产上的损失唤起受刑人的规范意识，以防止其再犯，同时起到威慑一般人的作用。③ 对于罚金刑，我国目前立法虽然大规模扩大了它的适用范

---

① 适当扩大缓刑适用范围,北京将出台指导性意见[EB/OL].[2006-2-11].新华网,http://news.xinhuanet.com/mrdx/2006-02/11/content_4164895.htm.

② 万选才，李海荣．不断更新缓刑观念 依法扩大适用范围——关于广东省佛山市缓刑适用少问题的调研［J］．人民司法，2003（12）．

③ 陈兴良．本体刑法学［M］．上海：商务印书馆，2001：700.

围，但将罚金刑定位于附加刑，在适用中基本上以并科为主。笔者认为，对于较轻微的危害金融安全犯罪，可以考虑单处罚金刑，突出它的经济惩罚性。在国外立法中，如果被告人自愿并且有能力支付罚金，法院可以决定减短被告人的刑期。我国在历史上也有赎刑的规定，但一直被片面理解为富人可以倚仗财势逃避刑罚进而受到批判。笔者以为，罚金刑对部分图利性强的危害金融安全犯罪的效果是比较直接的，我国可以进一步细致罚金刑的计算标准，增加一些罚金刑的适用情形，提高单处罚金刑的适用频率。

（5）增加资格刑种类。资格刑和自由刑、财产刑一样，也在一定程度上具有遏制和惩罚犯罪的独特效用。资格刑的用意在于通过剥夺犯罪人从事某些行为的资格、资质，对其部分权利进行限制，并对其声誉加以贬斥，达到对犯罪的特殊预防作用，同时也能产生一般预防作用。在惩治危害金融安全犯罪的过程中，剥夺或限制犯罪人从事金融活动的资格和能力是非常有效的措施。我国在经济立法中就有诸如剥夺证券从业资格、禁止担任金融机构负责人等资格限制，但在刑事立法中尚没有相关的规定，因而可以考虑在刑事政策中将其中的合理性成分加以吸收，将其转化刑事司法中的一些制度、措施，如规定剥夺个人的金融从业资格，禁止被判有罪的法人参与金融活动等。

（三）危害金融安全犯罪刑罚执行阶段的刑事政策

刑罚执行阶段的政策又称为行刑政策，指国家通过对犯罪人执行刑罚从而对其进行矫治的策略。我国在这方面的刑事政策主要是“惩罚与教育相结合”、“认罪服法，认真改造”、“自食其力、革除恶习，重新做人”、“积极改造，争取立功”，等等，较为抽象。我们应该结合当代刑罚执行制度的发展方向，探讨危害金融安全犯罪的行刑政策。

1. 以行刑社会化作为刑罚执行政策的方向之一

在传统社会里，除了剥夺犯罪人生命的极刑外，最普遍刑罚执行就是将审讫的犯罪人收监执行，使之与社会隔离，这是一种封闭型的执行模式。随着社会的进步，人们逐步认识到用暴力来“矫正”暴力并不是一种好办法，行刑社会化的理念逐渐崛起，相对开放的行刑政策越来越受到各国的重视。“行刑社会化是刑罚执行原则之一，是指刑罚执行过程中依靠社会力量对受刑人进行帮教，使之易于回归社会。社会化原则包括两方面的内容：一是调动社会的积极因素影响社会，让社会参与对犯罪人的改造；二是培养受刑人再社会化能力，使之能适应正常的社会生活。”① 行刑社会化具有开放性，不仅在行刑地点上不同于传统的封闭式的监禁，而且在执行人员的参与上增加了各种社会力量进行心理疏导、亲情感化、行为矫正、物质帮助等综合性援助，使得犯罪人在不脱离社会的前提下悔过自新进行改造。它是一种面向社会、依靠社会、服务社会的行刑模式。关于行刑社会化政策的开展具体表现在各国均制定并大量适用社区刑罚，使罪犯在社会上接受矫正，最大限度地减少监禁刑的适用。其主要形式包括社区矫正、开放式处遇、社会帮教等。其中社区矫正包括缓刑、假释和社区服务等；开放式处遇可分外出制、归假制和周末解禁制；社会帮教可以一对一帮教，又可以帮教小组集体帮教，形式具有多样性。如在美国，监禁刑的主要替代形式多达 10 种：缓刑、假释、强化的监督项目、家中监禁（软禁）、电子监控、中途训练所、连续的报告中心、罚款、赔偿、社区服务。② 2003 年 7 月，我国最高人民法院、最高人民检察院、公安部、司法部发布的《关于开展社区矫正试点工作的通知》，提出了在我国构建社区矫正制度的思路、任务和工作方法，标志着行刑社会化正式在我国司法制度中有了一席之地，其适用对象是被判处管制、缓刑、被暂予监外执行、被裁定假释、被剥夺政治权利并在社会上服刑的五类犯罪人。这一《通知》的出台，标志着我国行刑制度向行刑社会化迈出了重要的一步。社区矫正是与监禁矫正

① 高铭暄，马克昌．刑法学［M］．北京：北京大学出版社，2000：310.

② 刘强．美国刑事执行的理论与实践［M］．北京：法律出版社，2000：205-242.

相对的行刑方式，是指将符合社区矫正条件的罪犯置于社区内，由专门的国家机关在相关社会团体和民间组织以及社会志愿者的协助下，在判决、裁定或决定确定的期限内，矫正其犯罪心理和行为恶习，并促进其顺利回归社会的非监禁刑罚执行活动。社区矫正是贯彻行刑社会化理念的一项重要举措，既具备应有的矫正效果，又能很好地实现使罪犯复归社会的目标。正如蔡墩铭教授认为："社会性可谓人生活于社会上应有之人格属性……监狱只有一方面设法除去人犯之反社会性，另一方面重视人犯之社会教育与训练，方可使出狱之人犯获得社会性，真正适应社会，不再为非作歹。"① 社区矫正的任务包括"在犯人和社区之间建立或重新建立牢固的联系，使罪犯归入或重归社会生活中去，恢复家庭关系，获得职业的教育。就广泛的意义而言，即在于为犯人在社会正常生活中获得一席之地提供帮助。这不仅要求必须努力改变每一名罪犯——这一点曾经是复归模式的惟一目标，而且这需要发动和改造社会及其各类机构"。②

因此，我们应该以社区矫正试点工作的开展为契机，继续以行刑社会化作为刑罚执行政策的方向之一，实行监禁刑和行刑社会化双轨制的行刑模式。严格的行刑政策与宽松的行刑政策事实上是并行不悖的。在危害金融安全犯罪方面，重刑犯数量不少，对其中改造难度大、再犯可能性高的犯罪人以及累犯应坚持实施监禁，并严格限制假释。对部分认罪态度好，积极进行改造，思想转变彻底的罪犯，则可以视情况减轻刑罚、改变行刑方式、实行假释，而不必拘泥于其过去犯罪的危害性有多大，造成的损失有多重。③ 由于大

---

① 蔡墩铭．矫治心理学［M］．台北：正中书局，1988：648.

② （美）克莱门斯·巴特勒斯．矫正导论［M］．孙晓雳，译．北京：中国人民公安大学出版社，1991：22.

③ 如英国人里森因违法从事期货交易造成13亿美元的损失，并导致老牌银行巴林银行破产，被判入狱7年，但因其在狱中表现良好，入狱3年半后即被提前释放。

部分危害金融安全的犯罪人人身危险性并不大，而且事实上也没有充分的证据证明监禁改造的效果要远高于其他的改造措施，反而监禁改造的成本及负效应都比较明显，笔者认为，可以以行刑社会化作为此类犯罪刑罚执行的方向之一。

2. 坚持惩治犯罪和保护金融、经济相结合的行刑政策

对犯罪人行刑除了达到实现犯罪特殊预防和一般预防的目的之外，还要尽量恢复正常的社会关系，以往的刑事政策过于重视前者而忽视了后者。危害金融安全犯罪除了造成金融秩序、金融安全的破坏外，也往往造成不同程度的公私财产损失，这种损失既包括有形的货币财富，也包括无形财富如信用、商誉等，被害人既包括国家，也包括一些机构和个人。因此，关于危害金融安全犯罪的行刑政策要充分考虑到这一点，通过有关的措施来加以补救。具体而言，刑事政策应该确认和支持对罪犯所利用的工具和非法所得进行全面的追缴，对犯罪的赃款流向进行彻底追查，使被害人尽可能地得到有效的赔偿及补偿。在我国现行法律的规定中，对犯罪工具和非法所得的追缴由公安、检察机关负责，被害人提起的附带民事赔偿诉讼由法院执行，但是执行效果都存在一定的问题，如没有具体的规定可循，被害人往往得不到很好的补偿，这方面的刑事政策还需要加强。

（四）打击危害金融安全犯罪的国际刑事司法合作政策

随着金融的国际化和全球化，金融方面的国际合作交流日益增多，这当中也包括了在规制、惩治危害金融安全犯罪方面的国际合作。纵观全世界金融领域，除了传统型的跨国金融犯罪外，与金融有密切关联的恐怖主义犯罪、毒品犯罪、洗钱犯罪也很猖獗。随着我国金融对外开放性的增强，一方面国内金融领域的涉外刑事案件增加，另一方面，我国金融领域也被境外犯罪分子觊觎和利用来实施犯罪。因而，金融安全领域开展国际刑事司法合作是非常有必要的，也迫切需要在此方面尽快确立相应的刑事政策加以应对。初步来看，我国在这方面的刑事政策应该考虑以下几个方面：一是积极加入和批准关于国际刑事司法合作的有关国际性和区域性公约、协

定，并倡导和积极参与新的国际条约的制定；二是吸收国际公约和外国在打击危害金融安全犯罪方面的有益规定和做法，完善相关领域的国内立法；三是积极开展与各国司法当局、国际刑警组织等的实质性的国际刑事司法合作，包括情报交换、证据收集、涉案财产的冻结和归还、逃犯移交等；四是在国际司法合作中坚持我国的立场，维护我国的国家利益，如充分适用我国刑法规定的刑事管辖权，加快和有关国家签订引渡协定等。

在以上刑事司法方面的刑事政策中，有两点原则务必贯穿始终。一是合法原则。以往我国在刑事政策方面超越法律的事例并不鲜见，这种过限的刑事政策导致审判标准不一，引发轻罪重判、同罪异罚等司法不公甚至冤假错案，目前这方面的问题也没有得到彻底改正。笔者认为除了在理念上确立刑事政策必须回归法治轨道外，还要在司法实践中自觉克服此种倾向。二是人权原则，关注和改善犯罪人处遇是中外学界共同关注的热门话题，近年来更提出刑事司法中被害人的人权也应当得到充分的保障。① 在制定和运用危害金融安全犯罪的刑事司法政策时也应当积极贯彻这一原则，任何忽视和否定人权保障的刑事政策都是违反刑事司法价值的。

① 被害人应享有完整的诉权，得到尊重和保护，避免再次被害的权利；充分的知情权、全面的参与权、获得充足赔偿权，包括物质赔偿和精神损害赔偿、从国家和社会得到各种帮助与救助权、享受国家补偿权。兰耀军．论检察权与被害人人权保障［J］．国家检察官学院学报，2004（2）．

第四章　金融安全的刑事立法研究

第一节　中外金融安全刑事立法比较

一、国内外金融安全刑事立法概况

(一) 国外金融安全刑事立法的规定与特点

1. 大陆法系国家的立法例及处罚原则

德国刑法典的金融安全立法散见于分则第八章“伪造货币和有价证券”、第二十一章“包庇和窝赃”以及第二十二章“诈骗和背信”。“伪造货币和有价证券”一章中规定了伪造货币罪、使用伪币罪、伪造有价票证罪、预备伪造货币和有价票证罪、伪造支付证卡和欧洲支票的票样罪，在处罚原则上主要是自由刑或罚金刑择一适用，可能判处的最高刑罚为15年自由刑，主要是针对伪造货币罪以及伪造支付证卡和欧洲支票的票样罪，行为人以此作为职业或者作为为继续实施该罪而组成的犯罪集团成员犯此罪的，处2年以上自由刑。①“包庇和窝赃”一章中主要涉及洗钱和隐瞒非法获得的财产价值罪，对于因违法行为所得之物品加以隐藏、掩蔽其来源，或对调查其来源、探寻、追缴、没收或查封此等物品加以阻挠或危害的，处3个月以上5年以下自由刑。这里所谓的“违法行为”涵盖面甚广，包括所有重罪以及行贿、索贿、人身交易、介

① 参见德国刑法典第146条第2款和第152条第2款．根据德国刑法典第38条的规定，有期自由刑最高为15年。

绍娼妓、侵占、敲诈勒索等多种轻罪。对于职业性的洗钱行为，或者专门从事洗钱活动的犯罪集团成员的洗钱行为属于“情节特别严重”，处6个月以上10年以下自由刑，如果行为人出于过失而触犯了洗钱犯罪的，处以2年以下自由刑或罚金刑。“诈骗和背信”一章中，规定了诈骗罪、投资诈骗罪、保险的滥用罪、信贷诈骗罪、滥用支票与信用卡罪，诈骗罪一般情况下是处5年以下自由刑或罚金刑，情节特别严重的处6个月以上10年以下自由刑，其他犯罪均是判处3年以下自由刑或罚金刑。除了刑法典以外，德国还大量采用附属刑法的方式规定相关犯罪，如在德国保险业监管法中，就保险诈骗方面大致规定了虚假说明罪、保险审查人犯罪、违反保密义务罪、虚假说明保险准备金和保险股份罪、非法经营保险业务罪、不报告保险企业破产罪、不正确表述罪等，在《有价证券交易法》、《有价证券保管法》、《交易所法》等金融法中也规定了内幕交易行为、侵占交付保管的有价证券的行为、对所有权不实陈述的行为、在停止支付或破产程序中的犯罪行为、以欺诈行为操纵证券交易价格的行为、以欺诈手段对交易所牌价或者市场价施加影响、为获暴利而诱使进行证券投资交易等大量金融犯罪及其处罚。

日本刑法典在“对公共信用的犯罪”一章中规定了伪造货币的犯罪和伪造有价证券的犯罪，前者具体包括伪造货币罪、使用伪造的货币罪、伪造外国货币罪、使用伪造的外国货币罪、获得伪造的货币罪、获得伪造货币后知情使用交付罪、准备伪造货币罪；后者包括伪造有价证券罪、在有价证券中做虚假记载罪、使用伪造有价证券罪等，其中以行使为目的，伪造或变造通用的货币、纸币或银行券的，处无期徒刑或3年以上有期徒刑。对于使用或出于使用目的而交付、走私伪造、变造的货币、纸币或者银行券的，处无期徒刑或3年以上有期徒刑，取得货币、纸币或银行券后，明知是伪造或者变造之物，而使用或者出于使用目的而交付他人的，处该假货币面值3倍以下的罚金或罚款，但不得少于2000元。其他货币犯罪基本是处以有期徒刑。伪造有价证券的犯罪的处罚原则均是3

个月以上10年以下有期徒刑。在该章“伪造文书的犯罪”中针对信用卡等犯罪还规定了非法制作电磁记录罪和提供非法制作的电磁记录罪，处5年以下有期徒刑或50万日元以下罚金，一旦涉及与应当由公务机关或公务员所制作的电磁记录有关的时候，则将处罚加重一倍。日本于1991年颁布了《反洗钱法》，该法第9条和第10条分别规定了隐瞒贩毒非法收益罪和接受毒贩非法收益罪，构成隐瞒贩毒非法收益罪的，处5年以下有期徒刑，并处或单处300万日元以下罚金，法人犯本罪的，单处罚金；构成接受毒贩非法收益罪的，处3年以下有期徒刑或者100万日元罚金，法人犯本罪的，单处罚金。证券犯罪则分布在《证券交易法》、《抵押证券管理法》、《金融期货交易法》、《商品交易所法》等金融法之中，如违反信息披露的义务、操纵行情、内幕交易、损失补偿等犯罪行为，前三种犯罪的处罚都是3年以下有期徒刑，并处或单处300万日元以下罚金，损失补偿的犯罪行为则处1年以下有期徒刑，并处或单处100万日元以下罚金。有关期货犯罪大多规定在《商品交易所法》里，其种类主要有：欺诈交易、非法开设商品交易所、操纵市场、虚假交易、非法从事期货交易、对作交易、挪用保证金、虚假记载、误导交易、私下对冲、违规结算等犯罪，判处的刑罚为有期徒刑和罚金，或者单处罚金，其中有期徒刑最高刑为3年，罚金刑最高刑为300万日元。①

1994年3月生效的《法国刑法典》在第二卷第二编的“伤害人之身体或精神罪”一章之毒品走私犯罪里的第222—38条中，规定了清洗贩毒赃钱的犯罪，规定“无论采取何种欺诈手段，为第222—34条至第222—37条所指之罪的犯罪人的收入或财产来源作虚假证明提供方便条件，或者，知情而故意为投放、隐藏或兑换此种犯罪所得之任何活动给予协助的，处10年监禁并科100万法郎罚金”。在“侵犯人之尊严罪”一章之“淫媒谋利罪及类似犯罪”

---

① 顾肖荣，倪瑞平．金融犯罪惩治规制国际化研究［M］．北京：法律出版社，2005：156.

里的第225—226条中，规定为淫媒谋利者证明其虚假收入来源提供方便的，视为实施了淫媒谋利罪，处5年监禁并科100万法郎罚金。第四卷第四编“妨害公众信任罪”中专章规定了货币犯罪，如伪造、变造货币罪，运送、投入流通、持有假币罪，伪造、变造已不再具法定价值的货币罪，持有或使用专用于制造货币的材料与工具罪，制造、出售、发行与假币相似的物品、印刷品、样票罪，等等，在刑罚方面规定了绝对确定的法定刑，对于伪造、变造货币的行为判处30年徒刑并科300万法郎罚金，对于其他犯罪行为分别可以判处1年、5年、10年监禁并科相当的罚金，对于自然人犯罪的还可以适用资格刑，如禁止公权、民事权、亲权，禁止担任公职、从事职业性或社会性活动等。对于法人犯罪的，可判处罚金、解散法人、禁止直接或间接从事一种或几种职业性或社会性活动、没收财物，等等。在“伪造公共机关发行的证券或其他有价信用证券罪”一章中，规定了对于伪造、变造国库发行的证券及其印花、标记，以及伪造、变造外国国家发行的票证及其印花、标记，使用或运送伪造的此种证券的行为，处7年监禁并科70万法郎罚金。在其他非刑事法律中也有相关犯罪的规定，如1935年《支票法统一令》第64条规定了签发空头支票罪，规定事前无资金额签发支票的，应处以支票金额6%并且不低于100法郎的罚金；资金不足的，就差额部分处以罚金。在《社会保险法》中就保险诈骗问题作出规定，该法第337—1条和第337—3条规定：任何人为获得或使人获得，或企图使人获得不应获得的补助金或赔偿金，犯有欺诈行为或进行虚假申报的，处360法郎至20000法郎的罚金，并不影响根据其他法律处以其他刑罚。《商事公司法》、《法国关于设立交易所业务委员会和有关向有价证券持有人提供信息及一些交易所业务的广告的法令》等法律规定了证券犯罪，如有价证券的广告有缺陷的、决定并发行无表决权优先分息股超过1/4的、内幕交易、任何妨碍调查员的职责行为的、恶意散布流言的或企图非法妨碍市场的，等等。《期货交易法》第16条规定对于违反该法第11、12、13、14乙条规定的行为，以诈骗罪处理。

2. 英美法系国家的立法例及处罚原则

在英国，伪造货币罪属于危害国家安全的犯罪，1936 年《伪造硬币罪法》规定伪造金币和银币者，处终身监禁；伪造铜币者，处 7 年监禁。变造货币行为则是作为独立罪名予以规定。另外还规定了持有、使用伪造货币罪，对于非法持有明知是从锉、切、熔等过程中得到的锉屑、切屑、屑粒、金块或熔解的金银等，处 7 年监禁；明知是假的或伪造的硬币，而加以使用的，可通过起诉处 1 年监禁，或者通过简易审判判决 6 个月监禁和 400 英镑罚金。1936 年《伪造硬币罪法》规定：任何人没有合法授权或理由，而购买、出售、接受、支付任何类似流通硬币的价值低于真币的金币或银币，处终身监禁；与铜币有关的类似行为处 7 年监禁。任何人没有合法授权或理由，明知是假的或伪造的金币、银币，从海外进口或接受到联合王国，或是将假的、伪造的硬币出口，处 14 年监禁，或者通过简易审决处 6 个月监禁和罚金 400 英镑。英国并没有专门的票据犯罪、保险诈骗、贷款诈骗等犯罪的立法，而主要由 1968 年、1978 年《窃盗法》予以规制，该法规定了窃盗罪和多种诈骗犯罪，如骗取财产罪、骗取金钱利益罪、骗致有价产权书行使罪等，可以适用于信用卡诈骗等相关金融诈骗犯罪行为和票据犯罪行为，虽然《窃盗法》的规定并没有明确涉及票据犯罪的内容，但实际上不仅票据犯罪是依此法处理，而且大量的重要判例正是与票据犯罪有关的。① 另外，《1981 年惩治伪造假冒行为法》规定了伪造罪、复制假文件罪、使用假文件罪及其复制品、持有假文件罪等犯罪，其所称之文件包括汇票、股权证书、支票、旅行支票、信用卡等，在处罚上，即时判决的，可判处 6 个月以下有期徒刑或者第四等级的罚金；正式审判的，可判处 10 年以下有期徒刑或者罚金。对持有犯罪中的若干情况判决更轻。英国 1944 年《投资业务管理法》、1973 年《公正交易法》、《限制性交易实践法》、1984 年《股

① 赵秉志，杨诚．金融犯罪比较研究 [M]．北京：法律出版社，2004：99.

票交易所上市管理法》、1985 年《公司法》、1986 年《金融服务法》等金融法律，同样附随规定了相关危害金融安全犯罪及其处罚。在证券犯罪方面规定了如未经授权的证券投资、误导性陈述或行为、投资广告的经营主体不适格、违反上市说明书的登记规定、与上市申请有关的广告未经提交审核、招募说明书公布以前发行证券、拒绝与调查机关进行合作的、擅自披露信息（包括向海外披露）、妨碍治安法官的进入权、内幕交易等犯罪行为，如果是通过简易程序判决的，一般是单处或并处 6 个月或 3 个月以下监禁或不超过法定最高额的罚金，如果是通过公诉程序判决的，除了误导性陈述或行为与内幕交易可以单处或并处 7 年以下监禁或罚金外，其他犯罪一般是单处或并处 2 年以下监禁或罚金。英国关于洗钱犯罪的刑事立法有：《1986 年毒品贩运犯罪法》、《1998 年刑事司法法》、《1989 年防止恐怖主义（暂行规定）法》、《1990 年刑事司法（国际合作）法》等，概括起来主要涉及的洗钱犯罪有五种：帮助他人保持犯罪利益罪；获得、占有或使用犯罪收益罪；隐瞒或者转移犯罪收益罪；不披露洗钱行为罪；泄密罪。对于构成前三种犯罪的，在简易审时，可处以 6 个月以下监禁刑或者 2000 英镑以下罚金，在起诉审时，可处以 14 年以下监禁，并处或者单处罚金；对于构成后两种犯罪的，在简易审时，处以 6 个月以下监禁或者罚金，在起诉审时，可处以 5 年以下监禁，并处或者单处罚金。

在美国，伪造货币罪是一项联邦级罪行，被认为侵犯了联邦政府发行通用货币的垄断权。美国《模范刑法典》中的伪造罪包括了货币、证券、空头支票、印花税票或者由政府发行的其他文书，或者股票、债券或者作为对财产或者企业表示有份额或者请求权的其他文书，等等，并根据伪造对象的不同定为二级重罪、三级重罪或者轻罪。另外还规定了破产金融机构吸收存款罪、滥用受托财产和政府、金融机构的财产罪等，属于轻罪或微罪。美国刑法在侵犯财产罪中，关于诈骗罪的规定就包括了使用假支票来骗取财产的行为，以及滥用信用卡（即使用偷来的信用卡或假信用卡或者作废的信用卡来骗取物品或服务）的行为。① 证券犯罪主要规定在《证券法》和《证券交易法》中，包括普通证券诈骗罪、出售未注册证券罪、注册登记中作虚假说明罪、不正当使用出版物推销证券罪、违反股票利润限额罪、操纵股市罪、向证券交易委员会提交的文件中作虚假说明罪，这些犯罪法定最高刑均为5年监禁或（和）1万美元罚金，对于内部情报交易罪，自然人犯罪的可判处10年以下监禁，并处100万美元以下罚金，法人犯罪的则可判处150万美元罚金，对于有关人员可同时处以100万美元以下罚金或3倍于其受益的罚款。② 在期货犯罪方面，美国主要是依据《期货交易法》和《期货交易管理规则》作出规定，其中重罪有操纵市场、内幕交易、挪用保证金、虚假陈述、误导交易、场外交易等犯罪，轻罪有欺诈客户、过度投机、从事冲洗交易、交叉交易、配合交易等犯罪。一般重罪的处罚为5年以下监禁或100万美元以下的罚款（个人违法者为50万美元以下的罚款），或二者并处，附加审案费。对内部交易的犯罪则处5年以下有期徒刑或50万美元以下的罚款，或者二者并处，附加审案费。对于犯轻罪的可处以1年以下监禁或50万美元以下的罚款，或二者并处，附加审案费。而且构成期货犯罪的法人或个人，在2—5年内或期货监管机构规定的更长时间内将被终止注册登记或被拒绝注册登记或拒绝予以重新登记，还可以在5年内被禁止以任何方式利用或参与期货监管机构控制的市场。③ 在保险诈骗方面，有纵火保险诈骗罪、车辆保险诈骗罪、生命保险诈骗罪，为进行保险诈骗而进行虚假陈述，若涉及联邦基金资助或补贴的保险事业，则构成一般虚假陈述罪。《美国联

---

① 储槐植．美国刑法．第三版［M］．北京：北京大学出版社，2005：185.

② 储槐植．美国刑法．第三版［M］．北京：北京大学出版社，2005：228，229.

③ 顾肖荣，倪瑞平．金融犯罪惩治规制国际化研究［M］．北京：法律出版社，2005：155，156.

邦法典》第18篇还规定了银行虚设账目罪，对于银行高级职员或雇员，在国家银行或联邦提供保险的银行中，故意在账册、报告或说明中设置虚假账目，意图损害或诈骗的，构成重罪，处100万美元罚金或30年监禁，或并处两罚。同时还有虚假贷款申请罪，只要行为人向银行提交了虚假贷款申请就构成犯罪既遂，处100万美元罚金或30年监禁，或并处两罚。① 在洗钱犯罪方面，《美国联邦法典》第18篇第1956、1957节共规定了四种洗钱犯罪，具体包括“非法金融交易罪”、“非法金融转移罪”、“推定洗钱罪”和“以非法所得进行金融交易罪”，构成前三种犯罪的，处50万美元以下罚金或者两倍于该交易所涉及的货币票据或资金价值的罚金，或处以20年以下的监禁，或者两刑并罚；构成以非法所得进行金融交易罪的，处50万美元以下罚金或者10年以下监禁，或者两刑并罚；或者处以不超过两倍于该交易所涉及的非法所得财产的罚金。

3. 国外金融安全刑事立法的特点

国外金融安全刑事立法的特点可以简单概括为：（1）危害金融安全犯罪的规定比较分散，部分犯罪规定在刑法典中，还有大量危害金融安全犯罪规定在附属刑法和单行刑法中。（2）罪名相当细致，涵盖了大量危害金融安全的具体行为方式。（3）刑罚比较轻缓。对于危害金融安全的犯罪没有规定死刑，无期徒刑的适用也比较少，大量采用较轻的有期徒刑或自由刑，并处或单处罚金刑、资格刑。（4）注意运用资格刑和财产刑惩治犯罪。在危害金融安全的犯罪中，大量适用罚金刑，同时有目的性地采用资格刑，限制犯罪人从事某种特定职业的资格。

（二）我国金融安全刑事立法的规定与特点

我国金融安全刑事立法内容集中在现行刑法典当中，主要包括刑法分则第三章“破坏社会主义市场经济秩序罪”中第四节“破坏金融管理秩序罪”和第五节“金融诈骗罪”，以及刑法分则第三

① 储槐植．美国刑法．第三版［M］．北京：北京大学出版社，2005：226，227.

章中走私假币罪、走私贵重金属罪、欺诈发行股票、债券罪、提供虚假财会报告罪等，加上刑法修正案中对危害金融安全犯罪的修改与完善，从狭义上看，现行危害金融安全犯罪的罪名共40个，包括危害货币管理秩序的犯罪、危害金融机构管理秩序的犯罪、危害信贷管理秩序的犯罪、危害证券、期货管理秩序的犯罪、危害金融票证管理秩序的犯罪、危害外汇管理秩序的犯罪、危害保险管理秩序的犯罪等，当前刑法对危害金融安全犯罪的具体编排状况是：刑法分则第三章“破坏社会主义市场经济秩序罪”中，第二节“走私罪”有：(1) 走私假币罪，(2) 走私贵重金属罪；第三节“妨害对公司、企业的管理秩序罪”有：(1) 欺诈发行股票、债券罪，(2) 提供虚假财会报告罪，(3) 进行不正当关联交易罪；第四节“破坏金融管理秩序罪”有：(1) 伪造货币罪，(2) 出售、购买、运输假币罪，(3) 金融工作人员购买假币、以假币换取货币罪，(4) 持有、使用假币罪，(5) 变造货币罪，(6) 擅自设立金融机构罪，(7) 伪造、变造、转让金融机构经营许可证、批准文件罪，(8) 高利转贷罪，(9) 骗取金融机构信用罪，(10) 非法吸收公众存款罪，(11) 伪造、变造金融票证罪，(12) 妨害信用卡管理罪，(13) 伪造、变造国家有价证券罪，(14) 伪造、变造股票、公司、企业债券罪，(15) 擅自发行股票、公司、企业债券罪，(16) 内幕交易、泄露内幕信息罪，(17) 编造并传播证券、期货交易虚假信息罪，(18) 诱骗投资者买卖证券、期货合约罪，(19) 操纵证券、期货交易市场罪，(20) 金融机构擅自运用客户资金、财产罪，(21) 违法发放贷款罪，(22) 账外经营罪，(23) 非法出具金融票证罪，(24) 对违法票据承兑、付款、保证罪，(25) 逃汇罪，(26) 洗钱罪；第五节“金融诈骗罪”有：(1) 集资诈骗罪，(2) 贷款诈骗罪，(3) 票据诈骗罪，(4) 金融凭证诈骗罪，(5) 信用证诈骗罪，(6) 信用卡诈骗罪，(7) 有价证券诈骗罪，(8) 保险诈骗罪；此外，在《关于惩治骗购外汇、逃汇和非法买卖外汇犯罪的决定》中规定了骗购外汇罪。就刑罚方面，可判处死刑的罪名有7个，可以判处无期徒刑的罪名有15个，可以判处10年以上有期徒刑的罪名有15个，基本上都规定了罚金刑的适用，同时对于一些严重犯罪还规定了没收财产刑。

我国危害金融安全犯罪的立法有如下特点：（1）除了“骗购外汇罪”是规定在单行刑法中，其他所有犯罪均规定在刑法典之中。① （2）犯罪种类较多。在刑法典中规定的危害金融安全犯罪包括了货币犯罪、票证犯罪、证券犯罪、期货犯罪、洗钱犯罪、保险欺诈犯罪、外汇犯罪、信贷犯罪等，犯罪种类涉及金融领域的许多方面。（3）刑罚颇为严厉。危害金融安全犯罪适用的刑罚严厉，适用死刑、无期徒刑、十年以上有期徒刑等重刑的犯罪比较多，而且法定刑的起点相对较高，多数犯罪的刑罚起点为5年以下有期徒刑。

二、我国金融安全刑事立法与国外立法的比较

我国危害金融安全犯罪立法规定与国外立法相比，有以下异同：

（一）立法模式上的异同。立法模式指的是一国在立法时所采取的与调整范围相关的立法体系构成形态。从宏观上看，国外金融犯罪的立法模式一般有三种：刑法典、单行刑法、非刑事法律，各国一般是根据自己的立法特点同时兼采上述几种形式。在大陆法系国家，一般都把比较传统的金融犯罪规定于刑法典中，对于那些随着金融的发展变化而产生的金融犯罪，则不规定于刑法典中，而以第二、三种形式立法；英美法系国家则采用第二、三种形式，并以第三种形式为主。如美国规定金融犯罪及其处罚的法律主要是非刑事法律，而不是单行刑法。② 我国危害金融安全犯罪的立法模式从形式上看也兼采了上述三种方法，绝大部分的危害金融安全犯罪纳

① 虽然其他非刑事法律在法律责任的章节中也有对一些危害金融安全行为刑事责任的规定，但在具体定罪量刑时仍然需要以刑法规定为依据。

② 胡启忠．论金融犯罪的立法模式——金融犯罪立法研究（三）[J]．西南民族学院学报：哲学社会科学版，2002（5）．

入到了刑法典当中，由刑法典统一规制，成为危害金融安全犯罪的主要立法方式。全国人大常委会于 1998 年制定的《关于惩治骗购外汇、逃汇和非法买卖外汇犯罪的决定》则是当前唯一一部单行刑法。在非刑事法律方面，近年来金融法律大幅度的增加，在《证券法》、《期货交易管理暂行条例》、《保险法》、《中国人民银行法》、《商业银行法》、《银行业监督管理法》及一些行政法规中，增加了不少关于危害金融安全犯罪的规定，构成所谓的“附属金融刑事条款”。

（二）在刑法典章节体系安排上的异同。我国刑法将危害金融安全犯罪都规定在“破坏社会主义市场经济秩序罪”一章中，其中绝大多数又都放在“破坏金融管理秩序罪”和“金融诈骗罪”两节下。德国刑法典将危害金融安全的犯罪分散安排在第八章“伪造货币和有价证券”、第二十一章“包庇和窝赃”以及第二十二章“诈骗和背信”中；日本刑法典则将此类犯罪安排在第五章“对财产的犯罪”、第七章“对公共信用的犯罪”中；法国刑法典将这些犯罪分别安排在第二卷第二编第二章“伤害人之身体或精神罪”的第四节“毒品走私罪”、第五章“侵犯人之尊严罪”的第二节“淫媒谋利罪及类似犯罪”、第四卷第四编“妨害公众信任罪”中。

（三）罪名设置上的差异。我国与外国刑事法律在具体罪名设置上存在不同，这里仅以其中几类犯罪为例予以说明。如我国的货币犯罪罪名包括：伪造货币罪，出售、购买、运输假币罪，金融工作人员购买假币、以假币换取货币罪，持有、使用假币罪，变造货币罪，走私假币罪，其中伪造、变造货币罪和持有、使用假币罪是中外立法所共有的罪名，而国外立法一般还有取得假币罪、伪造货币预备罪、减损通用货币分量罪、行使减损分量之通用货币罪、收集或交付减损分量之通用货币罪、私运伪造硬币的工具出厂罪等，而金融工作人员购买假币、以假币换取货币罪则为我国刑法所独有；又如我国票证犯罪的罪名包括伪造、变造金融票证罪，非法出具金融票证罪，对违法票据承兑、付款、保证罪，票据诈骗罪，金融凭证诈骗罪、信用证诈骗罪、妨害信用卡管理罪、信用卡诈骗罪等，而法国、日本对票据犯罪并无直接的专条规定，而是按刑法中原有的罪名如伪造文书罪、伪造有价证券罪、普通诈骗罪等犯罪处理，德国则规定了伪造、预备伪造有价票证、有价证券、支付证卡等犯罪行为，英、美两国对票证犯罪均无专门立法，主要采用伪造罪、诈骗罪等相关犯罪来处理票证犯罪问题。相比之下，我国的票据犯罪中的伪造、变造金融票证罪，票据诈骗罪，金融凭证诈骗罪均可以在国外刑法典中找到相对应的罪名，而对于取得伪造、变造的票据罪，使用伪造、变造的票据罪等则没有规定，非法出具金融票证罪，对违法票据承兑、付款、保证罪则为我国刑法典独有。保险欺诈犯罪方面，我国刑法仅第198条规定了保险诈骗罪，专门在刑法中规定保险诈骗罪的国家还有如德国、奥地利、意大利、泰国、荷兰，日本和我国台湾地区则将保险诈骗行为适用于普通诈骗罪，而且国外除刑法典之外，往往还通过单行刑法和非刑事法律补充规定了一系列的保险欺诈犯罪。另外，我国刑法和《关于惩治骗购外汇、逃汇和非法买卖外汇犯罪的决定》规定了逃汇罪和骗购外汇罪，由于发达国家一般实行货币可自由兑换，不对外汇进行管制，因此就没有外汇犯罪的规定，当前只有中国、越南、朝鲜、俄罗斯等国规定了此类犯罪。

（四）犯罪行为方式上的异同。比如在货币犯罪方面，我国刑法规制了伪造、变造货币，出售、购买、运输、持有、使用假币等行为，国外刑法除上述行为以外，往往还规制诸如取得假币的行为、交付假币的行为、伪造货币的预备行为、减损通用货币分量的行为、行使减损分量之通用货币的行为、收集或交付减损分量之通用货币的行为以及私运伪造硬币的工具出厂的行为等。又如在票证犯罪方面，我国刑法规制了伪造、变造金融票证行为以及票据、金融凭证诈骗行为，国外刑法除上述行为以外，往往还规制诸如取得伪造、变造的票据、使用伪造、变造的票据等行为。在证券、期货犯罪方面，我国刑法规制了欺诈发行或擅自发行股票、债券的行为，提供虚假财会报告的行为，伪造、变造国家有价证券以及股票、公司、企业债券的行为，进行内幕交易或泄露内幕信息的行为，编造并传播证券、期货交易虚假信息的行为，诱骗投资者买卖证券、期货合约行为，操纵证券、期货市场行为以及使用有价证券诈骗的行为，而国外对证券、期货犯罪的具体行为方式则非常细化，除上述我国规定的行为方式之外，还有如挪用保证金的行为、虚假陈述的行为、过度投机行为、从事冲洗交易、交叉交易、配合交易的行为、非法开设商品交易所等行为也受到刑法调整。洗钱犯罪方面，我国刑法表述为“隐瞒、掩饰”，国外还有“转移”、“转让”、“获取”、“持有”、“使用”、“转换”等方式。在外汇犯罪上，我国刑法规制的是擅自将外汇存放境外，或者将境内的外汇非法转移到境外的行为、骗购外汇的行为以及非法交易外汇行为，①这些行为方式与规定有外汇犯罪的蒙古、朝鲜、俄罗斯等基本相同。

（五）刑罚方面的比较。在针对危害金融安全犯罪的刑罚中，我国与国外刑法都不约而同地大量适用了罚金刑，法国、美国等国家还比较注重资格刑的运用，而我国则没有对此类犯罪适用这一刑种。我国在具体刑罚的力度上与国外立法也存在较大差异，如我国的伪造货币罪、集资诈骗罪、票据诈骗罪、金融凭证诈骗罪的最高刑为死刑，其他的货币犯罪、票证犯罪、外汇犯罪、证券犯罪、期货犯罪等涉及的不少具体犯罪最高刑均达到无期徒刑、十年以上有期徒刑，刑罚相当严厉。相比之下，国外刑罚则要轻缓得多，如关于货币犯罪，法国的最高刑为 30 年监禁或徒刑，德国的最高刑为 15 年监禁，日本的最高刑为无期徒刑。又如对于票证犯罪，德国刑法中处罚最重的是伪造支付证卡和欧洲支票的票样罪，最高刑为 10 年自由刑，日本对此类犯罪判处的最高刑为 10 年有期徒刑，法国则是处以 7 年监禁并科 70 万法郎罚金。

---

① 根据《关于惩治骗购外汇、逃汇和非法买卖外汇犯罪的决定》，非法交易外汇的行为依据非法经营罪定罪处罚。

三、国外立法对我国金融安全刑事立法的启示

他山之石，可以攻玉。通过对不同法系、不同国家的金融安全刑事立法进行比较研究，既能够学习别国立法中的可取之处，发现本国立法中的缺陷与不足，还可以进一步启发我们的思维，为完善本国的立法打好基础。从上述中外立法的比较可以看出，在对金融安全的保护上，尽管到目前为止我国的刑法、单行刑法及刑法修正案中已经有了证券、期货、信贷、票证等多个金融领域犯罪的规定，初步构建了金融刑事法网，成为各种保护金融安全举措中的重要一环，但与发达国家的金融安全刑事立法仍有不小的差距，通过比较我们可以得到以下启示：

（一）立法模式方面。如前所述，虽然我国当前除了刑法典以外，还出台了一部外汇犯罪的单行刑法，而在其余所谓的非刑事法律中对犯罪的表述仅仅是笼统地规定“构成犯罪的，依法追究刑事责任”，并没有在相应条款当中详细列明罪状以及法定刑，也没有指明对于该种犯罪行为应该适用刑法典的哪个条款。也就是说，这样的规定方式使得所谓的“附属金融刑事条款”必须依赖于刑法中有相关条文与之相对应，否则便是一纸空文，实际上根本是无法独立适用的，从严格意义上来说，我国的“附属金融刑事条款”与国外非刑事法律的立法模式有着实质上的不同，从而使得惩治危害金融安全犯罪的重担基本上由刑法典独自承担，显然，用如此单一的立法模式来防范复杂多变的危害金融安全犯罪是远远不够的。因此，我国可以考虑摆脱单一的立法模式，采取复合型的立法模式。

（二）危害金融安全犯罪的罪名和罪状方面。首先，刑法尚未涉足某些重要的金融领域，如虽然《信托法》、《投资基金法》已经出台，但相应的信托犯罪、基金犯罪立法规定仍然是空白，我国的金融控股公司已经存在很多年，但是仍然没有关于此种金融机构犯罪的规定。其次，虽然现行刑法已经对证券犯罪、期货犯罪、票证犯罪等进行了规制，但一旦与国外立法相比较，我们不难发现这

些规定不够细化，仍然比较粗疏、简陋和概括，许多对金融安全有重大危害的行为并没有受到规制，如取得假币的行为、证券公司承销、代理买卖擅自发行的证券的行为、银行或其他金融机构违法投资、虚设账目的行为、非法进行期货交易的行为、私下对冲的行为、买卖、持有伪造、变造的金融票证的行为，等等，虽然国外的刑法典本身并没有规定多少危害金融安全犯罪，但却大量规定在相关单行刑法和附属刑法中，我国对于此类犯罪应该如何进一步完善均有待立法作出更为详细明确的规定。再次，有的刑法规定范围太窄，难以适应不断变化的现实，以致出现刑法规制的真空地带。如我国货币犯罪只能由自然人构成，结果导致许多由单位实施的货币犯罪得不到应有的惩治；虽然刑法修正案（六）将洗钱罪的上游犯罪扩展至贪污贿赂犯罪、破坏金融管理秩序犯罪和金融诈骗犯罪，但这与我国于2003年8月批准的《联合国打击跨国有组织犯罪公约》对“上游犯罪”的界定仍有差距，该公约第2条第8项认为“上游犯罪”系指由其产生的所得可能成为本公约第六条(关于洗钱的规定——笔者注）所定义的犯罪的对象的任何犯罪。因此，我国需要进一步地严密金融安全的刑事法网，进一步明确与完善有关的罪名和罪状。

（三）刑罚方面。在危害金融安全犯罪的40个罪名中，挂有死刑、无期徒刑、10年以上有期徒刑的罪名不少，而且对部分犯罪还有继续加大处罚力度的趋势，在与各国的刑罚比较中我们就可以明显地看出现行刑法规定的刑罚偏重，动辄适用死刑、无期徒刑和10年以上有期徒刑，这样的重刑化不但相当损害我国的国际声誉，而且实际上对于打击犯罪并无多大的帮助。与其用重刑威吓，不如采用一些有针对性的刑罚方法更为有效。事实上，危害金融安全犯罪的刑罚并没有根据这种犯罪的特点作出有针对性的调整，仍然与其他类型的犯罪同样适用各种主刑和罚金、没收财产这两种附加刑。我们知道，刑罚有报应和预防再犯的功能，后者更为重要已经成为人们的共识。边沁曾经指出，惩罚的首要目的是防止类似犯罪发生，过去发生的只有一个行为，而未来则不可限量，已经实施的犯罪仅涉及某一个人，类似的犯罪则可能影响整个社会。在许多案件中，刑罚虽然不可能矫正已经实施的罪恶，但有可能消除其再犯的意图。① 危害金融安全犯罪中的犯罪人往往是为了谋求经济上的暴利而进行违规操作，因此“金钱利益”是他们实施此类犯罪的巨大推动力，因此我们在设置刑罚时应该充分考虑到这一特殊之处，设置有针对性的刑罚手段。

（四）法律法规与刑事法条的协调方面。金融改革不断的深化发展需要大量金融法律法规的调控，这些法律法规应该与刑法中的犯罪规定相互协调、呼应，共同完成维护金融安全的任务。由于国外立法在非刑事法律中涉及刑事犯罪的部分都会直接规定详细的刑罚，或者对应适用刑法中的哪一条款有明确指引，因此非刑事法律法规与刑事法条之间基本上是衔接、协调的。然而我国的金融法律法规与刑法规定之间却存在失调之处。如我国《期货交易管理暂行条例》第 62 条列举了 5 项操纵期货交易价格的行为，并规定构成犯罪的，依法追究刑事责任，其中第 5 项表述为“有中国证监会规定的其他操纵期货交易价格的行为”，明确了所谓的“其他操纵方式”必须是“有中国证监会规定”的才属于此类，而 1999 年通过的刑法修正案规定的操纵证券、期货交易价格罪中却并无此限定。虽然刑法修正案（六）将“操纵期货交易价格”的表述修改为“操纵期货市场”，但上述问题是仍然存在的；《证券法》第 200 条规定：“证券交易所、证券公司、证券登记结算机构、证券服务机构的从业人员或者证券业协会的工作人员，故意提供虚假资料，隐匿、伪造、篡改或者毁损交易记录，诱骗投资者买卖证券的，……构成犯罪的，依法追究刑事责任。”从这一规定可以看出，上述行为构成犯罪的，应按刑法第 181 条第 2 款的“诱骗投资者买卖证券罪”论处。但一旦对比刑法第 181 条第 2 款的规定，我们就会发现，“诱骗投资者买卖证券罪”的犯罪主体只有证券交易

① （英）边沁．立法理论——刑法典原理［M］．孙力，译．北京：中国人民公安大学出版社，1993：26.

所、证券公司的从业人员，证券业协会或者证券管理部门的工作人员，因而“证券登记结算机构、证券交易服务机构及其从业人员”并不具备本罪的犯罪主体资格，实际上就出现了对于“证券登记结算机构、证券交易服务机构及其从业人员故意提供虚假资料，伪造、变造或者销毁交易记录，诱骗投资者买卖证券”的行为构成犯罪的，根本无法以“诱骗投资者买卖证券罪”追究刑事责任；《中国人民银行法》第 42 条规定：“伪造、变造人民币，出售伪造、变造的人民币，或者明知是伪造、变造的人民币而运输，构成犯罪的，依法追究刑事责任；尚不构成犯罪的，由公安机关处十五日以下拘留、一万元以下罚款。”根据这一规定，对于持有、使用变造的人民币的行为，如果情节不是轻微的，则应该追究刑事责任，然而刑法典中只对持有、使用伪造的货币的行为作出了规制，对于持有、使用变造的货币的行为则是空白，以致《中国人民银行法》中的这一规定毫无意义。同样，刑法条文当中也存在不够协调之处，如金融诈骗罪中的集资诈骗罪、票据诈骗罪、金融凭证诈骗罪、信用证诈骗罪等均规定了单位犯罪，却将贷款诈骗罪排除在外，对同类犯罪规定不同的犯罪主体资格实在是令人费解。因此，我们要高度重视保护金融安全的刑事法与其他法律法规之间的协调统一、相互配合的问题，克服相互之间的矛盾冲突。

第二节 金融安全刑事立法的基本理念

前文在与国外立法进行比较的基础上，对我国现行立法存在的问题作出了一个简要的评述，这种评述主要是立足于现行刑法条文的构架之上，但若是要从维护金融安全的角度出发来思考刑事立法问题，这种静态的实然性研究是远远不够的。这些在刑法中属于“破坏社会主义市场经济秩序”的犯罪，是否就真的解决了金融安全刑事立法上的保护问题了呢？问题恐怕不是这么简单。当我们注重于从微观上研究立法罪名的完善、内容的精细、逻辑的严密的同时，必须从宏观上思考这些立法与保护金融安全这一主题的契合程度是否达到了最佳状态，是否在保护金融安全这一主题的统领下使得相关立法达到系统化、合理化，从而保证金融安全刑事立法的保护功能和保护力度能够真正地发挥。因此，笔者以为，跳出现行刑法的立法框架，从宏观上探讨金融安全刑事立法的基本理念和基本问题是很有意义的。

一、金融安全刑事立法的基本定位

（一）金融安全刑事立法应该是在新刑法文化指导下以安全观与信用观为基础的法律。新的刑法文化坚持刑法的权利本位，强化刑法的非政治性（或市民性）和人道性，注重刑法的谦抑性，追求刑法的公正和功利价值的平衡，在我国，刑法还被赋予了构建和谐社会的重要使命。在这种刑法文化的熏陶下，金融安全刑事立法应体现出新面貌。现代社会里，安全已经上升为全球公认的最高利益，无论是国家监管活动还是金融业的内部自律行为，都以此为行事准则。失去了安全意识，就意味着金融业所有繁荣表象会像泡沫一样转瞬即逝，迟早酿成灭顶之灾。作为一种独特经济行为，金融时刻不能离开信用的支撑，失去了信用，金融活动就彻底沦为尔虞我诈的伎俩，金融风险会无限度地放大，再没有人会愿意投入财富，金融业注定自取灭亡。作为保护金融安全的刑事立法，要从根本上关注安全观和信用观这两大不可动摇的金融支柱，缺一不可，把它们作为规定罪名、设置刑罚的首要考虑因素。

（二）金融安全刑事立法应是立足传统又超越传统的法律。危害金融安全犯罪是一种新型的犯罪，只有立足传统，锐意创新才能在刑法中占有一席之地，金融安全的刑事立法应该忠实遵循刑法的基本原则，准确地把握刑法功能，有效地发挥预防犯罪、维护社会秩序的任务。同时它也要推陈出新，体现新的法益保护思路，尝试新的立法体例，探索新的罪刑模式，提高针对性，增强实用性，更加出色地完成维护金融安全的重要使命。

（三）金融安全刑事立法是和其他法律部门紧密配合的法律。保护金融安全不是刑法的专责，刑法也没有能力独立承担这一任务，我们需要构筑的是完整的金融安全法律治理机制，各个部门法在这当中各有分工，各司其责，衔接紧密，井然有序。刑法存在的价值在于强化其他的保护手段，对其他部门法的保护手段发挥终极评价的作用。金融安全的刑事立法应准确界定自身的保护范围，明确自己的作用机理，和其他部门法的保护密切对接，既不越界，也不失位。

（四）金融安全刑事立法应该是具有国际性视野的法律。和其他法律一样，刑法是民族性的、国别性的，也是全人类的、世界性的法律。随着全球化进程的迅猛发展，全球范围内的法律理念、法律价值、法律制度、执法标准、原则的趋同化势在必然。在此形势下，保护金融安全的刑事立法应有国际性的视野和胸怀，主动将自己置于国际金融大环境中，找到准确的定位。一方面，我国金融安全的刑事立法要顺应大势，进行自我调整和革新，吸收新的法律价值观念，借鉴其他国家刑法的先进成果，科学地进行个别规则和部分内容的法律移植。另一方面，金融安全刑事立法要前瞻性地关注世界范围内的金融安全走向和金融犯罪态势，对金融安全的国际刑事合作做出积极回应，在国际舞台上发挥应有的作用。

二、金融安全刑事立法的基本原则

（一）科学性原则。科学性原则指的是立法要为国家、社会以及公民确立规范的行为模式和正确的价值选择。这一原则首先表现在它的理性化方面，即立法是建立在人类能够鉴别、判断、评价和认识客观事物真理基础之上的一种高度自觉性的行为。具体到危害金融安全的犯罪，则指所有危害金融安全的犯罪应该有充分的犯罪化根据。立法者进行刑事立法时，总是根据自己对客观规律的认识以及自己对人文关怀的态度，来决定犯罪化和刑事责任化的范围和程度。具体而言，包括立法者对刑法机能的认识、对犯罪机能的认识、对犯罪规律的认识、对社会危害性的判断、对刑罚功能的认识，等等，① 这就是说，我们在对诸多金融行为进行出罪入罪、罪轻罪重等规定时，必须要作出全面、周到的考虑，要有科学的、公正的评判标准，把握好刑法的价值尺度。立法应该容忍市场化行为与生俱来的投机性、冒险性，金融市场对于这些特征带来的风险在一定范围内是可以容纳和消化的，但同时立法又不能对所有金融行为放任自流，对于可能侵害到金融安全的、有损作为金融业基石的信用观的行为应该予以规制。其次，立法的科学性原则还体现在立法的合理性方面。同理性化相比，合理化则更进一步地体现了科学性原则，合理性是对事物之间相互关系的恰当界定。在危害金融安全犯罪的立法中，合理性尤其体现为立法的可操作性，立法必须能为司法实践提供可操作的标准和程序，使其具有规制的可能性，因此，在进行金融安全的刑事立法时，必须审时度势，深思熟虑，对现阶段的司法资源进行了解和评估，对某种危害金融安全的行为，除了考察其入罪依据是否充分外，还要考察法律执行机制是否具备了对其进行有效规制的条件，进而保证立法的针对性和有效性。

（二）适时性原则。适时性原则是指一个国家的立法必须不断地顺应历史发展和时代的变化，及时地、适时地根据这种变化制定出符合时代需要的法律。就危害金融安全犯罪的立法而言，这一原则尤其重要。金融市场变化万千，市场规则不断完善、创新，传统的金融行为不断更新甚至退出市场，新的金融行为又不断涌现，刑事立法必然会相应地对各种金融违法违规行为进行犯罪化与非犯罪化的处理。在此过程中，必须立足于我国市场经济发展水平和金融市场的现实情况，考虑到国家的司法状况与执行能力，审慎地分析危害金融安全犯罪的现状以及在可预见的未来中的发展变化趋势，制定出既立足于现实又有一定科学预测性的刑事法律，合理控制危害金融安全犯罪的规模，保持金融安全刑事立法与整个社会发展的协调性与统一性。

---

① 魏东．论现代刑法的犯罪化根据［M］//赵秉志．刑法评论：第4卷．北京：法律出版社，2004：118-128.

（三）谦抑性原则。刑事立法的谦抑性原则，是指刑法在介入社会生活时，应当尽可能地控制其介入的广度和深度，合理规定刑事处罚范围与处罚程度，司法者应该少用甚至不用刑罚而达到有效的预防和控制犯罪目的的原则。最早主张刑法谦抑性的是日本学者平野龙一，他指出谦抑性的含义在于刑法的补充性、不完整性以及宽容性或自由尊重性。① 刑法谦抑思想越来越受到人们的重视，发挥着越来越重要的作用，成为贯穿全部刑事法领域的基本理念。危害金融安全犯罪的立法也应该遵循这一原则，虽然进一步扩大犯罪圈仍是我国立法近期发展的趋势，但这并不与谦抑性原则相冲突，我们在界定哪些行为应该纳入刑法规制范围时仍应以谦抑性原则为指导。有观点提出作为犯罪予以处罚必须具备以下条件：(1) 这种行为在大多数人看来，对社会的威胁是显著的，从社会的各重要部门来看是不可容忍的；(2) 对这种行为科处刑罚符合刑罚目的；(3) 对这种行为进行控制不会导致禁止对社会有利的行为；(4) 对这种行为能够进行公平的、无差别的处理；(5) 对这种行为进行刑事诉讼上的处理时，不产生质与量的负担；(6) 对这种行为的处理不存在代替刑罚的适当方法。② 我国也有学者认为，如果存在无效果、可替代、太昂贵的情况，则说明不具备刑罚的无可避免性，则不应纳入刑罚处罚的范畴。③ 另外，在刑罚处罚力度上，根据刑法谦抑思想则应该以轻刑化为主。

三、金融安全刑事立法必须处理好的几大关系

（一）必须处理好“成熟一个、制定一个”的经验性立法与适

---

① 平野龙一．现代法Ⅱ——现代法与刑罚［M］．日本：岩波书店，1965：21，22.

② Herbert L. Packer. The Limits of the Criminal Sanction. Stanford University Press, 1968. p. 269.

③ 陈兴良．刑法哲学．修订三版［M］．北京：中国政法大学出版社，2004：7.

当超前立法的关系

一直以来，我国习惯采用“成熟一个、制定一个”的经验性立法方式，其好处在于这些法律法规已经受到实践的验证，能够驾轻就熟地、有针对性地将各种行为纳入法律规制的范畴，然而其弊端也是显而易见的。这种立法方式仅仅局限于处理现实中已经出现的问题，而对于将来可能发生的情况则缺乏预见性，以致一旦有新情况出现，就马上凸现法律规制的空白，然后立法者不得不重新修改法律，而这一行动又有违法律的稳定性原则，朝令夕改的弊端在于使得人们无所适从，法律的权威性大打折扣。因此法学专家一直呼吁科学的立法方式应该是进行适度超前的立法，而且经验的积累以及人的理性思维可以为超前立法提供某种可能性。在进行金融安全刑事立法的过程中尤其应该注意这一问题，一方面我国正处于金融体制改革过程中，改革力度的不断加大必然导致随时可能出现各种新问题新情况，立法必须具备一定的应对能力；另一方面，金融市场本身就是灵活多变的，根据经济发展的需要，会不断出现新的金融市场、金融商品、金融制度、金融机构、金融工具、金融手段及金融调节方式，等等，相应的监管法规也随之出现，面对如此急剧变化的司法实践，仅仅依靠经验性立法的规制是远远不够的，刑事立法要做到以不变应万变就应该进行适当超前的刑事立法。由于我国是后发型现代化国家，建立和发展社会主义市场经济的各种制度、措施、办法大量地借鉴了先发型现代化国家的经验，它们的金融制度、金融工具、金融手段、金融调节方式等往往为我所用，那么在此过程中可能会出现的问题往往也在别国的经济发展历史中出现过，存在着一定的相似性，因此针对可能出现的问题进行适当超前立法是完全可以做得到的。当然超前的立法方式必须是限制在适度的范围之内，不见得能够解决所有的问题，但至少在可预见的范围内减少法律的变动性，稳定金融从业者、投资者的信心。因此，在进行金融安全刑事立法中，必须重视我国以往经验性立法与适当超前立法的关系，在全面把握我国自身国情的基础上，总结司法实践经验，将经验性的、成熟的立法思想纳入的同时，还应放眼国外经济发展历史，结合我国实际，有预见性的进行超前立法。

（二）必须处理好法学家的立法意见与行政实务部门的立法意见之间的关系

长期以来，法学家与实务部门在法律观念、立法意见上往往存在较大的分歧，就如在前述第三章所提到的是否应该扩大经济犯罪圈以及是否应该适用重刑的问题上，双方甚至提出了几乎是相反的看法和建议，这一现象不得不引起我们的深思。我国有学者明确指出："在法学家眼中没有法律只有法理，在执法者手中没有法理只有法律。"① 在进行金融安全刑事立法之前，必须处理好二者的关系。法学家注重于从理论出发，讲究体系的完整性与逻辑的严密性，他们精通各国刑法理论与立法规范，善于通过比较研究吸收国外法律的精髓并融通于本国刑法之中，他们往往更能高屋建瓴地提出一个个全面的立法构架与设想；然而危害金融安全的犯罪所涉及的领域既广泛又专业，所谓广泛是指此类犯罪涉足证券业、期货业、保险业、银行业等多个领域，所谓专业则指上述每一个领域都有着自己的专用术语和专用规则，必须是经过严格培训的金融专业人士才能通晓各种规则并正确地熟练运作，他们更能发现金融实践中的各种漏洞，因而他们的意见在立法当中也是不可忽视的。实务部门除了各个金融专业部门之外，还有负责法律实施的司法部门，作为法律的执行者，他们积累了丰富的实践经验，对于司法过程中存在的实际矛盾以及应该如何协调、改进有着相当权威的发言权。因此，鉴于金融安全刑事立法的复杂性和难度较大，不可能单靠某一个团体或者部门的力量就能够完成，立法机构必须充分听取法学家与实务部门各自的意见和建议，实际上这对于立法机构而言是一个很大的考验，一方面他们必须具备深厚的法律功底，不仅仅是掌握丰富的法律知识，而且还要对法律条文背后所蕴涵的人文价值有着深刻的理解，并要对这些法律对国家、民族可能造成的影响作出

---

① 邱兴隆．关于惩罚的哲学——刑罚根据论［M］．北京：法律出版社，2000，扉页《题记》．

正确的判断和预见，就这方面的要求而言，立法机关应该更多地听取法学家的意见，为所立之法作出更为长远、更为周全的考虑；另一方面，观念法制和实证法制、应然法律与实然法律之间必然会有一定的差距，立法机关必须对实务部门所提的意见作出全面考虑，对理论与实际之间的矛盾作出协调，否则不论形式上多么完美的法律，不能在实践中运用，不能解决实际问题，那也只能是一堆废纸。

（三）必须处理好金融安全刑事立法与其他保护金融安全的法律法规之间的配套、协调关系

金融安全涉及多个金融专业领域，分别有着各自的行业规则和金融监管规则，对于社会危害性不大的金融违法违规行为，可以依照相关的金融法律法规进行处理，一旦行为人实施了严重危害社会并为刑事法律所规范的行为，则构成了犯罪，必须承担刑事责任。我国正处于金融体制改革不断深化和发展的过程中，金融秩序尚未完全建立，各种违法违规操作层出不穷，都不同程度地实际或潜在地危害着我国的金融安全。立法者不得不加大立法力度，不断地出台、修改与完善各种金融法律法规，努力建造一个尽可能完善的金融法律监管体系。在这一过程中，必须注意处理好大量的非刑事金融立法与相对稳定的金融安全刑事立法相互间的配套、协调关系。在以往的立法中，往往出现金融法律指明“构成犯罪的，依法追究刑事责任”，但实际上在刑法中根本无法找到对应条文，或者是金融法律法规和刑法典就同一问题作出了不一致的规定，甚至是有些重要的金融法律只规定了民事、行政责任，毫不涉及刑事责任的规定，等等。因此，今后在进行金融立法的同时应该考虑到对刑事责任作出具体规定，对于刑法和金融法律中有关规定矛盾、不一致的地方应该及时作出修改，保持二者之间的一致性。

（四）必须处理好成文法与判例的关系

一般而言，成文法与判例法分别是大陆法系与英美法系的标志性特征，随着世界联系的日益紧密和全球化的不断发展，法律也出现了日益融合的趋势，大陆法系开始重视对判例的研究，判例往往

会对判决产生决定性影响，而成文法在英美法系中也占有了一席之地。我国作为社会主义法系已经形成了完善的法律部门，成文法是我国的法律表现形式，判例并不具备法律效力。近年来最高人民法院公告中发布的案例和最高人民法院刑事审判庭编发的《刑事审判参考》在理论界和实务界都产生了较大的影响，成为各地方法院判决时参考的重要文献，这意味着判例在我国法律文件中的地位正逐步提升并得到认可。在金融安全刑事立法中，我们必须重视判例所发挥的作用，因为法官对案件的处理是一个动态的过程，在面对一起危害金融安全犯罪案件时，除了刑事法律的规定之外，还必然涉及诸多金融领域专业知识和各类金融监管法则，法官必须把这些内容融合、消化之后，才可能对案件的罪与非罪、此罪与彼罪、刑罚轻重等问题作出正确的判断。然而我国各级法阶的金融法律颇多，金融市场还存在一定的失控和混乱状况，加上各地法院法官的水平不一，要把握好对危害金融安全犯罪案件的处理难度还是比较高的。笔者以为，面对这种现状，应该充分利用判例的优势，由最高人民法院和各省高级人民法院采用前述形式，定期发布专门的、有代表性的危害金融安全犯罪案例，指导各地方法院法官的判案，如此一来，不仅仅是成文法律在行使保护金融安全的使命，而且已经生效的判例也能对维护金融安全发挥其自身的作用。

第三节　金融安全刑事立法的若干构想

前文评述了现行金融安全刑事立法，并在应然层面上对金融安全刑事立法基本问题作出了阐述，在此基础上，本节拟就完善金融安全刑事立法提出自己的一些构想。

一、金融安全刑事立法模式的构想

（一）不同立法模式的利弊分析

对于立法模式的选择，各国根据自己的立法状况和需要，采用通过刑法典、单行刑法或非刑事法律来规定犯罪的模式，或者同时兼采这几种模式。不同的立法模式有着各自的优点和不足：

单纯采用刑法典来规定犯罪，可以让人们一目了然地穷尽所有关于犯罪的规定，不论是对于执法者还是守法者来说都是一件让人乐于接受的事，避免了相关犯罪规定的庞杂和分散，有利于人们知法懂法，尤其是金融投机者不需要担心自己的行为会因为触犯了刑法典以外某个不知名的法律法规而被追究刑事责任。对于执法者而言仅依据一部刑法典就可以对犯罪人定罪量刑，直接援引相关法条，不再需要在浩如烟海的各类法律法规中寻找适格的条文。同时有学者认为把犯罪规定在刑法典当中有利于刑罚威慑功能的发挥，林山田先生在论及经济犯罪的立法时指出："将经济犯罪行为规定于刑法典之中，使经济刑法具有刑法之外形，自然较易产生一般预防作用而且具有慑阻经济犯罪之功能，惟将经济刑法规定于刑法以外之其他法规中，就刑事立法政策与社会心理学的观点而言，具有不可避免的缺失：一方面是因为立法体制上，此种法律是以规定民商或行政事项或其他法律关系为主体，而只于违反限制或禁止之规定时，始附带科以刑罚；另一方面则因此种规定虽具有刑法的实质，但不具有刑法的形式。在此情形下易于隐蔽刑罚的威慑性，而且其立法意旨及刑罚构成要件以及对于经济犯罪行为的'社会非价判断'，每易为社会大众与刑事司法人员忽视。因此，将经济刑法规定于刑法以外法规的立法方式，在一般预防效果上，似有较低犯罪慑阻功能。"①然而这种模式的不足则在于它无法应对复杂急剧的社会变动，社会在不断发展的过程中，各种新鲜事物不断涌现，其中包括犯罪方式随之改变，如果仅仅依靠刑法典来规制犯罪的话，必然要不断地进行修改，剔除以前认为是犯罪而现在不以犯罪论的罪名，增加各种新的犯罪规定，这种三天一小补五天一大改的做法恰恰是违背了法律必须具有稳定性、严肃性的基本要求，不仅使刑法的威严尽失，还使得人们无所适从。事实上，法律必须保持

① 林山田．经济犯罪与经济刑法［M］．台北：台湾三民书局，1981：99-100.

稳定性是各国立法者非常重视的一个问题，如《法国刑法典》从1810年制定以后，虽然历经数次修补，但仍到1994年才出台新刑法典取代之；《意大利刑法典》自1930年公布施行至1968年修正，历时38年；《联邦德国刑法典》自1953年公布施行至1976年修正，历时23年；《日本刑法典》1907年制定沿用至今，将近百年；《韩国刑法典》从1953年制定至1975年修订，历时22年。刑法典的稳定性及其修订程序的复杂性使得这种模式不可能在短期内灵活应对各种新情况，因此当前基本上已经没有哪个国家单纯采用刑法典作为其立法模式了。单行刑法是在刑法典以外，就某些专门犯罪问题进行规制，详细列明罪状以及刑事责任的法律文件，与刑法具有同等的效力。单行刑法能随时根据社会变动和发展需要而制定，并不影响已有的刑法典，因而颇受各国青睐。这种立法模式具有很强的灵活性与针对性，能够对各种新犯罪现象作出及时的反应。我国在1997年刑法修订之前也曾经制定过大量的单行刑法，仅金融领域的就有如1951年的《妨害国家货币治罪暂行条例》、1982年的《关于严惩严重破坏经济的罪犯的决定》、1985年的《关于当前办理经济犯罪案件中具体应用法律的若干问题的解答（试行）》、1988年的《关于惩治走私罪的补充规定》、1995年的《关于惩治破坏金融秩序犯罪的决定》以及新刑法颁布后1998年的《关于惩治骗购外汇、逃汇和非法买卖外汇犯罪的决定》。单行刑法的优越性使得许多国家都采纳了这种立法模式，但这种模式仍然未能解决所有的问题，这种单就某类专门的犯罪作出规定的模式协调性比较差，当涉及一些专业性强、覆盖面广的犯罪时就难以全面兼顾，对于那些数量少、分散零星、稳定性较差的犯罪也不宜采用这种模式，因而人们还会采用附属刑法的方式。所谓附属刑法，就是在非刑事法律中，附带规定某些违反相应法律的严重危害社会的行为构成犯罪及其刑事责任的立法模式。由于在这种立法模式中犯罪规定附属于非刑事法律法规之中，使得相关违法行为与具体犯罪之间的递进关系清晰，一般法律责任与刑事责任明确，能够随着形势的变化紧密联系各种违反法律法规的行为，与严重危害社会、有必要追究刑事责任的犯罪行为保持连贯性与协调性，便于司法部门对犯罪进行有效的惩罚、控制和预防。因此不论是英美法系国家还是大陆法系国家都大量使用这种方式，尤其是在证券、期货等金融犯罪领域使用得相当普遍，大陆法系国家除了如伪造犯罪、诈骗犯罪等少数金融犯罪规定于刑法典之外，其余都附随规定在金融法律中。当然附属刑法最大的弊病就在于其不够系统和集中，过于分散，各种附属条款分散在众多金融法律中，为人们了解法律和适用法律造成一定的麻烦。

（二）我国金融安全刑事立法模式的选择

通过以上分析，可见刑法典、单行刑法和附属刑法是三种各有利弊的立法模式，我国金融安全刑事立法应该采用怎样的模式呢？由于本文所谓的危害金融安全犯罪与理论界研究的金融犯罪在实际涉及的领域和具体罪名上基本一致，因此对于此问题，我们可以先参考一下学者们对金融犯罪立法模式的意见并予以借鉴：

第一种意见认为应该制定一部经济刑事条款典，将各种经济犯罪行为（包括金融犯罪行为）作一系统的规定；第二种看法是在刑事条款典中不作规定，以独立型的附属刑事条款立法模式，将金融犯罪规定在金融法律的罚则中。第三种看法是通过修改刑事条款典，在刑事条款典中设立专章或专节规定金融犯罪。新刑事条款典实际采纳了第三种观点，在破坏社会主义市场经济秩序罪一章中，集中规定了金融犯罪（包括“破坏金融管理秩序罪”和“金融诈骗罪”）及其刑罚。① 第四种观点认为，金融刑事条款保持多元法律形式（即刑法典、单行刑法、附属金融刑事条款三者并存）是必要的。即一方面，对实践证明犯罪形态比较固定的基本金融犯罪，规定在刑法典中，保证金融刑法的稳定性和系统性；另一方面，对于那些随着金融形势发展变化的金融犯罪或新的金融犯罪，通过单行刑法予以修改或补充，保证金融刑法必要的灵活性。此外，非刑

① 胡启忠．论金融犯罪的立法模式——金融犯罪立法研究（三）[J]．西南民族学院学报：哲学社会科学版，2002（5）．

事法律也需规定附属金融刑事条款。这是较为现实的模式选择。①还有学者提出，我国金融刑法宜采以刑法典和附属刑法为主、单行刑法为辅的立法模式，即对具有自然犯性质的货币犯罪、金融诈骗罪及伪造、变造有价证券和金融票证犯罪等传统金融犯罪仍采用刑法典的模式，并规定于刑法典中；而对具有法定犯性质的证券、期货、外汇及金融机构管理的犯罪等现代化金融犯罪宜采用附属刑法的模式，并于附属刑法中规定具体的罪状及明确的法定刑；对于不完全适合归属于金融犯罪的洗钱犯罪可采用刑法典与单行刑法相结合的模式。②

对于以上意见，笔者以为，不论是金融犯罪还是危害金融安全的犯罪，③ 其较强的专业性与较广的涉及面决定了其立法模式不可能仅由稳定性强、应变性差的刑法典单独承担，因此上述第三种观点显然是不足取的。1997 年作出修订的刑法在颁布实施一年之后就不得不相继出台外汇犯罪单行刑法以及五个刑法修正案的事实已经证明了这一点。至于制定一部经济刑事条款典的看法，其出发点在于将所有经济犯罪全部囊括在一部专门法典之中，能够凸现其专业性和针对性，然而这样一部统一的法典就能够应对经济犯罪“变动不居”④ 的现实了吗？显然还是难以达到的。第二种观点提出单独采用附属刑法的立法模式规制金融犯罪，当然这种模式应变性强，而且金融犯罪就可以与所有的金融法律环环相扣，相互呼

① 胡启忠．论金融犯罪的立法模式——金融犯罪立法研究（三）［J］．西南民族学院学报：哲学社会科学版，2002（5）．

② 卢勤忠．中国金融刑法国际化研究［M］．北京：中国人民公安大学出版社，2004：184.

③ 本文第二章第四节中就金融犯罪与危害金融安全的犯罪作出比较，认为二者的外延基本一致，后者的提出更主要的是观念上的意义。

④ “由于经济活动在市场化的社会中总是表现得异常活跃，因此，‘变动不居’便成了经济犯罪的一大表征。”游伟．模式构建与罪刑设置——关于我国经济犯罪立法的思考［M］//刑法论文选萃．北京：中国法制出版社，2004：607.

应，但问题在于所有金融犯罪刑事立法就会过于分散，在中国这个长期习惯于使用统一刑法典的国家里，这种过于急促、激进的模式变化可能会引起操作上的不适应，增加刑事司法人员在实际裁判援引法律条文中的难度，更为重要的是，我国的金融法律本身就不够完善，如现行刑法中虽有期货犯罪的规定，但金融法律中并无类似于《期货交易法》之类的法律出台，仅有国务院通过的《期货交易管理暂行条例》这一行政法规，凭其立法层次是无权对犯罪作出规定的。可见倘若单独采用附属刑法的立法模式，则无法对金融犯罪进行全面的规制。因此，在当前我国金融改革过程中许多金融法律尚且缺位的情况下，单独采用这种立法模式是欠妥当的。而第四、第五种观点都是赞成多头立法，即刑法典、单行刑法、附属刑法三种立法模式同时并存的方式，但其中观点五则强调其立法模式应该以刑法典和附属刑法为主、单行刑法为辅。笔者以为，三种立法模式各有利弊，能够相互补充不足之处，不论是借鉴世界各先进国家多元性的立法模式，还是从我国的现实国情出发，多头立法都应该是金融犯罪立法模式的理智选择。

基于上述理由，笔者以为，确立我国金融安全刑事立法模式也应该采取多头立法的方式，扬长避短，发挥刑法典模式、单行刑法模式和附属刑法模式各自的优势，共同构筑起维护金融安全的堡垒。具体构想如下：

首先，对于稳定性较强、具有传统性特征的典型犯罪，宜纳入到刑法典之中，如货币犯罪、票证犯罪、金融诈骗罪等，因为货币犯罪早在中国秦朝的《金布律》已有规定，之后历代王朝刑事立法中都严惩盗铸钱的行为，而且长期以来相关立法变动不大，因而完善现行货币犯罪立法并将其纳入刑法典中是完全可行的；票证犯罪中所涉及的“票证”主要是指汇票、本票、支票、收款凭证、汇款凭证、存单、信用证、信用卡等在金融领域长期使用的、稳定的、属于传统金融业务的范畴，因而其变动性也是有限的，完全可以由刑法典予以调整；将金融诈骗罪单列一节并细分为多个不同的罪名是我国刑法基于金融领域诈骗犯罪猖獗而进行的创新，目的在于集中从重打击，由于这些犯罪与刑法第266条构成特别法与普通法的关系，因而刑法典完全有能力吸纳此类犯罪，不必再通过其他立法模式规制。另外，洗钱犯罪虽然是一种新型犯罪，但一旦确定其调整范围，其稳定性也较强，故宜放在刑法典中。

其次，对于变动性较大，会随着金融市场的发展不断变化、增删内容的证券犯罪、期货犯罪、外汇犯罪、信贷犯罪等，宜采用单行刑法或附属刑法的方式予以规定。那么具体区别使用单行刑法模式或附属刑法模式的标准又是什么呢？单行刑法的立法模式突出地表现在英美国家的法律中，非刑事法律的立法模式几乎是英美和大陆两大法系的共同做法。①可见，国外较多地使用哪种立法模式主要是从其国情出发考虑，在英美法系国家的法律传统中，判例法享有重要的地位，它具有法律效力并被广泛应用于案件审理之中，相应地成文法没有受到同等的重视，因而这些国家的成文法是不成体系的，往往只是在形势的迫切要求下不得不对某些问题采用成文法的方式纳入法律规制的范畴。由于英美法系国家现存成文法律的不完整性和不全面性，导致其无法完全依赖于附属刑法的方式，否则必然出现许多犯罪的漏洞，因此这些国家必须大量制定单行刑法；而在大陆法系国家，成文法占据着显赫的地位，立法者注重法律文件形式上的完美、体系上的完整、逻辑上的严密和内容上的全面，整个成文法体系的完善与发达足以支持立法者仅仅采用附属刑法的方式就能颇为全面地对发生在金融领域各部门的犯罪予以规制，因此相对而言对单行刑法的需求就不如英美法系国家突出。至于属于社会主义法系的我国应该采用何种立法模式也应该考虑当前国情及立法状况。从立法特征上看，我国与大陆法系国家的立法比较相似，注重成文法的构建，缺乏判例法渊源，因此从将来的发展趋势而言，我们应该是与大陆法系国家一样以附属刑法模式为主。然而不可忽视的一个现实问题是：当前我国金融法律的制定是否已经和

① 胡启忠．金融刑法适用论［M］．北京：中国检察出版社，2003：19.

德、日、法等大陆法系国家一样完备了呢？只有达到了比较完备的程度，才可能直接在金融法律中附属规定犯罪条款，否则就会出现惩治犯罪的真空地带。显然答案是否定的。中国作为后发型发展中国家，在金融体制的完善、金融市场的发育、运作等各方面均比发达国家落后，各种行业法律、行业规则尚有待制定、修补或完善，此时大量采用附属刑事条款的方式显然是不够现实的，不利于对危害金融安全犯罪的打击与防控。因此，笔者以为，对于证券犯罪、期货犯罪、外汇犯罪、信贷犯罪等容易因形势变化而发生改变的犯罪，一方面可以在已经出台的金融法律中以附属刑法模式予以规定，同时对于有些金融法律尚未出台，或者已经出台的但法规层次太低以致无法规制犯罪的，可以采用单行刑法模式予以补充。可见在当前我国现实的国情之下，附属刑法模式与单行刑法模式是同等重要的。

以上是对金融安全刑事立法模式的构想，在此必须提及的一个问题是附属刑法立法内容的改革问题。附属刑法是金融安全刑事立法的重要模式之一，而且在未来我国金融法律逐步完善时将会承担越来越多的刑事法律条款规制任务。但必须指出的是，我国目前附属刑法的立法内容是存在问题的，应该予以改革。当前我国所有的附属刑法都是笼统地在金融法律条文中作出“构成犯罪的，依法追究刑事责任”之类的规定，缺乏法定刑甚至是明确的罪状规定，具体应该追究怎样的刑事责任，处以怎样的刑罚，仍要依赖于刑法典的规定，于是金融法律要求追究刑事责任的行为却往往在刑法典中根本找不到对应法条予以适用的尴尬局面不时发生，这严重影响了立法的科学性和对犯罪的惩控。因此有学者认为我国的附属金融刑事条款并非严格意义上的金融刑法规范。① 纵观国外对于附属刑法的规定，通常都有具体的罪状和明确的法定刑，或者指明刑法适用的条款，如《德国交易所法》第 88 条（以欺诈手段对交易所牌

① 卢勤忠．中国金融刑法国际化研究［M］．北京：中国人民公安大学出版社，2004：175.

价或者市场价施加影响）规定："为对应保障参与企业收益分配的有价证券、新股票认购权、外国支付手段、商品、股份或者《有价证券交易法》第28条第2款意义上的衍生物施加影响而对那些对评价有价证券、新股票认购权、外国支付手段、商品、股份或者衍生物非常重要的情况作虚假说明，或者违反现行法律规定隐瞒此类情况的，或者使用其他欺诈手段的，处3年以下自由刑或者罚金。"第89条（为获暴利而诱使进行证券投资交易）规定："以营利为目的，利用他人对证券投机交易的无经验而诱使其从事此种交易，或者直接或者间接参与此种交易的，处3年以下自由刑或者罚金。"①《法国期货交易法》第16条规定："违反第11条、第12条、第13条和第14乙条规定的行为，处以刑法典第313—1条、第313—7条和第313—8条规定的刑罚。"《法国商事公司法》在第2编"法律责任"中的第3章规定了证券犯罪，将"有关股份公司发行有价证券的犯罪行为"分为第1节"关于股份的犯罪行为"、第2节"关于发起人股的犯罪行为"和第3节"关于公司债的犯罪行为"，具体每种犯罪行为都配置了罪状和法定刑。②日本《商品交易所法》的"罚则"中也对期货交易中的各种犯罪行为作了详细规定，并且规定了相应的法定刑，从而保证了每一个应该受到刑罚处罚的犯罪行为都无法逃脱法网，而且有利于在司法实践中的操作。因此，我们应该学习国外附属刑法模式的科学之处，在金融法律中对于需要追究刑事责任的犯罪行为，明确规定罪状以及法定刑，对于在刑法典或单行刑法中已经作出规定的犯罪，至少要在金融法律中明确规定应该适用刑法典或单行刑法的具体条文，倘若该条文包括了数款数个罪名的，则应进一步指明具体适用的条款。

---

① 卞耀武．德国证券交易法律［M］．北京：法律出版社，1999：126.

② 卞耀武．法国证券、期货交易法律［M］．北京：法律出版社，1999：156-162，212.

二、金融安全刑事立法章节编排的构想

根据前述立法模式的构想，由于证券犯罪、期货犯罪、外汇犯罪等采用单行刑法或附属刑法的方式予以规定，因此成为刑法典中金融安全刑事立法章节编排对象的只是稳定性较强的货币犯罪、票证犯罪以及诈骗犯罪等。具体而言，纳入刑法典的罪名应该包括：伪造货币罪（第 170 条），出售、购买、运输假币罪（第 171 条第 1 款），金融工作人员购买假币、以假币换取货币罪（第 171 条第 2 款），持有、使用假币罪（第 172 条），变造货币罪（第 173 条），走私假币罪（第 151 条第 1 款），走私贵重金属罪（第 151 条第 2 款），伪造、变造、转让金融机构经营许可证、批准文件罪（第 174 条第 2 款），伪造、变造金融票证罪（第 177 条），妨害信用卡管理罪（第 177 条第 1 款），伪造、变造国家有价证券罪（第 178 条第 1 款），伪造、变造股票、公司、企业债券罪（第 178 条第 2 款），集资诈骗罪（第 192 条），贷款诈骗罪（第 193 条），票据诈骗罪（第 194 条第 1 款），金融凭证诈骗罪（第 194 条第 2 款），信用证诈骗罪（第 195 条），信用卡诈骗罪（第 196 条），有价证券诈骗罪（第 197 条），保险诈骗罪（第 198 条）。那么接下来的问题就是：上述这些犯罪在章节编排上是否就保持现在的位置不变，还是应该作出一定的调整呢？笔者以为，做出一定的调整更有利于从体系上完善对金融安全的立法保护。鉴于当前刑法分则把“金融管理秩序”作为危害金融安全犯罪共同侵害的同类客体并不全面，不能体现这些犯罪在侵害金融安全这一更为重要的法益方面的危害性，因此，笔者以为，可以在当前刑法分则体系基本保持不变的框架之下，将危害金融安全的犯罪从“破坏社会主义市场经济秩序罪”一章中抽离出来，另立一章“危害金融安全罪”，并且作为第三章列在现行刑法分则“危害国家安全罪”和“危害公共安全罪”之后、“破坏社会主义市场经济秩序罪”之前。

三、危害金融安全犯罪罪名及罪状的构想

针对必须严密金融安全刑事法网的刑事政策，笔者以为，可以通过完善危害金融安全犯罪的罪名及罪状来实现这一要求，根据前述立法模式的构想，纳入刑法典的罪名只是稳定性较强的货币犯罪、票证犯罪以及诈骗犯罪等，而对于证券犯罪、期货犯罪、外汇犯罪、信贷犯罪、基金犯罪等变动较快或者涉及专业性较强的犯罪，则在单行刑法或附属刑法中对相关应当追究刑事责任的行为直接规定明确的刑罚处罚更为适宜，三种立法模式必须同时发挥作用规制危害金融安全的犯罪，方能建立起严密有效的刑事法网。限于文章篇幅，笔者无法对各个非刑事金融法律中应予以犯罪化的行为一一详细列举，在此仅从严密法网的角度就应纳入刑法典的危害金融安全犯罪的罪名与罪状作出论述。

（一）在货币犯罪方面应该作出如下修正：（1）在出售、购买、运输假币罪、金融机构工作人员购买假币、以假币换取货币罪以及持有、使用假币罪的罪状表述中，针对的犯罪对象仅限于伪造的货币，从严密法网的角度出发，应该扩大对象范围，将变造的货币也纳入其中。（2）在犯罪主体问题上，货币犯罪的主体都只能由自然人构成，这一规定与现实中大量由单位来实施货币犯罪的情况不相符，建议除了金融机构工作人员购买假币、以假币换取货币罪之外，其他犯罪应该增加单位作为其犯罪主体，以便更好地维护国家的货币安全。（3）以“交付假币罪”替代“出售假币罪”。交付假币罪是指出于供他人使用的目的而将伪造、变造的货币交付的行为。这里的“交付”外延更广，不仅包括“出售”行为，还包括其他诸如交换、赠与等行为，通过这些行为将假币给予他人使用，同样对国家的货币安全造成损害，因此使用“交付”一词更为合理。（4）以“取得假币罪”替代“购买假币罪”。取得假币罪是指以使用为目的，取得伪造、变造的货币的行为。与前述使用“交付”一词同理，“取得”的行为方式比现行刑法规定的“购买”更多，有利于规制通过除购买方式以外的其他非法手段获得

伪币予以使用的行为。国外如德国、日本、瑞士、韩国等都有此立法例。(5)增设"非法持有、使用专用于制造货币的工具、材料罪",即违反法律规定,出于伪造、变造货币的目的,非法持有、使用专用于制造货币的工具、材料,情节严重的行为。制造货币只能由国家指定的企业来完成,其所涉及的机器、纸张、金属以及其他材料、技术等都是属于非常专业、非常先进的领域,一旦缺乏制造货币资格的个人或单位出于伪造、变造货币的目的而持有、使用这些专用于制造货币的工具、材料时,已经对货币安全造成了实质性的威胁,因此应该对这种行为予以犯罪化规制。

(二)在金融诈骗罪和票证犯罪方面。由于金融诈骗罪与票证犯罪在金融票证欺诈方面存在着交叉,因此在此一并探讨。金融诈骗罪详细划分了八种具体的犯罪,当然其中所保护的法益也包括被害人的个人财产,但倘若仅仅是这一点的话则用"侵犯财产罪"中的"诈骗罪"就足以规制,这类诈骗犯罪与普通诈骗罪的不同之处在于,它们还为对国民经济特别重要的金融信用提供了总体保护,这是普通诈骗罪所无法涵盖的,由于它无法规制"无名氏的犯罪方式和现代生活中错综复杂的经济网络的背后隐藏着的犯罪行为",因此早在一百多年前,当时的立法机构就已断言:"诈骗的定义对于普通的生活环境是够用了,但在股份业方面适用这一定义就不灵了。"① 也正是为了解决普通诈骗罪难以规制金融欺诈行为的问题,德国采用了规定"抽象危害构成"的做法,典型的抽象危害行为有资助诈骗和信贷诈骗,这种犯罪构成只要单纯的欺骗行为就可以构成。② 虽然这种立法方式招致不少批评,但在实践中确

---

① 储槐植.美国德国惩治经济犯罪和职务犯罪法律选编[M].北京:北京大学出版社,1994:443.

② 王世洲.德国经济犯罪与经济刑法研究[M].北京:北京大学出版社,1999:161.

实存在着对新的法益采取新的手段提供新的保护的必要性。① 德国刑法学家汉斯·海因里希·耶赛克指出："由于引进关于投资诈欺（第264条）和信贷诈欺（第265条b）的刑法规定，对经济犯罪作出积极反应的需求，以特别之构成要件规定现代'白领犯罪'的两个特殊形式而得以实现。根据该两个构成要件，只要提供虚假数据即构成犯罪，无需对财产损失的产生包括犯罪故意进行证实。"② 台湾也有学者从司法实务的角度出发认可这种立法方式，"学者专家一致认为'危险构成要件'乃抗制经济犯罪的有效刑法手段。通常对于实害犯的追诉，一定要等到有犯罪实害的出现，如财产的损失，才可开始进行刑事追诉。然而，由于经济犯罪的抽象性与复杂性，若固守犯罪实害的出现，方进行刑事追诉的原则，则行为人极易湮灭证据，而使刑事追诉工作徒劳无功。因此，在经济犯罪之中只要有特定行为的出现，如为诈欺投资而刊登不法或虚伪的广告时，或附以虚伪的出口证明而提出冲退税的申请时，即加以'犯罪化'，而得对之即刻进行刑事追诉，如此，方可确保刑事追诉的成果。职是之故，宜将尚未造成实害的阶段构架成为'抽象的危险构成要件'，而规定于经济刑法中，而以此抽象的经济危险构成要件，作为抗制破坏'超个人'法益之经济犯罪的有效刑法"。"自各国对于经济犯罪的刑事追诉工作经验得知，为数不少之故意行为，在采证上往往发生不能完全证明之现象，为数甚多的经济罪犯乃利用此一现象而动辄以过失为抗辩，往往可以规避刑法的制裁，特别是对于抽象的经济危险犯，如上所述的附以虚伪或不实的加工出口凭证而提出冲退税的申请行为，一旦经刑事司法机构加以刑事追诉时，则行为人即可以不具诈欺故意，而系因过失而提出申请为抗辩。因此，为防堵此等漏洞，宜将轻率过失行为加以犯

① 王世洲．德国经济犯罪与经济刑法研究［M］．北京：北京大学出版社，1999：162.

② （德）汉斯·海因里希·耶赛克．为德国刑法典序［M］//德国刑法典．徐久生，庄敬华，译．北京：中国法制出版社，2000：28.

罪化，而构架所谓‘堵截构成要件’，有此等构成要件，则行为人即不能以过失或非出于故意而规避经济刑法的处罚。"① 反视我国金融诈骗罪的规定，一方面，对此类犯罪予以专节规定在破坏社会主义市场经济秩序罪一章中，表明了立法者有意对金融安全（金融秩序）这种有别于个人财产的超个人法益予以专门保护；但另一方面，该立法未能跳出传统诈骗犯罪立法的桎梏，金融诈骗罪属于经济欺诈犯罪，与传统的诈骗罪有着实质的区别。当前我国对于金融诈骗罪成立的通说是必须具备目的要件和结果要件，导致了在诉讼证明上存在较大的难度，往往成为行为人逃避罪责的借口，侦查机构必须将注意力放在对欺诈数额这一犯罪结果的调查上，方能证明行为人"非法占有"的目的以及达到成立犯罪所要求的数额，却忽略了金融欺诈的过程和欺诈行为本身，可能会错过一些在侦查阶段挽回损失的机会，因此这样的规定并不利于对金融安全的保护，而且与各国惩治金融欺诈主要由行为犯构成的立法趋势不符。正如有观点指出的，刑法不但应该对侵权法意义的诈骗行为予以犯罪化，而且对发生在法律行为制度运作过程中的经济性欺诈行为也应注意实施犯罪化的立法，国外立法对经济性欺诈犯罪大多采用行为犯的模式加以规制，体现了刑法规范与法律行为制度的直接协调与适应，而我国刑法中对金融诈骗罪的规定则是把发生在法律行为制度运作中的欺诈行为转换为传统的诈骗犯罪，使刑法与民商法和经济法的关系发生了扭曲。②

对于以上金融诈骗罪存在的困境，笔者以为，可以借鉴国外立法，采用"抽象的危险构成要件"和"堵截的构成要件"理论增设一部分以行为犯为立法模式的犯罪，在不能证明行为人的主观目的或者行为人并不具有上述目的却又对金融安全造成侵害的情况

---

① 林山田．经济犯罪与经济刑法［M］．台北：台北三民书局，1981：104，105.

② 刘远，于改之．金融诈骗罪立法评说——从欺诈犯罪说起［J］．法学，2001（3）．

下，根据堵截的构成要件来处理，堵塞上述漏洞。实际上我国刑法也已有立法例，如非法吸收公众存款罪和集资诈骗罪就是相对应的两个犯罪，以及刑法修正案（六）新增加的骗取金融机构信用罪与贷款诈骗罪、信用证诈骗罪也存在这种关系，以往我国有关司法机关在实践中曾先后多次对那些不具有非法占有目的的，或者无法确证行为人具有非法占有目的的，骗取信用证后进行非法融资的行为，以行为人涉嫌信用证诈骗罪为由提起公诉，有的已作出有罪的生效判决，比如天津南德经济集团以及牟其中、姚红等信用证诈骗罪案，① 因此，骗取金融机构信用罪的出台就可以避免这种尴尬局面的出现。对于其他金融诈骗罪也可以部分设置类似罪名，具体构想如下：(1) 增设"恶意逃避信贷债务罪"，即借款人在贷款合同期满后，以隐匿财产、虚假破产或者其他方式恶意逃避清偿信贷债务，数额较大的行为。(2) 增设"行使虚假金融票证罪"，即以行使为目的，交付、取得虚假的金融票证，或者使用虚假的金融票证进行其他活动，数额较大的行为。实践中，行为人通过购买、出售、转让、赠与等方式行使明知是伪造、变造的金融票证，或者行为人并非要骗取金融票证本身所具有的价值，只是使用这些伪造、变造的金融票证作为周转的手段，达到其用作担保、贷款、融资或实施其他活动的目的，虽然行为人自身具有实际偿还能力而且往往最终有归还的事实，但是其利用虚假的金融票证的行为本身就已经造成了对金融信用的损害，对金融安全造成了威胁，因此必须予以规制。(3) 增设"骗取有价证券罪"，即以虚构事实或隐瞒真相的方法取得有价证券进行非法活动，数额较大的行为。实践中，在行为人并非要骗取有价证券本身所具有的价值，或者难以证明行为人具有非法占有目的的情形中，行为人只是在骗取有价证券后将其作为周转的手段，达到非法融资或实施其他活动的目的，此时若以相关金融诈骗罪来定罪似有不妥。

---

① 赵秉志．金融诈骗罪新论［M］．北京：人民法院出版社，2001：328.

另外，除了制定具有堵截犯罪人逃脱法网功能的构成要件以外，还应该注意保险诈骗罪罪状的修正。学界关于保险诈骗罪罪状表述缺乏科学性的问题已经探讨得相当之多，人们也提出了各种不同的建议和改进方法，本文在此不复赘述，笔者比较赞成对该罪罪状表述作出如下修正：有下列情形之一，进行保险诈骗活动，数额较大的，处……：(1) 投保人虚构保险标的，骗取保险金的；(2) 投保人、被保险人或者受益人对发生的保险事故编造虚假的原因或者夸大损失的程度，骗取保险金的；(3) 投保人、被保险人或者受益人编造未曾发生的保险事故，骗取保险金的；(4) 以其他方法实施保险诈骗，骗取保险金的。①

实际上，不论危害金融安全犯罪的刑事立法如何细密，金融市场、金融行为的多变性和刑法典的相对稳定性决定了对这类犯罪的惩治具有较大的难度。即使我们通过刑法典和特别立法方式不断制定新的犯罪类型，在利益损害发生前对其进行限制，有利于防止受害范围的扩大，然而立法限制了一种行为，罪犯便马上转移到没有限制的行为方式上去，就如有日本学者将法的限制与隐瞒交易的关系比喻成猫和老鼠的关系一样，这是一种“敲打鼹鼠”的游戏。②因此，对于危害金融安全行为的犯罪化将会是一个不断持续的过程。

四、危害金融安全犯罪刑罚配置的构想

正如前文所分析的，我国危害金融安全犯罪的刑罚存在种类偏少、幅度过大、惩罚偏重等缺陷，因此有必要结合此类犯罪的特征进行一定的修改和完善，具体构想如下：

(一) 刑罚力度向宽缓化转变，废除或限制重刑，以适用中等

---

① 赵秉志，杨诚．金融犯罪比较研究［M］．北京：法律出版社，2004：340.

② (日) 西原春夫．日本刑事法的重要问题（二）［M］．金光旭，译．北京：法律出版社，日本：成文堂，2000：43，44.

刑以及轻刑为主①

实施危害金融安全犯罪的主体往往是“白领”，他们心思慎密、拥有一定的专业知识、实践经验丰富、头脑相当聪明、灵活，善于在实务中发现金融监管的漏洞，并往往在制定周密的犯罪计划之后才予以实施，这些“知识精英”们当然能够明白罪行一旦败露等待他们的将会是严厉的处罚，不但断送自己美好的前程，甚至可能搭上宝贵的生命，但是他们并不会因此而停止，严厉的刑罚只能促使金融犯罪人思考如何逃避刑罚，思考如何更为谨慎、更为细密地实施犯罪而不被发现。因此，重刑实际上并没能发挥其威吓进而阻止潜在犯罪人实施犯罪的功能，况且危害金融安全犯罪作为行政犯并不具备自然犯的道德批判因素，对行政犯大量规定死刑的做法有损我国的国际形象，与当代世界刑罚宽缓的趋势相悖。因此，对于惩治危害金融安全的犯罪的刑罚力度，应该以宽缓化为适宜。然而现行刑法将危害金融安全的犯罪与一般的治安犯罪、暴力犯罪同等对待，施以重刑，期望能够起到威吓作用以防控犯罪，但实践中愈演愈烈、层出不穷的危害金融安全犯罪案件的发生已经证明了这一刑罚思想方向的偏差。根据前述刑罚宽缓化的刑事政策思想，笔者以为，对于作为行政犯的危害金融安全犯罪，应该废除死刑的适用，对于一些极少数危害后果特别严重或者情节特别严重的犯罪，可以有限制地适用无期徒刑并处财产刑，笔者以为只有伪造货币罪和走私假币罪、走私贵重金属罪可以作出这样的规定；对于如出售、购买、运输假币罪、金融工作人员购买假币、以假币换取货币罪以及金融诈骗罪中危害后果特别严重的，其最高刑可以适用10年以上有期徒刑，并处财产刑、资格刑，就已经足以达到报应目的和剥夺犯罪人的再犯能力；对于如伪造、变造金融票证罪、伪造、变造国家有价证券罪、伪造变造股票、公司、企业债券罪等应

① 一般以为，重刑指死刑、无期徒刑和10年以上有期徒刑，轻刑指3年以下有期徒刑、拘役和管制等，中等刑则是介乎于二者之间的刑罚，即3年以上有期徒刑至10年以下有期徒刑这一部分。

该将其最高刑设定为10年有期徒刑，至于其他证券犯罪、期货犯罪、信贷犯罪、外汇犯罪等也应该以10年以下有期徒刑作为界限，并以5年以下有期徒刑、3年以下有期徒刑或拘役，并处财产刑、资格刑为主。对于前述就金融欺诈行为增设的行为犯，由于已经将危害结果发生的阶段前置而纳入到刑法规制范围，因此在处罚上应该配置较轻的刑罚，一般以3年以下有期徒刑或拘役，并处或单处罚金刑、资格刑为宜。

（二）增加资格刑的种类，修改财产刑的规定

所谓资格刑是指剥夺犯罪人享有或行使一定权利的资格的刑罚。我国刑法中规定的资格刑包括剥夺政治权利和驱逐出境，前者往往是适用于危害国家安全、公共安全、侵犯公民人身权利、民主权利、财产权利等犯罪中，后者仅适用于在我国境内犯罪的外国人。在此我们主要论述剥夺政治权利这一刑罚。在危害金融安全的犯罪中没有资格刑的直接规定，只是依照刑法第57条“对于被判处死刑、无期徒刑的犯罪分子，应当剥夺政治权利终身”的规定，危害金融安全犯罪分子如果被判处死刑或无期徒刑的，则附带剥夺政治权利。因此一方面资格刑在危害金融安全犯罪中的作用并没有被立法者所注意，另一方面，就目前我国刑法中资格刑的内容而言，对危害金融安全犯罪根本起不了遏制的作用。根据刑法第54条的规定，剥夺政治权利是剥夺下列权利：1. 选举权和被选举权；2. 言论、出版、集会、结社、游行、示威自由的权利；3. 担任国家机关职务的权利；4. 担任国有公司、企业、事业单位和人民团体领导职务的权利。其中第三、四项担任相关职务的权利被剥夺可能会对犯罪人产生一定的影响，但事实上很大一部分实施危害金融安全犯罪的主体并不需要具备以国家机关或其他国有单位、事业单位、人民团体为依托的背景，因而这一资格刑对于危害金融安全犯罪的针对性是相当有限的。由于犯罪人实施危害金融安全犯罪的动因往往来自于谋取巨额利润的诱惑，因此注意适用有利于阻断犯罪人巨额金钱利益来源的刑罚更能起到防控犯罪的作用。因此，“从业资格”应该是一项引起立法者注意的内容。在许多涉及金融业

务的领域当中，“从业资格”成为人们从事某种金融业务的前提条件，如证券从业资格、期货从业资格、会计师资格、基金从业资格，等等，一旦丧失这种资格，行为人将无法再进入金融市场从事相关业务，因此资格持有人对此是相当珍视的。危害金融安全犯罪人往往是熟知各种金融运作规则的专业人士，倘若有“禁止从业”作为相关犯罪的资格刑，将会大大地震慑住一些潜在犯罪人，因为一旦他们的犯罪行为被揭露，他们付出的代价将会是连追逐正当金钱利益的机会都丧失，因而这种刑罚方式的针对性是很强的。相应地，对于单位犯罪，可以增设“解散单位”的规定，对于单位而言，无疑等于被判处死刑，其犯罪能力也将不复存在。实际上，学界早已有类似观点的提出，认为对剥夺特定职业权，即剥夺犯罪分子从事某种特定职业或生产经营活动的权利，确有必要加以规定，既是对其犯罪的一种惩罚，也是防止其利用职业再犯罪的一种重要手段。①

我国刑法规定的财产刑包括罚金刑和没收财产刑。虽然在刑法理论上，人们对罚金刑褒贬不一，但各国在立法中几乎是无一例外地对经济犯罪规定了这一刑罚，这表明其对经济犯罪的遏制功能为人们所认同。在我国危害金融安全的犯罪中，罚金刑被广泛适用的事实也证明了其地位的重要性。就各国对罚金的具体计算方式而言，一般有倍比罚金制、日数罚金制等，我国则同时兼采了限额罚金制和倍比罚金制两种计算方式，前者如刑法第 170 条规定的，“伪造货币的，……并处五万元以上五十万元以下罚金；……”，后者如第 175 条规定，“以转贷牟利为目的，套取金融机构信贷资金高利转贷他人，违法所得数额较大的，……并处违法所得一倍以上五倍以下罚金；……”，或者如第 179 条表述为：“未经国家有关主管部门批准，擅自发行股票或者公司、企业债券，数额巨大、后果严重或者有其他严重情节的，……并处或者单处非法募集资金金额百分之一以上百分之五以下罚金。”相对确定的罚金计算方式

① 马克昌．刑罚通论［M］．武汉：武汉大学出版社，1999：242.

在保持灵活性的基础上又为司法操作提供了明确的标准，应该说这样的规定是比较科学的。但是同时我们不难发现，刑法只是对自然人犯罪的罚金计算方式作出了明确规定，而对于单位犯罪则只是笼统地规定“对单位判处罚金”，根本没有具体明确的罚金计算标准可以适用，这有违罪刑法定原则，并为司法裁量权的自由擅断留下了缺口。笔者以为，单位犯罪所造成的损失或者非法获利的数额大小可能非常悬殊，难以准确把握，因此相比之下，倍比罚金制将更有利于对犯罪单位罚金的计算，它以犯罪数额作为计算依据，建立起一个相对确定的标准，在犯罪人造成的社会危害性大小的一定范围内对其进行惩处，体现出罪责刑相适应原则，同时还防止了司法审判中的随意性，有利于司法实际操作。况且倍比罚金制在单行刑法中已经得到适用，《关于惩治骗购外汇、逃汇和非法买卖外汇犯罪的决定》在修改刑法第 190 条逃汇罪时，已经明确规定“对单位判处逃汇数额百分之五以上百分之三十以下罚金”；对于骗购外汇罪则明确规定“对单位依照第一款的规定判处罚金”，即按照“并处骗购外汇数额百分之五以上百分之三十以下罚金”的规定。因此，刑法完全有理由将倍比罚金制全面吸纳到危害金融安全犯罪的规定当中，进一步完善罚金刑的规定。

没收财产是我国财产刑中的一种。在我国刑法规定的危害金融安全犯罪中，大量地适用了没收财产刑，作为在重罪加重情节的刑罚中附加适用，如走私假币罪、伪造货币罪、金融诈骗罪等，规定了没收财产的罪名共占危害金融安全犯罪总数的 40%，其规定方式是绝大多数与罚金刑并列作为选择性刑罚方法，在条文中表述为“并处……罚金或者没收财产”。只有刑法第 199 条的规定是例外，即对于构成集资诈骗罪、票据诈骗罪、金融凭证诈骗罪、信用证诈骗罪，数额特别巨大并且给国家和人民利益造成特别重大损失的，处无期徒刑或者死刑，并处没收财产。从以上立法规定不难看出，虽然没收财产刑作为一种刑罚方法出现的频率较高，但刑事立法对它的具体适用并没有像罚金刑那样规定出明确的标准。在其他法律文件中，如 2000 年《全国法院审理金融犯罪案件座谈会纪要》在

"财产刑的适用"部分，只谈到罚金如何适用，根本就没有涉及任何没收财产刑的问题。2001 年最高人民法院发布的《关于适用财产刑若干问题的规定》中，虽然谈及没收财产刑，但都是概括性的规定，但并无多少实质性内容，可见没收财产刑在司法实践中也没有受到重视。在国际上，与罚金刑受到"褒贬不一"评价的状况不同，没收财产刑受到的是一边倒的责难批评之声，英国、意大利、日本、德国、瑞士等许多国家的刑法早已摒弃了这一刑罚方式，因为从没收财产刑在刑罚体系中的地位来看，它是属于重刑的范畴，是针对被判处重刑的犯罪人从经济基础上剥夺其在社会中的物质生存条件的刑罚方法。有学者指出，从人道主义的立场上讲，没收财产刑（一般没收）属于过于严厉的刑罚方法，可以归入酷刑的范围，因为没收财产意味着消灭人的社会存在的物质基础，并严重地波及到受刑者无辜的家人，其非人道性并不亚于死刑。这也就是为什么大多数国家的刑法不规定没收财产，而且还有一些国家在宪法中明确地规定禁止规定和适用没收财产刑的原因。① 国内还有不少观点都赞成废除没收财产刑。② 笔者以为，在实行刑罚现代化的今天，对于没收犯罪人合法积累的财产的刑罚确有值得反思的必要。从刑罚目的上看，现代刑罚观以帮助犯罪人"复归社会"作为其重大目标之一，而没收财产则恰恰是将犯罪人复归社会的重要保障——物质基础予以毁灭，这往往成为犯罪人出狱后因失业、生活无着落等经济因素而重新走上犯罪道路的重要原因之一，其存在的正当性和合理性是值得怀疑的，尤其当罚金刑可以作为对犯罪人财产的报应性处罚时，没收财产刑似乎没有存在的必要。

---

① 曲新久．轻刑化与非刑罚化在中国［M］//中国政法大学刑事法律研究中心，英国大使馆文化教育处．中英量刑问题比较研究．北京：中国政法大学出版社，2001：103.

② 邱兴隆，许章润．刑罚学［M］．北京：中国政法大学出版社，1999：221；李洁．论一般没收财产刑应予废止［J］．法制与社会发展，2002（3）；熊向东，王思鲁．再论没收财产刑的废止［J］．河南省政法管理干部学院学报，1998（1）．

第五章　金融安全的刑事司法研究

所谓“徒法不足以自行”，不论有多么完美的立法，倘若缺乏司法的配合仍然是无法实现的。在法理学上，对于何谓“司法”有着不同的看法，其中“大司法权说”认为司法是指国家司法机关及司法组织在办理诉讼案件和非讼案件过程中的执法活动，这里的司法机关是指负责侦查、检察、审判、执行的公安机关（含国家安全机关）、检察机关、审判机关、监狱机关。而司法组织则包括律师、公证、仲裁组织。①“两权说”则认为司法权一般指由人民法院行使的审判权和由人民检察院行使的检察权。② 本文对刑事司法的理解采广义说。刑事司法对于刑事法制尤为重要，它意味着对于应受刑罚处罚的犯罪行为，由享有司法权的国家机关予以追诉、审判，并执行刑罚的全过程。国家发动司法权的最终目的是通过司法活动使刑事立法所追求的目的和所设定的任务得到实现，对危害金融安全犯罪的刑事司法也是一样，期望能打击此类犯罪，对犯罪人进行矫治，预防犯罪的发生，保护好金融安全进而维护国家安全。由于选题限制，本文不打算面面俱到地论述刑事司法的所有问题，而是根据危害金融安全犯罪的特殊性和复杂性，讨论在危害金融安全犯罪的刑事司法活动中如何进一步理顺机制，完善制度设计，解决好司法过程中遇到的一些特殊问题，以更好地服务于保护

---

① 胡夏冰．司法权：性质与构成的分析［M］．北京：人民法院出版社，2003：145.

② 胡夏冰．司法权：性质与构成的分析［M］．北京：人民法院出版社，2003：154.

金融安全这一最终目的。

第一节　金融安全刑事司法的基本问题

一、刑事立法与刑事司法之间的关系

随着人们对刑事立法技术研究的日益深入和运用的日益熟练，刑事立法的条款内容更加具体，条理更加清晰，逻辑更加严密。从理论上讲，刑事立法的不断修订，意味着法律具有了更强的针对性、操作性和可预测性。然而刑法表面完备性的提高，并不一定能带来司法操作上的顺畅，究其根源是因为刑法建立在一般性的或者说是浅层次的形式逻辑推理的基础上，法理学对此的归纳就是“行为模式+法律后果”公式或者“假定—处理—法律后果”的思维进路。如果司法实践中的所有对象都可以抽象成“大前提”、“小前提”，那么“结论”是比较容易被推导出来的，但是真正的司法实践却是充满着假象和其他迷惑性因素的，更遑论司法者在推理过程中难免出现的逻辑错误和逻辑悖反。我们往往对刑法规则过度依赖和过高期待，轻信法条完备能解决所有问题而冷落了司法实践，出现“立法单边主义”的状态，即立法修改法条，司法依赖法条，学者注释法条，法条万能思想泛滥，法条崇拜之风盛行。“对刑法规则的过度迷信和依赖，已经走向了事物的反面，刑法实践备受冷落，刑法的公正性演化为刑法法条的公正性。”① 事实上，刑法是静态的，刑事司法活动是动态的，两者各有其内在规律和外部特点，这是一对矛盾关系。刑法的修订与完善并不能代表刑事司法运行的顺畅，本应由刑事司法解决的问题刑法也不能越俎代庖，一概包办。因此我们必须要研究刑事立法对刑事司法的传动原理以及两者间相互作用、相互促进的问题，有学者把这一过程称为刑法

---

① 宗建文．刑事立法思想现实化［EB/OL］．中国法学网，http：//www.iolaw.org.cn/paper19.asp.

机制（刑事立法机制和刑法适用机制的总和）的构建。①以往我们往往把这一问题简单化，总是醉心于修订刑法，当刑事立法无法解决刑事司法问题时，就把这一难题交给最高人民法院和最高人民检察院去研究制定司法解释，如果司法解释再解决不了问题，就推动下一轮的刑事立法。如此反复循环，造成了两大怪象：一是如果只有法律，没有司法解释，刑事司法活动似乎寸步难行；二是司法解释多了，规定细了，却未见得更好操作，司法者有时反倒无从下手。归根到底，是我们没有重视对刑事司法的研究，没有重视对刑事司法活动中人的能动性的研究。应该说，刑事司法问题决不仅仅是研究刑事程序法的学者的任务，也应该是刑法学者的分内之事。系统地看，刑事立法和刑事司法的关系是：首先，刑事立法是刑事司法的外部保障和终极依据，脱离了刑事立法的刑事司法就会转化为随意制刑，专横擅断；刑事司法是刑事立法的动态演绎，通过刑事司法来体现刑法的权威性，落实刑法的功能。其次，刑事立法和刑事司法各有分工，互相制约，但不能相互重叠。刑事立法不可能对司法过程中可能出现的所有问题予以全面规制，只有通过刑事司法的能动性来发挥对刑事立法的技术性补遗作用。

在危害金融安全犯罪的问题上，立法者在起草相关刑法条款时，对于这类犯罪的认识往往是来自于对刑事司法的总结，若想要达到立法者所预想的目的必须依靠刑事司法的辅助与实践，而不是仅仅靠立法本身和法律解释就能够完成的。经验性的刑事司法在促进刑法完善方面发挥着重要的作用，如前文列举的两个案件就反映了这一点。在沈太福案件中，被告人沈太福成立的北京长城机电产品集团公司，打着“兴办民办集体企业和发展高科技”的幌子，以发展节能发电机为名成立，从 1989 年至 1993 年 3 月，非法集资达 10 亿元，年息高达 24%；还以金钱收买国家科委的高级官员和少数记者为非法集资制造舆论，欺骗公众。用现行刑法衡量，沈太

① 参见宗建文．刑事立法思想现实化［EB/OL］．中国法学网，http://www. iolaw. org. cn/paper19. asp.

福的犯罪行为无论从行为方式还是数额、情节上都可以构成集资诈骗罪，但是当时的刑法还没有这一罪名，最终沈太福是以在非法集资中所牵涉的贪污罪和行贿罪被判处死刑。另一宗案件是发生在中国农业银行衡水中心支行的一百亿美元备用信用证诈骗案件，对该罪的首犯美籍华人梅直方以诈骗罪、伪造公文印章罪数罪并罚，判处有期徒刑二十年和驱逐出境。当时的刑法中也没有信用证诈骗罪，对犯罪人比一般商业诈骗严重得多的行为也只能以普通诈骗论处。这两起案件在司法中暴露出的问题应该说给立法者造成了相当大的震撼，之后就有了1995年《全国人大常委会惩治金融犯罪决定》的出台。可见，只有在司法当中才能真正验证立法的实际效果及其完备性。金融刑事司法往往由于未能与立法很好地衔接，关系处理不顺，在司法过程中出现不少令人无奈之处。如刑事立法的确定性与刑事司法的自由裁量权之间的关系问题。在刑法典和单行刑法中规定的危害金融安全犯罪有40个，所有的条文加起来不过千余字，在具体案件的运用中必定会遇到一些条文中无法言明的特殊情况，如我国金融法规中附属刑事条款的问题，前文已经谈到，立法者只是轻描淡写地以“构成犯罪的，追究刑事责任”一笔带过所存在的问题，倘若确实出现附属刑事条款中规定的情况而刑法又缺乏对应性条款时，司法者只能以刑法无此规定的理由不了了之，这样的结局并非是立法者的初衷。因此，我们必须重视对刑事司法的研究，处理好它和立法之间的关系，而不是简单地把矛盾上交给立法者或留给司法者自己。

二、刑事司法对刑事立法价值的补强

对于刑事司法的价值，学者们围绕着公正与效率、打击犯罪与保护人权、程序正义与实体正义的话题已经探讨得非常深入，在此笔者不打算重复。笔者想略微谈一下刑事司法所具有的对刑事立法价值补强的功能。刑事立法是蕴涵着内在价值的，但同时刑事立法本身的局限性又妨碍着这些价值的实现，这不但需要刑事司法的技术性补遗，也需要刑事司法的价值性补强。简单地讲，刑事立法是定性的，把刑法适用成什么样，能在多大程度上体现立法者所代表的国家意志，彰显法律的应然价值与实然价值，立法者的预知性是有限度的，立法者所能采取的控制手段就是在犯罪构成要件的规定上和在刑罚的设置方面体现国家对刑事法律价值的扬弃。也可以说，刑事立法是用规则裁判人，在规则里体现出公正、功利、谦抑、保障人权等功能定位。尽管犯罪构成的规定都有一定的定式，而且很大程度是源于对既往司法的总结、浓缩，但是它也存在理想化、过分偏重逻辑的不足。正如美国大法官霍姆斯所说："法律的生命不是逻辑，而是经验。一个时代为人们感受到的需求、主流道德和政治理论、对公共政策的直觉——无论是公开宣布的还是下意识的，甚至是法官与其同胞们共有的偏见，在决定赖以治理人们的规则方面的作用都比三段论推理大得多。"① 这在一定程度上表达了对偏重逻辑的做法的否定。刑法的操作性问题只能由刑事司法来解决，刑事司法是一种"人裁判人"的活动，在此过程中，司法者通过对犯罪构成的理解完成对犯罪行为的判断，进而决定刑罚的度量。人们通常担忧的是司法者滥用这种度量权，破坏刑法的谦抑性和人权保障性，殊不知司法者如果没有察觉出犯罪构成的不可靠性，只是机械地套用，刑法打击犯罪保护社会的功能同样也会受到损害，刑法的功利价值也只能部分地实现。因此，必须发挥刑事司法所具有的能动性价值，通过司法者对法律适用的规范解释和自由裁量来给出犯罪构成所无法确定的答案，使"死"法变成活法。正如有外国学者指出的："你越是不死扣法条，你反而越能掌握其要领。反之，你越是苛求法律规范的含义像数学定律般简明，那么，处理一场官司时你就越糊涂，越抓不到法的精髓。"② 这点明了刑事司法所具备的促成刑事立法价值目标实现的功能。因此，我

① （美）小奥利弗·温德尔·霍姆斯．普通法［M］．冉昊等，译．北京：中国政法大学出版社，2006：1.

② （美）卜思天·儒潘基．比较刑事法的若干法哲学思考［J］．杨忠民，译．比较法研究，1995（1）．

们能够看到，刑事司法活动除了有自己的自身价值，也有和刑事立法耦合的共同价值，那就是促进刑法惩罚犯罪的使命的彻底实现，弥补刑事立法功能上的局限。在这一点上，就像马克思所说的，程序法和实体法“二者之间的联系如此密切，就像植物的外形和植物的联系，动物的外形和血肉的联系一样”，而且这种价值也不与刑事司法的其他价值如公正、效益及人权保障相背离。

具体到危害金融安全犯罪，虽然刑法条文中犯罪构成的规定是以犯罪行为为蓝本的，但司法者却不能先入为主，而是应首先在头脑中构建金融行为的正态模型，然后将其与被追诉的金融行为相对比，根据一定的标准，如安全标准、稳定标准、秩序标准、权利标准等，对这些被追诉行为进行评价，确定这些行为同刑法的犯罪构成要件的契合程度以及和立法者价值标准的背离程度，然后对犯罪行为的“度”和“量”进行赋值。由于刑法规定的局限性特别是犯罪构成规定的单调性，在对其评价、赋值的过程中，司法者会遇到不少困难，正如有学者认为：“我国刑法的犯罪构成结构是耦合式结构，将四大要件先分而论之，然后加以整合。其长处是简单易懂，便于司法人员掌握……但这种耦合式结构也存在缺陷，主要是将犯罪构成要件之间的关系确定为一种共存关系，即无我则无你。只有四个要件全部具备了，才说得上是犯罪构成的要件。但在具体论述时，又分别作为犯罪构成的要件加以阐述。这样，在部分与整体的关系上存在逻辑混乱的现象……这个犯罪构成体系存在机械、僵化等缺陷，在许多问题上并没有真正划清罪与非罪的界限。”①有学者更直接指出，我国刑法犯罪构成结构的缺陷是，犯罪构成内部层次关系不清楚，这种层次关系即逻辑结构的含糊不清导致了司法实践的困境重重。② 司法者在这个过程中，除了要通晓法律，还

① 陈兴良．刑法哲学［M］．北京：中国政法大学出版社，1993：549-550.

② 储槐植．论刑法学的若干重大问题［J］．北京大学学报：哲社版，1993（3）．

必须去学习金融、经济知识，才能比较准确地把握被追诉行为对金融安全破坏的着力点在何处，对金融安全的侵害深度如何。而这些在刑法中，在危害金融安全犯罪的犯罪构成中都是找不到的，需要司法者缜密的观察，睿智的分析，精确的提炼，把混沌的行为转换成清晰的事实图景和证据链条，使高高在上的刑事立法能够顺利"着陆"。司法者这些艰苦的劳动实际上就是对刑事立法价值的后续诠释，也是对刑事立法未尽价值的促进和补充。

第二节 金融安全刑事司法保护的若干问题

保护金融安全的刑事司法是一个连续的过程，起始于对金融安全犯罪行为的立案侦查，尔后是终结侦查、移送起诉、提起公诉、开庭审理、作出判决，终结于刑罚执行完毕。在这一过程中涉及很多方面，其中有些是刑事诉讼程序方面的事项，有些则是关系到刑事实体方面的问题。在本节中，笔者不准备全景式地探讨刑事司法一般过程中方方面面的问题，而是按照审判前的侦查、审判中的认定以及审判后的执行的司法过程，主要就与刑事立法密切相关的一些法律适用问题发表一些看法，如就危害金融安全犯罪在立案方面、证据的认定、罪与非罪的区分、数额犯问题、罪数的认定、刑罚的执行等问题进行一些理论评述，并结合一些具体罪名的分析，以期能够对金融安全的刑事司法保护提出一些有益的建议。

一、危害金融安全犯罪侦查的若干问题

（一）危害金融安全犯罪立案的有关问题

1. 现行追诉标准的合法性探讨

根据我国刑事司法活动的分工，危害金融安全犯罪的侦查权由公安机关行使。该机关在收到举报，掌握犯罪线索后，根据一定的判断标准决定对有关行为是否采取立案措施。如采取立案措施，则标志着刑事法律适用过程的起步。为了便于公安机关办理此类案件，最高人民检察院、公安部发布了《关于经济犯罪案件追诉标

准的规定》，该规定是以刑法为依据，对公安机关在立案侦查、检察机关在审查批捕、审查起诉的活动中应该采用怎样的追诉标准作出了明确规定，在不遗漏犯罪的同时又有利于防止扩大打击面和浪费司法资源，而且使办案人员受到制度约束，不能任意裁量。然而，以这种方式来确定追诉标准的做法仍有值得商榷之处：

(1) 这一追诉标准本身的合法性存在欠缺。我国刑法明确了罪刑法定原则，即构成犯罪的条件和适用怎样的刑罚都由法律来规定，当然这不是完全由刑法来垄断，同时还有刑事诉讼法、监狱法等其他的法律来共同规制。最高人民检察院、公安部关于追诉标准的规定实际上涉及一个很重要的问题，即是否构成犯罪的问题。如此重要的内容无疑是需要基本法律或立法机关授权才能作出的，而上述两机关既没有得到刑法或刑事诉讼法的授权，也没有得到全国人大及其常委会的授权。从理论上说，它们属于国家的司法机关，根据宪法关于国家机关职权的分工，它们是在法律的指导下行使司法权，但是刑事司法权并不代表享有司法决断权，甚至是等同或替代法律的判断权。在刑法和刑事诉讼法中也不能找到这样的肯定性指引。笔者认为，如此重要的关于罪与非罪的判断准则，不应以此种形式作出，更不应由这两个机关作出，其最适当的做法可以有两种，一是作为刑事诉讼法的实施细则或作为附件，由立法机关作出，或得到立法机关的授权而制定，成为真正的法律。当然如果条件具备，也可以单独成为侦查法，作为刑事诉讼法典的一部分。另一种做法是参照美国模范刑法典那样，不具有正式的法律效力，既可以由公安、检察机关制定，学者们也可以提出危害金融安全犯罪的追诉标准，供实务部门在办理案件时参考。相比之下，笔者认为后一种方式是更为适宜的。理由在于：首先，金融安全刑事犯罪活动千变万化，手段不断翻新，规定一种这样的追诉标准只能是针对那些发生过的犯罪类型，对新的犯罪形式起不到作用，而且即便是针对曾发生过的犯罪形式也难免挂一漏万。其次，在不同时期、不同地域、不同金融环境下实施犯罪，其危害性差别悬殊，硬性地总结出几大标准，划出几大禁区，并不能准确地描绘出金融安全的危害性状况。如各个地方的金融发展水平差异，在甲地属性质严重的行为，在乙地可能只是轻微，这样统一的规定也有可能会束缚办案人员的手脚，过于僵化。

（2）这一追诉标准把犯罪预判权交给了法院以外的机关。刑事诉讼法明确规定，裁判行为人是否构成犯罪，应否受到处罚的权力只能由法院来行使，其他任何机关都不能越位，如果把这种追诉标准规定为法律，实际上等于将犯罪预判权交给了法院以外的机关。笔者认为，即使要预判也只能是在检察机关提起公诉时预判，而不能在尚未立案就进行预判。相反，如果剥夺这种追诉标准的法律效力，采取一种指导性的标准，侦查人员就可以根据具体案件，结合以往追诉的情况，结合各方面对此问题的分析来处理具体案件。如果公安、检察机关认为某一行为没有必要启动刑事司法程序的，就可以不进一步侦查；如果认为有必要启动这一程序的，可以启动。与此同时，如果受害者或其他组织认为公安机关、检察机关不予启动侦查程序判断错误，有违法律规定的，也可以根据刑事诉讼法的规定直接向人民法院起诉。对于犯罪嫌疑人而言，如果认为自己不应该受到刑事调查，可以自行申辩或聘请律师介入侦查阶段的活动，也不会因为标准不明而出现侵犯人权的行为。相反，公安、检察人员会更为慎重，更要搞准，对有把握的案件会毫不犹豫地去侦查，对没有把握的案件会更仔细地了解外围情况，收集更多线索。从现实情况看，公安、检察两机关对这一追诉标准的法律地位和效力持一种含糊、隐晦的态度，没有贸然公开承认它是法律，更没有在这一追诉标准的文首标明“依照刑法和刑事诉讼法的规定”，其定位也只是作为内部文件掌握。与其如此，还不如将其完全转化为一种指导性规则，以消除误解。

2. 对危害金融安全犯罪立案标准的评述

前文中，笔者表达了应提高危害金融安全犯罪追诉率的观点，只有采取更全面、更可行、更具有参照性的立案标准，才能确保罪犯逃不出法网。现在，公安、检察机关已经研究制定了部分犯罪的追诉标准，总的来说规定得比较细致，但当中也存在一些问题，具体评述如下：

（1）对于危害货币管理制度的犯罪，追诉标准作了如下规定：①走私假币案件，犯罪嫌疑人涉嫌走私伪造的货币总面额达到二千元以上或者币量达到二百张（枚）以上的；②伪造货币案件，犯罪嫌疑人涉嫌伪造货币，总面额达到二千元以上或者币量达到二百张（枚）以上的；③出售、购买、运输假币案件，犯罪嫌疑人涉嫌出售、购买伪造的货币或者明知是伪造的货币而运输，总面额达到四千元以上的；④金融工作人员购买假币、以假币换取货币案件，金融机构的犯罪嫌疑人购买伪造的货币或者利用职务上的便利，以伪造的货币换取货币，总面额达到四千元以上或者币量达到四百张（枚）以上的；⑤持有、使用假币案件，犯罪嫌疑人明知是伪造的货币而持有、使用，总面额达到四千元以上的；⑥变造货币案件，犯罪嫌疑人涉嫌变造的货币总面额达到二千元以上的，如果达不到上述标准，则不予立案。

首先，上述标准是单纯的数额认定法，虽然数额认定起来最为直观，但不注意考虑其他的犯罪情形是不周到的。刑法对货币犯罪的定罪除了看数额是否巨大外，也规定有其他严重犯罪情节这一条，这一精神在追诉标准中没有得到体现。其次，在侦查起始阶段，可能因为掌握的犯罪线索或查获的犯罪证据有限，一时还达不到上述数额要求，但随着案件侦查的深入，深挖出犯罪行为就可能不止这个数额。如果因此不予立案，放弃了侦查，就很可能遗漏了犯罪。因此，笔者建议对此类犯罪采取综合的立案和追诉标准制度，即只要掌握了犯罪嫌疑人涉嫌伪造、变造、持有、运输、销售、购买、兑换假币（货币）的行为并且经查证面值接近上述数额标准的，应予立案。同时，对掌握犯罪嫌疑人有此类犯罪的前科或曾经受过行政处罚又再次犯案的，或犯罪嫌疑人可能是团伙作案的，或犯罪嫌疑人拥有可用于制造伪币、变造货币的设备、原料，有实施此类犯罪的技能的，即便是查获的犯罪物品数额达不到上述标准，也不能轻率地决定不立案，而是应缜密分析案情，做进一步的调查。

(2) 对于危害证券、期货管理制度的犯罪，追诉标准的规定为：①欺诈发行股票、债券案件，在招股说明书、认股书、公司、企业债券募集办法中隐瞒重要事实或者编造重大虚假内容，发行股票或者公司、企业债券，涉嫌下列情形之一的，应予追诉：发行数额在一千万元以上的；伪造政府公文、有效证明文件或者相关凭证、单据；股民、债权人要求清退，无正当理由不予清退的；利用非法募集的资金进行违法活动的；转移或者隐瞒所募集资金的；造成恶劣影响的。②提供虚假财会报告案件，犯罪嫌疑人向社会公众提供虚假的或者隐瞒重要事实的财务会计报告，造成股东或者其他人直接经济损失数额达到五十万元以上或致使股票被取消上市资格或者交易被迫停牌的。③内幕交易、泄露内幕信息案件中，掌握内幕信息的犯罪嫌疑人或者非法获取内幕信息的其他犯罪嫌疑人，在内幕信息尚未公开前，进行证券、期货交易数额达到二十万元以上，或多次进行内幕交易、泄露内幕信息，或造成交易价格和交易量异常波动及造成恶劣影响的。④编造并传播证券、期货交易虚假信息案件中，犯罪嫌疑人所编造并传播的虚假信息造成投资者直接经济损失数额达到三万元以上，或致使交易价格和交易量异常波动及造成恶劣影响的。⑤诱骗投资者买卖证券、期货合约案件中，在证券交易所、期货交易所、证券公司、期货经纪公司从业的犯罪嫌疑人及在证券业协会、期货业协会或者证券期货监督管理部门工作的犯罪嫌疑人，有故意提供虚假信息或者伪造、变造、销毁交易记录，诱骗投资者买卖证券、期货合约的行为，并造成投资者直接经济损失数额达到三万元以上或致使交易价格和交易量异常波动及造成恶劣影响的。⑥操纵证券、期货交易价格案件中，犯罪嫌疑人操纵证券、期货交易价格，非法获利数额达到五十万元以上或致使交易价格和交易量异常波动或以暴力、胁迫手段强迫他人操纵交易价格及虽未达到上述数额标准，但因此类行为已受过二次以上行政处罚又犯案的。⑦伪造、变造股票、公司、企业债券案件中，犯罪嫌疑人伪造、变造股票或者公司、企业债券总面额达到五千元以上的。⑧擅自发行股票、公司、企业债券案件中，犯罪嫌疑人未经国家有关主管部门批准，擅自发行股票或者公司、企业债券数额达到五十万元以上；或不能及时清偿或者清退及造成恶劣影响的。①

笔者认为，上述规定总的来说还是比较灵活的，考虑到了犯罪数额，也设计了其他犯罪情节，但美中不足之处在于：第一，在犯罪主体方面，如欺诈发行股票、债券案及擅自发行股票、公司、企业债券案件中，在我国能够发行股票的只有股份有限公司，能够发行债券的单位范围就比较广，包括大型企业以及部分股份有限公司、有限责任公司及国有独资的有限责任公司。发行股票、企业、公司债券的主体资格是非常重要的，上述有资格发行股票、债券的单位欺诈发行、擅自发行的行为和不具备发行资格的单位发行是性质完全不同的，对于后者，无论发行数额多少都应视作一种犯罪行为（当然这种行为也有可能涉嫌集资诈骗罪），追诉标准对此并没有进行区分。第二，在犯罪对象上，上述涉及股票、债券、期货的案件追诉标准都没有具体指明证券的类型。就股票和债券而言，按我国现行制度可以分为两种，一种是在证券交易所上市和流通的证券，另一种则是在交易所以外的场所交易流通的证券，也称为场外交易，我国有一段时期是实行“柜台交易”制度，即在特定地方专门设置的证券交易柜台进行买卖。这两种证券的流通性、交易方式、清偿方式差别很大，前者是在证券交易所挂牌，全国的投资者甚至境外的投资者都可以竞买，而后者则是范围相对较小的定向交易。就追诉标准而言，基本上是以上市交易的股票、证券为蓝本制定的，这样的标准对那些非上市交易的股票、债券案件就不一定适用。此外，上述追诉标准涉及了股票、企业债券、公司债券、期货合约等金融交易，除此之外，我国还存在着国债交易、基金交易、可转换公司债交易，虽然从广义上可以将它们纳入证券之列，但它们和我们常见的股票交易还是存在着一定差别。未来还会逐渐开办

---

① 刑法修正案（六）对提供虚假财会报告罪和操纵证券、期货交易价格罪作出了修改，在犯罪主体、犯罪客观方面都有所变化，但在上述追诉标准中的数额以及情节仍可以作为立案的参考依据。

证券指数、期货指数交易，除了在国内的证券、期货市场交易，犯罪嫌疑人还可能涉足我国香港地区甚至国外的证券、期货市场，追诉标准应该全面地将这些交易类型加以反映。第三，在犯罪行为方式和损害后果方面，追诉标准规定了各个犯罪的行为方式，还规定了数额和情节的标准，数额方面主要是涉案数额和造成损失数额这两个量化标准，情节方面则包括造成市场异常波动及造成恶劣影响。笔者认为，各个罪名中各自的行为方式还应该划分得更为细致，如欺诈发行股票、债券罪，现在证券市场上流行的配股、送股、增发股票等行为同新发行股票十分类似，应加以规定。此外，我国目前正在推行的股权分置改革中也会存在股权拆分、转移，当中也会出现欺诈、虚假信息、内幕交易等行为。关于数额问题，笔者的疑问是对造成损失的认定应以哪方面为准，是证券交易所的统计还是司法审计的结果，或是投资者、受害者自报的数据，这些都有待明确。对于其他严重情节，比如造成交易价格和交易量异常波动，也需要有一个时段和数量的判断依据，而不能全凭主观判断。

(3) 对于危害金融票证管理秩序的犯罪，追诉标准主要有以下规定：①伪造、变造金融票证案件中，犯罪嫌疑人伪造、变造的金融票证面额达到一万元以上或数量达到十张以上的；②非法出具金融票证案件中，在金融机构工作的犯罪嫌疑人违反规定，为他人出具信用证或者其他保函、票据、存单、资信证明造成直接经济损失数额达到十万元以上或单位违反规定为他人出具金融票证，造成直接经济损失数额达到三十万元以上的；③对违法票据承兑、付款、保证案件中，犯罪嫌疑人在票据业务中，对违反票据法规定的票据予以承兑、付款或者保证造成直接经济损失数额达到五十万元以上或单位犯罪造成直接经济损失数额达到一百万元以上的；④伪造、变造国家有价证券案件中，犯罪嫌疑人伪造、变造国库券或者国家发行的其他有价证券总面额达到二千元以上的；⑤有价证券诈骗案件中，犯罪嫌疑人使用伪造、变造的国库券或者国家发行的其他有价证券进行诈骗活动，数额达到五千元以上的；⑥票据诈骗案件中，犯罪嫌疑人进行金融票据诈骗数额达到五千元以上、单位诈骗数额达到十万元以上的；⑦金融凭证诈骗案件中，犯罪嫌疑人使用伪造、变造的委托收款凭证、汇款凭证、银行存单等其他银行结算凭证进行诈骗数额达到五千元以上或单位进行金融凭证诈骗数额达到十万元以上的；⑧信用证诈骗案件中，犯罪嫌疑人使用伪造、变造、作废的信用证或者附随的单据、文件或骗取信用证及以其他方法进行信用证诈骗活动的；⑨信用卡诈骗案件中，犯罪嫌疑人使用伪造、作废的信用卡或冒用他人信用卡进行诈骗活动数额达到五千元以上或恶意透支数额达到五千元以上的，可以立案。

笔者认为，票证犯罪的追诉应该注意以下问题：我国票据法规定的票据从大类上划分，可以分为银行票据和商业票据两种，日常金融活动中运用最多的是银行票据，但随着金融的发展，大量商业票据也会出现，如商业汇票、商业本票、旅行支票等，上述关于票据方面犯罪的第①③⑥种都可以发生在商业票据中，由于商业票据的信用度、流通性、付款方式与银行票据都有一定的差别，应考虑将这两种票据分开规定为宜。另外，上述第①类案件规定伪造金融票证达到10张才能治罪明显过松，信用证诈骗案件中对于信用证开证金额和造成损失未作出规定，这些都有待商榷。另外，刑法修正案（六）对非法出具金融票证罪作出了修改，将原刑法中要求“造成较大（重大）损失”改为“情节严重（特别严重）”，也就是说，不再单纯以造成损失作为本罪成立的要件，因此，当犯罪的严重情节已造成较大损失的情形出现时，追诉标准的数额仍然可以作为参考标准。除此之外，对于多次非法出具金融票证的、非法出具金融票证面值巨大的，也可以作为追诉犯罪的严重情节。

（4）对于危害保险管理的犯罪，追诉标准规定了犯罪嫌疑人个人进行保险诈骗数额达到一万元以上；或单位进行保险诈骗数额达到五万元以上应追诉。笔者认为这一标准过于简单，应该区分财产保险和人身保险，视不同情况规定数额，还应区分犯罪人利用自身投保的保险进行诈骗和针对第三人的保险进行诈骗的情况。

（5）对于危害外汇管理制度或多种金融管理秩序的犯罪，追诉标准规定：①逃汇案件中，公司、企业或者其他单位，违反国家规定，擅自将外汇存放境外，或者将境内的外汇非法转移到境外，单笔或者累计数额达到五百万美元以上应予追诉；②骗购外汇案件中，犯罪嫌疑人骗购外汇数额达到五十万美元以上，应予追诉；③洗钱案件中，追诉标准规定犯罪嫌疑人明知是毒品犯罪、黑社会性质的组织犯罪、走私犯罪的违法所得及其产生的收益，为其提供资金账户，或协助将财产转换为现金或者金融票据或通过转账等结算方式协助资金转移，或协助将资金汇往境外及以其他方法掩饰、隐瞒犯罪的违法所得及其收益的性质和来源，应予追诉。

笔者认为，《外汇管理条例》对外汇进行了资本项目外汇和经常项目外汇的区分，两种科目的外汇其交存、申购、划转的要求并不一致，上述追诉标准采取“一刀切”的办法似有不妥。再则，上述追诉标准制定于1998年，其后我国外汇管理体制、结售汇方式、汇率形成机制等都发生了变化，而且证券市场也进一步地向外国资本开放，应该进一步研究这当中出现的新情况和新作案方式，充实这一追诉标准。至于洗钱罪，刑法修正案（六）已经扩大了其上游犯罪的范围，因此相应地这一追诉条件也应扩展。此外，笔者认为可以进一步明确“协助将财产转换为现金或者金融票据或通过转账等结算方式协助资金转移”的方式，如将较常见的虚假抵债、拍卖、委托理财、汇兑、托收承付、委托收款、电子资金划拨等直接规定进去。

（6）对于危害信贷、集资管理制度的犯罪，追诉标准规定：①非法吸收公众存款案件中，犯罪嫌疑人个人非法吸收或者变相吸收公众存款户数达到三十户以上或数额达到二十万元以上或给存款人造成直接经济损失达到十万元以上；单位非法吸收或者变相吸收公众存款户数达到一百五十户以上或数额达到一百万元以上或给存款人造成直接经济损失达到五十万元以上的；②集资诈骗案件中，犯罪嫌疑人以非法占有为目的，使用诈骗方法非法集资数额达到十万元以上；或单位集资诈骗数额达到五十万元以上的；③高利转贷案件中，犯罪嫌疑人个人套取金融机构信贷资金高利转贷他人违法所得数额达到五万元以上；或单位高利转贷违法所得数额达到十万元以上；或虽未达到上述数额标准，但因高利转贷，受过行政处罚二次以上，又高利转贷的；④贷款诈骗案件中，犯罪嫌疑人以非法占有为目的诈骗银行或者其他金融机构的贷款，数额达到一万元以上的；⑤违法向关系人发放贷款案件中，犯罪嫌疑人个人（指银行或者其他金融机构的工作人员，下同）违反法律、行政法规规定，向关系人发放信用贷款或者发放担保贷款的条件优于其他借款人同类贷款的条件造成直接经济损失在十万元以上；或单位违法向关系人发放贷款造成直接经济损失在三十万元以上的；⑥违法发放贷款案件中，犯罪嫌疑人个人违反法律、行政法规规定，向关系人以外的其他人发放贷款，造成直接经济损失在五十万元以上；或单位违法发放贷款造成直接经济损失在一百万元以上的；⑦用账外客户资金非法拆借、发放贷款案件中，犯罪嫌疑人个人以牟利为目的，采取吸收客户资金不入账的方式，将资金用于非法拆借、发放贷款造成直接经济损失在五十万元以上；或单位用账外客户资金非法拆借、发放贷款造成直接经济损失在一百万元以上的，应予追诉。

笔者认为，上述规定可以作出进一步的详细指引，如司法实践中发生的非法吸收公众存款案件，犯罪嫌疑人除了直接冠以“存款”之名，搞有奖储蓄、许诺高额利息聚敛资金外，还多采用过期凭证、自制凭证、借条、收据、代保管单等方式。而集资诈骗的名目更是五花八门，如入股、投资子虚乌有的高科技项目、农业项目、房地产项目、幸运抽奖、抬会等。高利转贷案中，犯罪人除了通过收取利息获利外，还通过收取其他名目的费用如手续费、资金占有费、管理费、佣金等方式获利。贷款诈骗中，犯罪人常用的方式是编造贷款项目，伪造抵押物证明、伪造财物报表、伪造注册地址、注册空壳公司等。对这些具体方式的追诉标准可以提示出来供办案人员参考。此外，上述第⑤⑥⑦种案件属于金融机构及其工作人员的违规操作，在刑法修正案（六）中都作出了修改，将“违法向关系人发放贷款罪”和“违法发放贷款罪”合并为一个“违法发放贷款罪”，将违法向关系人发放贷款作为从重处罚情节，用账外客户资金非法拆借、发放贷款罪的客观方面也有所变化，造成损失不再是上述两个犯罪成立的唯一要件，数额巨大成为其选择性要件。对于造成损失的案件仍然可以追诉标准规定的数额为参照，但对“损失”如何界定一直没有统一的看法，追诉标准中适用了“直接损失”的提法，但对直接损失的范围并没有明确，是仅指金融机构因此项犯罪行为造成的贷款本金和应收利息的损失，还是也包括金融机构为筹集资金所支付的利息和追回赃款所支付的额外费用等损失？笔者认为追诉标准应更进一步地明确所谓“损失”的范畴。至于何谓“数额巨大”，笔者以为，在违法发放贷款案件中，犯罪嫌疑人个人违法发放贷款，数额达到一百万元以上；或单位违法发放贷款，数额达到二百万元以上，可认定为数额巨大。在账外经营案件中，犯罪嫌疑人个人吸收客户资金不入账，数额达到一百万元以上；或单位吸收客户资金不入账，数额达到二百万元以上，可认定为数额巨大。

(7) 对于危害金融业务监督管理制度的犯罪，追诉标准主要规定了：①擅自设立金融机构案件中，犯罪嫌疑人未经中国人民银行等国家有关主管部门批准，擅自设立商业银行、证券、期货、保险机构及其他金融机构；或擅自设立商业银行、证券、期货、保险机构及其他金融机构筹备组织；②伪造、变造、转让金融机构经营许可证、批准文件案件中，犯罪嫌疑人伪造、变造、转让商业银行、证券交易所、期货交易所、证券公司、期货经纪公司、保险公司或者其他金融机构经营许可证或者批准文件，应予追诉。

上述第①类犯罪中，对擅自设立金融机构的情形看似容易把握，即只要未取得金融许可证及其他批文就挂牌开业经营就可以认定，但实际上由于金融监管的严格和群众警惕性的提高，犯罪人在设立伪金融机构时多不敢再直接冠以银行、证券公司之名，而是托以储蓄代办所、金融服务部、投资公司、证券顾问部等比较容易与正规金融机构混淆的名称，还有的采用挂在投资公司、财务公司、融资租赁公司、典当行名下的方式躲避检查，而且很多都不再设有固定场所，而是秘密经营，打一枪换一个地方。对于这种变化追诉标准应该有所察觉。同时，对如何判断擅自设立“筹备组织”，也缺乏判断标准，因此可以在追诉标准中明确规定在没有取得金融业务许可证或者相应批文的情况下，印制宣传资料、名片、制作条幅牌匾、票证合同及其他招徕客户、业务等情形。上述第②类犯罪中，立法规定了伪造、变造、转让三种行为方式，其中伪造比较好把握，而变造可能涉及金融机构的单位名称、营业范围、营业区域、经营地址、有效期等要素，转让除了有偿买卖外，也不应排除出租、出借、赠与等方式，这些也是追诉标准应该加以补充的。

需要强调的是，笔者对上述追诉标准的分析并没有涉及所有的危害金融安全犯罪，而仅仅是对现有追诉标准的分析。笔者在前文对金融安全刑事立法提出了一些构想，如果这些构想的一部分能够得到实现的话，关于危害金融安全犯罪立案标准的问题势必也要作出相应的调整。

（二）金融安全刑事司法中的证据问题

证据是能够证明案件真实情况的客观事实，在刑事司法中发挥着决定性的作用。对于危害金融安全的犯罪，即使人们通过常理就可以认知它符合刑法上的处罚条件，但是如果不能有效地收集证据、不能处理好证据的证明能力，则仍然不能有效地处罚犯罪，刑法的规定再完善也等于纸上谈兵。在危害金融安全犯罪中，证据判别的难度相当大，主要原因在于此类犯罪往往隐藏在正常的经济活动背后，其专业性、隐蔽性、智能性明显强于其他犯罪，犯罪分子大都具有专业知识和经验，并且金融活动的流转环节复杂，涉及经济活动面广，变动速度快，获利和亏损有较大的偶然性。但我们同时也应该看到危害金融犯罪中证据的一些特殊性有利于侦查工作的开展。首先，由于国家对金融管理有着很强的制度规范性，要求任何一个环节的金融活动都必须有据可查，要求做到单单相符、单证相符、账实相符，该类犯罪很多证据是固定的、无法篡改的。其次，随着金融科技水平的提高，很多金融交易痕迹都可以被记录在电子设备中，犯罪人手段再高明，也可以查到一些蛛丝马迹。再次，基于金融活动的要害性，各国都设置了专门的监管机构，这些机构的人员富有监管手段和经验，能够比较迅速准确地从纷繁复杂的金融行为中查找出违法犯罪行为的证据，使得金融犯罪不会长期不被察觉。最后，很多危害金融安全犯罪都牵涉到其他类型的经济活动，一旦这些经济活动出现问题受到调查，往往能牵扯出危害金融安全犯罪的线索和证据，犯罪嫌疑人也难以遁形。

1. 以集资诈骗罪为例分析证据的运用

笼统地看，危害金融安全犯罪的证据和其他犯罪一样，可以分为定罪证据、量刑证据和执行刑罚方面的证据三大类。定罪证据主要包括犯罪构成要件四个方面的证据，即证明犯罪主体资格的证据，证明犯罪人主观罪过的证据，证明犯罪客观方面实施了犯罪行为及情节方面的证据，证明犯罪客体受到了侵害的证据以及证明有排除违法性的证据。量刑方面的证据包括证明犯罪人达到刑罚处罚幅度、档次的证据，证明犯罪人有法定或酌定从轻、减轻、免除处罚及从重处罚的证据。执行刑罚方面的证据包括证明犯罪人有可供追缴的赃款赃物的证据、证明犯罪人有可供处以罚金、没收财产、进行民事赔偿的财产的证据，证明犯罪人可减刑、假释、监外执行、保外就医方面的证据，等等。由于危害金融安全犯罪涉及的犯罪主体面广，行为方式及危害表现众多，很难总括地描述这类犯罪所涵盖的证据的形态和表现，笔者拟以集资诈骗罪为例，对其中涉及的证据问题进行初步分析，并在此基础上总结危害金融安全犯罪证据中的一些特点。

刑法第 192 条规定：以非法占有为目的，使用诈骗方法非法集资，数额较大的，处五年以下有期徒刑或拘役，并处二万元以上二十万元以下罚金；数额巨大或者有其他严重情节的，处五年以上十年以下有期徒刑，并处五万元以上五十万元以下罚金；数额特别巨大或有其他特别严重情节的，处十年以上有期徒刑或无期徒刑，并处五万元以上五十万元以下罚金或者没收财产。刑法第 199 条规定，犯本节第一百九十二条……规定之罪，数额特别巨大并且给国家和人民利益造成特别重大损失的，处无期徒刑或死刑，并处没收财产。按照这一罪状表述，作为一个完整集资诈骗罪诉讼证据规格的构成必须同时具有证明该罪四个构成要件的形态证据，即一是必须具有证明侵犯国家的金融管理制度和公私财产的所有权等复杂客体的形态证据；二是必须具有证明在客观方面表现为行为人违反国家金融法规，实施用虚构事实或隐瞒真相的方法，非法向社会公开集资，骗取集资款数额较大行为的形态证据；三是必须具有证明达到法定刑事责任年龄、具有刑事责任能力的自然人、单位及其主管人员、责任人员等一般主体的形态证据；四是必须具有证明由主观故意构成，并且具有非法占有集资款目的“内容”的形态证据。①具体分述如下：

(1) 定罪证据。

①关于犯罪主体的证据。如犯罪嫌疑人是自然人，所需的证据包括居民身份证、护照、户口簿（及户籍所在地公安机关保存的微机户口底卡）、出生证、工作证、人事档案（包括职工登记表、干部履历表，受奖励、处分记录）、专业或技术等级证、回乡证、房屋产权证、暂住证、流动人口登记记录等，以证明行为人姓名(曾用名)、性别、出生年月日、民族、籍贯、出生地、职业、住所地，还需要收集行为人的出资情况、持股情况、任职兼职情况的证据，以查明行为人是否具备特定身份；如为单位犯罪，所需的证据包括企业法人营业执照或非法人企业的营业执照（及工商管理局存档的企业工商登记资料)、工商年检记录、法人代码证、社会团体许可证（及民政部门存档的社会团体、民办非企业单位登记资料)、特种行业经营资质许可证、法定代表人（负责人）和直接责任人的身份证明、履历证明、专业资质证明、自有或租赁的经营场所证明、税务登记证、银行开户证明、单位公章及财务印鉴，公司、企业、社会团体、民办非企业单位章程以证明单位犯罪的单位及法定代表人直接责任人的有关情况。

②关于犯罪客观方面的证据，主要包括两大内容，一是反映犯

① 刘家琛．新刑法定罪量刑证据适用手册：第二卷［M］．北京：人民法院出版社，2001：1252.

罪嫌疑人集资诈骗行为的证据；二是确定犯罪嫌疑人集资诈骗数额和情节方面的证据。反映前者的证据主要有：

A. 物证，包括实物，以及因物证体积过大、不易搬动、属于易腐烂物品，需要用照片、录像带等形式固定下来的证据。具体有非法筹集的货币、有价证券、金融票据、支付凭证等；非法集资的不动产，如办公楼、厂房、仓库、在建工程、土地、山林、牧场、农场、养殖场、养殖水面等；非法集资的动产，包括机器、设备、车辆、船只、产品、原料、其他生产资料、生活资料；非法集资的无形财产，包括商标权、专利权、专有技术、科研成果等；非法集资的其他财物，包括金银首饰、图书字画、家电、录音录像设备、通讯工具、电脑等；非法集资的作案工具，包括股票、债券、存款证、股权证、基金券、会员卡、优惠卡、受益凭证、债务凭证、其他形式的作案工具等。

B. 书证，包括伪造的集资证件、文件，如社会集资许可证，发行股票、债券、基金许可证，同意集资的批文，其他伪造的文件、证件等；虚构资金用途或隐瞒事实的集资说明文件，如发行股票、债券申请，招股说明书，债券募集办法，公司财务会计报表，审计报告，资产评估报告，验资报告，资信证明，产权证明，立项报告，项目可行性论证报告，专家推荐书等；非法集资的宣传材料，如海报、广告、启示、通知、“最新消息”、“特大喜讯”、“送您福音”、“神秘信件”及其他形式的宣传资料等；非法集资所签订的合同、票证、欠据、借据等；非法集资的账簿，如现金账、银行账、记账凭证、票据存根、物资清单、固定资产账、设备台账、库存账、产成品账等；非法集资过程中形成的会议记录、信件、电报、传真、电话记录、邮件等。

C. 证人证言，包括办案人员记录的证人口头证词形成的证据笔录以及证人自己书写的证词。具体而言，指报案人、发现人证言；侦查人员证言；侦查活动的见证人证言；知情人证言；非法集资中间人、介绍人证言；鉴定人证言；主管部门证言；同谋人证言；其他有关机构、人员的证言等。

D. 被害人陈述，包括参与集资的受骗群众陈述；受骗单位提供的情况说明。

E. 犯罪嫌疑人（或被告人）供述和辩解，包括对作案动机、作案时间、地域范围、手段、工具、同案人员情况等方面的内容。

F. 鉴定结论，包括有关集资许可文件真伪的文检鉴定；印鉴真伪鉴定和印文形成时间鉴定；有关行为人集资使用的证明材料的会计鉴定、审计鉴定等。

G. 勘验、检查笔录，包括非法集资现场勘查图、照片、勘验、检查笔录；其他非法集资场所勘查图、照片、勘验、检查笔录；物证勘查图、照片、勘验、检查笔录等；

H. 视听资料、电子证据，包括录音带、录像带、计算机数据库、磁盘等数据存储器、照片、其他视听资料。

至于反映犯罪数额的证据，包括非法集资收款数额的账目统计，非法集资款项去向的证据，各个犯罪行为人非法分得的数额统计，行为人购置其他物品如生活用品、娱乐用品、交通工具、通讯工具的数额统计，非法集资的财产价值鉴定，行为人挥霍集资款的数额证据，起赃笔录，收缴笔录，返赃笔录等。

③关于犯罪主观方面的证据

证明行为人主观方面的证据，除上述犯罪嫌疑人供述与辩解、证人证言、被害人陈述等言辞证据外，还包括能够说明犯罪人将集资款据为己有，或隐匿、转移、挥霍集资款，或设法掩盖事实、涂改销毁证据，逃避有关部门检查和侦查的单位文件、会议记录、电话记录、电报、传真、工作笔记、音像资料等证据。

（2）量刑证据

①关于犯罪数额方面的证据，前述定罪证据中对犯罪行为所涉及的数额证据已有介绍，在此不再赘述。在量刑过程中，需要将已经收集到的证据和刑法规定的量刑档次相比较，确定犯罪行为是否符合数额巨大、数额特别巨大的条件。

②反映被告人有“其他严重情节”、“其他特别严重情节”的证据，包括造成集资人人身伤亡的证据，造成企业倒闭、破产的证

据，导致社会秩序混乱的证据等。

③反映犯罪嫌疑人前科劣迹的证据，包括被告人过去曾受刑事处理的判决书，释放证明书，不起诉决定书，劳动教养决定书，解除劳动教养决定书，及行政处罚决定书，吊销许可证、营业执照通知书等。

④反映犯罪形态、被告人悔罪态度的证据，包括累犯、预备、未遂、中止的证明材料，举报、控告记录及信件，有关机关移交案件的公函、抓获经过、投案记录、立功、自首材料等；

⑤反映被告人其他特殊因素的证据，包括被告人的年龄、被告人在共同犯罪中的作用认定、精神健康检查鉴定、残疾证明、怀孕妊娠情况证明等。

(3) 执行刑罚方面的证据

包括刑事判决生效证明，将犯罪人、档案及个人物品移交给服刑场所的证明，犯罪人已被羁押期限折抵刑期的证明，犯罪人服刑期间的表现证明，犯罪人立功、受奖的证明，犯罪人符合减刑、假释条件的证明，犯罪人在缓刑、假释考验期表现的证明，犯罪人不适宜监禁的身体健康状况证明，犯罪人可供没收的财产清单，需要为犯罪人家属保留的生活必需水平的财物的证明，刑罚执行完毕的证明，因犯罪人死亡等原因无法执行刑罚的证明等。

根据以上证据规格，我们可以总结出集资诈骗案件的证据特点如下：

(1) 案件中的物证与书证是证据体系的主体部分，也是展开证据调查的基础。集资诈骗案件案案都有书证和物证，这些既是集资诈骗的行为手段，也是集资诈骗的犯罪结果。集资诈骗案件各个时期的不同阶段都会遗留下实物和痕迹，会产生反映行为性质和行为者意图的文字、数据、图表记录，这些资料动态地反映着集资诈骗的历程。如行为人用来换取集资款的凭据、用来进行虚假宣传的广告、统计集资款的账册、挥霍集资款的单据，等等。只要掌握了这些证据，就可以顺藤摸瓜，收集其他的证据，缉拿其他同案人员，搜寻赃款赃物的去向，特别是所涉钱款的来源和去向。

(2) 案件中被害人的陈述、证人证言和犯罪嫌疑人的供述和辩解是证据收集的难点，但对案件的定性有重要的意义。集资诈骗犯罪案件涉及面广，案案都有为数众多的被害人。在侦查过程中，有的案件中被害人出于各种顾虑（如害怕追究他们参与非法集资活动的责任，或者担心得到的集资利息被没收）而不愿主动到公安机关去说出案件实情，有时明知是非法集资受骗却说成是借贷。有的案件中非法集资的介绍人或中间人害怕被卷入案件或者担心非法获得的好处费、佣金被收缴，都不愿配合公安机关的侦查工作，有的还和行为人事先串通，统一口径，不承认非法集资的事实，还有的帮助行为人做被害人的工作，以威胁、利诱等手段阻止受害人揭发犯罪。在犯罪嫌疑人（被告人）的供述和辩解中，常常会回避问题、避重就轻、极力为集资行为进行辩解，否认自己采用了诈骗手段和有非法占有集资款的意图。这些言词证据中包含了很多案件事实和线索，也有很多虚假和有待进一步证明的内容，必须要对它们进行识别、比较，并运用逻辑分析方法，发现案件侦查的突破口，正确地为案件定性。

(3) 鉴定是甄别证据的重要手段。集资活动中行为人常常使用大量的虚假证明材料。如有的行为人为隐瞒身份，使用假名、化名；案件中涉及资金总额庞大，资金进出频繁，去向复杂，有的案件账目不清，有的行为人故意用作假账、两本账等方式来扰乱侦查人员的视线，掩盖其占有集资款的事实。这些都给案件的侦查带来了难度。在侦查过程中，对涉案文书的真伪以及涉案人的笔迹、使用的印鉴进行文检鉴定，对涉案的账目进行会计鉴定，对涉案资产进行评估、审计，上述工作对加快案件的侦破进度，给案件进行准确定性有着重要的作用。

查清行为人非法集资过程中所实施的诈骗行为是侦破集资诈骗案的关键。根据上述证据特点，对集资诈骗罪的侦查可以从以下几个方面入手：

(1) 从被害人的报案、控告入手。集资诈骗罪的被害人，即非法集资中的出资人中有一部分意识清楚、具备一些法制常识和经济知识的群众往往最先察觉到集资诈骗行为的欺骗性，当他们观察到行为人的所谓企业和项目运转不正常、管理混乱、所许诺的项目前景和优厚回报不能兑现，行为人久不露面或有卷款潜逃的迹象时，会向公安机关报案。侦查人员可以从被害人陈述中所反映的情况入手，调查行为人的集资状况，从中发现疑点，对集资人的行为性质和行为手段作初步分析，并按照被害人提供的线索和情报展开调查，采取行动，进一步揭开集资诈骗的盖子。

（2）从行为人的资金进出情况入手。行为人开展集资活动一般都会在银行开立账户，吸收以及使用集资款。在非法集资过程中，会出现以前从未发生资金往来的陌生资金汇入一个或多个固定的账户，账户金额猛增等异常现象；而到了付息时间时，账户会出现结算笔数远高于平常，资金只出不进等异常现象；行为人企图侵吞集资款时，会出现巨额取现或者化整为零、蚂蚁搬家等情况，把不同户名的资金同时调走的异常现象。侦查人员可以从银行账户入手，调查收付款行为的真实目的，追查资金的最终流向，将目标锁定在幕后控制这些账户的集资行为人，再结合询问证人、知情人、讯问犯罪嫌疑人等方法，侦破案件。

（3）从稽查涉嫌犯罪的个人、公司或企业的自身情况及资金流向入手。通过调查行为人本身是否具备集资的条件，集资行为是否合法，是否经过相关部门批准，集资人向投资人所作的承诺是否真实、可行，集资项目的运营情况是否正常，募集资金流向如何，等等，来发现行为人是否采用了诈骗手段非法集资以及是否具有非法占有集资款的目的。

（4）从侦办其他案件发现的线索入手。集资诈骗罪的表现形式多样，伪装性较强，表面上往往会以借贷纠纷、存单纠纷、非法传销、普通诈骗等形式出现，侦查人员要注意通过证据材料进一步发掘案情，以对案件正确定性。在有的情况下，行为人为了进行集资诈骗而实施的如伪造国家机关公文、证件或伪造金融票证等行为被查获，在处理过程中这些行为也会成为发现集资诈骗犯罪的线索。因此，在侦办其他案件时，要注意各种证据的相互联系，不放过任何蛛丝马迹，顺藤摸瓜，揭示案件真相。

2. 在危害金融安全犯罪刑事司法证据认定中应注意的问题

通过以上以集资诈骗罪为例的证据分析，笔者以为，在危害金融安全犯罪刑事司法证据的认定中应注意以下问题：

第一，危害金融安全犯罪是有大量证据的，这一点不同于杀人、盗窃等犯罪可能会出现缺乏证据的情况，如前述的各种金融账簿、证券交易记录，往往有成千上万笔记录，而且这些证据有一定的规律和主线，一般来说都是沿着涉案资金的流动去向而分布出现的，只要我们查清资金的流转方向，相应的证据就会被一一牵扯出来。

第二，危害金融安全犯罪中证据之间的排他性特别强。物证和物证之间、物证和书证之间经过前后对比，就比较容易发现哪些被伪造、篡改。对于犯罪人供述、证人证言等存在着相互矛盾的地方，通过物证书证等证据的对照也可以比较容易地予以排除，使犯罪人无法抵赖。倘若综合运用好以上各种证据形式，对于客观事实的证明和证据真伪的分辨是非常有利的。

第三，在危害金融安全犯罪中电子证据和专门性的认定方法的运用十分关键。现代金融业的信息化、电子化水平越来越高，倘若缺乏电子设备，金融业务往往无法开展，同样，实施犯罪也离不开电子设备。对于金融案件中的大量电子证据，它的保管方式、提取要求，可信程度等都还有待进一步研究。同时危害金融安全犯罪中涉及很多专门性很强的方面，如票据、印鉴的真伪，证券交易的交割价格、数量、涨跌幅度，票据、信用证效力等，需要动用专门的鉴定手段和司法审计以及金融管理部门的权威认定。目前在司法实践中，相当一部分被告人的供述和辩解都声称无罪或罪轻，这更对刑事司法中证据的适用形成了严峻挑战。过去我们主要是依靠群众揭发、上级机关查账、受害人举报等途径获得犯罪线索后才进入证据收集程序，现在我们应有针对性地在察觉犯罪之前就做好日常的证据归集、维护工作，尽量将犯罪嫌疑对象在金融活动中的一举一动都保存、固定下来，以利于此后的刑事追诉和审判工作的开展。

二、危害金融安全犯罪司法认定中的若干问题

（一）危害金融安全犯罪与一般违法行为的界限

如何区分危害金融安全犯罪与一般违法行为涉及罪与非罪的界限，这个问题比较复杂。一般情况下，危害金融安全犯罪与一般违法行为的界限可以从犯罪构成的四个方面展开研究，如犯罪主体是特殊主体还是一般主体，主观方面的过错是故意还是过失，在有些犯罪中是否具备了“非法占有”的目的，客观方面是否实施了符合犯罪构成要件的行为，有些犯罪还要求达到一定的数额、情节，或者产生一定的危害后果，刑法所保护的客体是否受到了侵害，这些都是衡量行为人的行为是否构成犯罪的重要指标。在理论和实践中存在争议和难度的主要是如何认定“以非法占有为目的”，尤其是金融诈骗类犯罪都要求有这一要件。其本意即使存在欺诈情节，如果行为人不是想非法占有本不属于自己的资金等，就不能作为犯罪处理，并将这一判断权交给司法者行使。但是非法占有目的系主观方面的范畴，并不是看得见、摸得着的，除了犯罪人主动供认自己有非法占有的目的外，很难再有直观的证据来判定，只能通过对一些具体行为的判断来推导出行为人的犯意。如有观点在论及贷款诈骗罪和民事的信贷欺诈行为在非法占有这一点上的主要区别时，认为应从行为人的履约能力、取得贷款的手段、贷款用途、贷款的使用去向、还贷情况及无法还贷的原因等多个方面综合起来判断，实事求是地分析。① 但金融活动中有的贷款民事欺诈行为与贷款诈骗犯罪行为的特征非常相似，如行为人为获得贷款对自己本身履约能力进行了夸大，误导银行信贷人员，但又并不是完全没有履约能力，在办理贷款时虚报部分贷款用途，虚报、虚增抵押品、质押品价值或重复抵押，提供不实的保证，或在贷款后改变贷款用途，将贷款挪用到其他的非经营活动如偿还债务、炒股、炒房、炒汇等风

---

① 江瑾．如何准确区分贷款诈骗罪与贷款民事欺诈行为［EB/OL］．东方法眼［2006-1-31］．http：//www.dffy.com.

险高的活动以及其他一些违法活动如销售盗版商品、非法采矿等，或者在贷款检查中编造一些理由搪塞银行信贷人员，在银行追收贷款时不积极配合，对贷款损失持放任态度等，对这些行为能否定性为“非法占有”是难以统一看法的。同时，近几年各级政府为解决银行不良资产问题，责成公检法、金融、财政、税收等部门组织专门班子帮助银行追收贷款。在有的地方就发生过公安部门介入民事活动，在帮助银行讨债过程中对不能偿还贷款的行为人就以贷款诈骗的名义相威胁，甚至以还钱放人为条件，造成民刑混淆。2001年1月最高人民法院发布的《全国法院审理金融犯罪案件工作座谈会纪要》明确指出金融诈骗犯罪都是以非法占有为目的的犯罪，对于其中非法占有目的的认定提出了如下意见：对于行为人通过诈骗方法非法获取资金，造成数额较大不能归还，并具有下列情形之一的，可以认定为具有非法占有目的：(1) 明知没有归还能力而大量骗取资金的；(2) 非法获取资金后逃跑的；(3) 肆意挥霍骗取资金的；(4) 使用骗取的资金进行违法犯罪活动的；(5) 抽逃、转移资金，隐匿财产，以逃避返还资金的；(6) 隐匿、销毁账目，或者搞假破产、假倒闭，以逃避返还资金的；(7) 其他非法占有资金、拒不返还的行为。这一意见对于认定非法占有目的起了指导性的作用。笔者认为，民事活动特别是侵权行为与犯罪行为之间的认定虽然存在一定难度，但只要合理的过渡还是能够解决这一问题的。金融安全刑事司法中民事和刑事性质的判定和区分需要立法、司法等多方面的调整，除了在立法上作进一步清晰的规定外，在刑事司法过程中，应充分考虑到金融业的特点，进行主客观相结合的分析。首先，金融业是诚信度要求极高的行业，但对金融机构工作人员违反诚信和其他人员违反诚信应有不同的要求，对前者的诚信义务要求必定要更高一些。因而对于一般主体而言，在金融活动中的违约责任和缔约上的过失责任首先应按照民事行为看待和处理，而不能轻易视为刑事犯罪。其次，对于在金融活动中发生的欺诈应同时考察金融机构及其工作人员有没有业务过失，如果金融机构本身存在业务过失，没有很好地识别和防范风险，则应该审慎地首先考虑该行为仅构成一般的民事欺诈行为，不应马上作为刑事上的诈骗行为对待；如果金融机构不存在明显的业务过失，所造成的损失责任主要是由行为人的欺诈行为造成的，则可以追究行为人的刑事责任。如果造成的损失是多因一果，应划分出直接责任和间接责任，妥善谨慎地加以认定。再次，在司法认定时对行为是属于民事性质还是刑事性质，控方除了应承担全部的举证责任外，还要收集和出示能够排除行为人刑事责任的证据，对被告人和辩方提出的否认意见，应该充分地给予重视，同时，在这一问题的定性上，金融监管机关不宜提出带有倾向性的意见。审判人员应该在综合这些因素的基础上反复权衡，慎重处理。

（二）由数额犯引发的认定争议

在危害金融安全犯罪中，有大量犯罪属于数额犯，由此引发了人们关于“数额较大”的规定在犯罪构成中是作为罪与非罪区别的犯罪成立条件，还是作为既遂与未遂区别的犯罪既遂条件来看待的争论。

具体而言，学界就金融犯罪及相关具体犯罪是否存在犯罪未遂形态存在不同意见，鉴于其外延与本文的“危害金融安全犯罪”基本一致，故有必要在此展开讨论。否定说认为，譬如伪造货币罪，① 行为人为实施伪造货币的行为而制造工具、制作印版等。此类行为虽然为伪造货币必不可少，但是毕竟还不是伪造货币的实行行为，我们不能将行为人的此类行为认作金融行为犯的实行行为，而视为犯罪既遂。根据金融刑事法律的规定，金融犯罪不存在未完成形态，上述危害行为也不构成所谓预备犯或未遂犯等。② 也有观

① 虽然伪造货币罪从条文上看并无数额的规定，但实际上立案标准仍是以伪造的总面额作为是否追究刑事责任的依据，《关于经济犯罪案件追诉标准的规定》规定：犯罪嫌疑人涉嫌伪造货币，总面额达到二千元以上或者币量达到二百张（枚）以上的，应予追诉。

② 秦醒民．金融犯罪的惩治与预防［M］．北京：中国检察出版社，1996：147.

点认为，如骗购外汇罪，在行为人已经着手实施骗购外汇行为但由于意志以外的原因，未能从外汇指定银行购取数额较大的外汇的情况下，由于犯罪数额未达到较大要求，故不能构成骗购外汇罪，因而也不存在犯罪未遂的问题。① 肯定说则认为，故意犯罪停止形态构成的一般理论同样适用于金融故意犯罪，金融犯罪存在各种未完成形态。② 还有论者认为如伪造货币罪应该作为行为犯看待，存在既遂与未遂形态的区分，在变造货币罪中，当能够证明行为人企图变造的货币数额较大或者数额巨大时才存在未遂问题。③ 笔者以为，人们之所以在无论是类罪还是具体犯罪的认定上出现较大分歧，关键在于此类犯罪大量属于数额犯的原因，上述观点的不同正是对数额犯是否存在未遂有着不同看法而导致。否定说对数额的理解是从犯罪成立条件的角度出发，将“数额较大”作为罪与非罪的认定标准，达不到这一数额的即为一般违法行为，不存在未完成形态；而肯定说则是从犯罪既遂条件的角度来理解数额犯中的数额，即该“数额较大”并非区分罪与非罪的标准，而是在成立犯罪的基础上，数额是否较大是作为构成要件是否齐备的标准而判断该罪是既遂还是未遂。笔者以为上述两种观点都不够全面。

在数额犯的理论中，有观点提出数额犯可以分为结果数额犯和行为数额犯两类。其中，以法定的数额作为犯罪构成结果要件定量标准的数额犯，即结果要件犯中的数额犯，如徇私舞弊不征、少征税款罪（刑法第 404 条），非法经营同类营业罪（刑法第 165 条），销售侵权复制品罪（刑法第 218 条）等。由于只有发生符合法定数额标准的结果，犯罪才能成立，因而不存在犯罪的未完成形态。

---

① 张军．破坏金融管理秩序罪［M］．北京：中国人民公安大学出版社，2003：537．

② 胡启忠．金融刑法适用论［M］．北京：中国检察出版社，2003：159-161．

③ 赵秉志，杨诚．金融犯罪比较研究［M］．北京：法律出版社，2004：25，34．

但是，以法定的数额作为犯罪构成行为要件定量标准的数额犯，如保险诈骗罪、盗窃罪、抢夺罪、生产、销售伪劣产品罪等，则通常是存在犯罪既遂与犯罪未遂之分的：如果犯罪行为造成了犯罪的基本结果，属于犯罪既遂；如果由于意志以外的原因未发生犯罪的基本结果，但行为的数额达到法定的定罪标准的，属于犯罪未遂。①笔者以为这种分类有一定的合理性。结果数额犯是一定的犯罪数额体现为行为的实际损害，即一定的危害结果，在一般情况下，没有造成一定数量的危害结果就不能处罚。行为数额犯则指一定的犯罪数额并不体现为行为的实际损害，而是体现为行为本身的属性及程度。因此对于结果数额犯来说，达到某一数额是构成犯罪的必要要件，犯罪的成立就意味着犯罪的既遂，不存在犯罪的未完成形态，在法条中一般表现为“违法所得数额较大的”、“造成较大损失的”，等等。在危害金融安全的犯罪中，高利转贷罪，对违法票据承兑、付款、保证罪等都是属于这一类。对于行为数额犯来说，只要行为人实施了符合犯罪构成要件的达到法定最低数额的行为，就符合犯罪构成标准，成立犯罪。因此，如果行为过程中所涉及的数额没有达到法定最低数额限度，自然不构成犯罪，以非罪处理；如果行为人已经着手实施犯罪，而且其行为的目标数额已经达到或者大于法定最低限额的，但因其意志以外的原因未能得逞，则成立该罪的未遂犯。行为数额犯在危害金融安全的犯罪中比较多，如欺诈发行股票、债券罪，出售、购买、运输假币罪，持有、使用假币罪，变造货币罪，非法吸收公众存款罪，伪造、变造国家有价证券罪，伪造、变造股票、公司、企业债券罪，擅自发行股票、公司、企业债券罪，集资诈骗罪，贷款诈骗罪，票据诈骗罪，金融凭证诈骗罪，信用证诈骗罪，信用卡诈骗罪，有价证券诈骗罪，保险诈骗罪，骗购外汇罪等犯罪均属于此类情形。

此外，本来在刑法修正案（六）出台之前，还有诸如违法向关系人发放贷款罪，违法发放贷款罪，用账外客户资金非法拆借、

① 赵威．数额犯研究．吉林大学法学院2005年博士学位论文：82.

发放贷款罪，非法出具金融票证罪也可以归入结果数额犯的类型当中，但修正案（六）对这些犯罪的要件均进行了相应修改，使之同时符合结果数额犯和行为数额犯的要求，或者数额本身不再是构成犯罪的唯一标准。前者如违法发放贷款罪、账外经营罪，在原来仅要求“造成（特别）重大损失”的基础上增加了“或者数额（特别）巨大”的选择性要件；后者如非法出具金融票证罪，将原来的“造成较大（重大）损失”修改成“情节（特别）严重”。

（三）危害金融安全犯罪罪数形态的若干问题

1. 危害金融安全犯罪的法条竞合问题

所谓法条竞合，是指一个犯罪行为，同时符合数个法条规定的犯罪构成，但从数个法条之间的逻辑关系来看，只能适用其中一个法条的形态。法条竞合的基本特征是：一个犯罪行为同时触犯了数个法条；数法条之间有相互重合关系。① 事实上，法条竞合的情形是由于立法本身的复杂性所导致的，行为人只是实施了一个犯罪行为，但由于法条之间的交叉、包容关系，致使该犯罪行为可以同时符合数个法条规定的数个犯罪构成，对此，一般适用特别法优于普通法、重法优于轻法的法律适用原则。即当法律对某种犯罪行为作出特别规定时，原则上应该适用特别法条的规定，但倘若采用特别法优于普通法的原则有违罪责刑相适应的刑法基本原则，而适用重法优于轻法原则又符合这一基本原则的话，就应适用重法，排斥轻法。这种情况通常发生在交叉重合形式的法规竞合中。② 有观点认为，当两法条对某一行为的调控专属性不确定，难以区分孰为特别、孰为普通时，可按重法优于轻法的原则定罪判刑。③ 笔者对此难以苟同，前述特别法优于普通法以及重法优于轻法的法律适用原则，并非是当前者在认定存在困难时就当然地适用后者来替代，这

① 马克昌．犯罪通论［M］．武汉：武汉大学出版社，1999：628，629．

② 马克昌．犯罪通论［M］．武汉：武汉大学出版社，1999：638．

③ 屈学武．金融刑法学研究［M］．北京：中国检察出版社，2004：168．

明显地违反了罪责刑相适应原则和刑罚谦抑性原则，况且一般而言孰为特别、孰为普通还是可以根据法条之间的包容或交叉关系以及法条的具体表述予以区分，倘若确有难以区分的情形，那么首要考虑的应该是如何处理才更好地符合罪责刑相适应原则，而非绝对地就适用重法优于轻法的原则。

在危害金融安全犯罪中存在着法条竞合的情形。

首先是刑法第266条诈骗罪与第192条至第198条各种金融诈骗罪之间就存在包容的关系，如行为人基于一个故意实施骗取集资款的行为，就会同时触犯普通诈骗罪与集资诈骗罪二罪，适用法条时应根据特别法优于普通法的原则依集资诈骗罪论处。

其次是刑法第171条第1款的购买假币罪与该条第2款的金融工作人员购买假币罪之间也存在包容的关系，这是基于犯罪主体不同而形成的法条竞合，前罪是一般主体，而后罪则仅限于金融工作人员这种特殊主体。

再次，在合同诈骗罪与票据诈骗罪之间、票据诈骗罪与贷款诈骗罪之间存在交叉的关系。刑法第224条规定的合同诈骗罪中，其中包括“以伪造、变造、作废的票据或者其他虚假的产权证明作担保”的行为方式，这就与票据诈骗罪中的“明知是伪造、变造的汇票、本票、支票而使用的”以及“明知是作废的汇票、本票、支票而使用的”行为方式存在交叉，当行为人使用伪造、变造、作废的票据在签订、履行合同过程中，骗取对方当事人财物的，就同时触犯了合同诈骗罪与票据诈骗罪，刑法将这种票据诈骗行为作为合同诈骗的方式之一，因此此时特别法应该是合同诈骗罪。另外，对于履行合同时，签发空头支票支付货款的情形应该如何认定，学者们有着不同的观点：有观点认为这是属于牵连犯，其中目的行为是合同诈骗，手段行为是票据诈骗，应该从一重罪处罚。①有观点认为，以签发空头支票的方式支付合同货款，显然是一行为

① 张慧卿．简析金融犯罪的定罪与处罚．转引自刘华．票据犯罪研究[M]．北京：中国检察出版社，2001：299.

触犯两罪名，而不是两个行为两个罪名，所以并不是牵连犯问题，而是属于想象竞合犯。① 还有观点认为当属合同诈骗罪与票据诈骗罪的法条竞合犯。② 笔者赞同最后一种观点。首先，使用签发空头支票的行为方式支付合同货款的行为应该视为整体的一个犯罪行为是毫无疑义的；其次，所谓想象竞合犯，是指一个犯罪行为触犯数个罪名的犯罪形态，行为人触犯的数罪名中任何一个罪名都无法全面评价其犯罪行为，这是想象竞合犯的重要标志，③而在使用签发空头支票的行为方式支付合同货款的行为中，无论合同诈骗罪还是票据诈骗罪都能全面评价之，就犯罪自身而言，是属于单纯的一罪，只是有两个法条可以适用而已，因此这种情况并非想象竞合犯；再次，笔者赞成上述情形属于合同诈骗罪与票据诈骗罪交叉式的法条竞合，因为在合同诈骗罪中“以其他方法骗取对方当事人财物”的行为可以涵盖使用签发空头支票的方法，因此上述情形同时触犯了合同诈骗罪和票据诈骗罪的规定，而且两罪在使用签发空头支票的行为方式支付合同货款进行诈骗的部分存在着重合关系，所以应该构成法条竞合关系。那么在具体适用法律时又应该如何定罪量刑呢？有观点认为，既然“签发空头支票”的欺骗行为已经在票据诈骗罪中作出专门的明文规定，那么此类特别诈骗手段就应从第 224 条合同诈骗罪的“其他”口袋里剔除出去，因此宜适用刑法第 194 条票据诈骗罪来处理上述情形。④ 笔者以为这种认定方法是可行的。

在刑法第 193 条贷款诈骗罪中，规定了“使用虚假的证明文件”诈骗贷款的行为方式，若行为人是以伪造、变造、作废的汇

---

① 刘华．票据犯罪研究［M］．北京：中国检察出版社，2001：298，299.

② 屈学武．金融刑法学研究［M］．北京：中国检察出版社，2004：169.

③ 姜伟．犯罪形态通论［M］．北京：法律出版社，1994：432.

④ 屈学武．金融刑法学研究［M］．北京：中国检察出版社，2004：170.

票、本票、支票作为证明文件诈骗贷款的，则同时触犯贷款诈骗罪与票据诈骗罪，此时使用虚假票据的行为成为贷款诈骗罪的客观构成要件。

另外有学者根据刑法第183条的两款规定，即第1款“保险公司的工作人员利用职务上的便利，故意编造未曾发生的保险事故进行虚假理赔，骗取保险金归自己所有的，依照本法第二百七十一条的规定定罪处罚”以及第2款“国有保险公司工作人员和国有保险公司委派到非国有保险公司从事公务的人员有前款行为的，依照本法第三百八十二条、第三百八十三条的规定定罪处罚”得出上述条款是保险诈骗罪与职务侵占罪、保险诈骗罪与贪污罪发生法条竞合的结论，① 笔者赞成这种看法。刑法第198条保险诈骗罪中也有“故意编造未曾发生的保险事故进行虚假理赔，骗取保险金”的行为方式，该罪的主体明确规定仅限于投保人、被保险人与受益人，而当保险公司的工作人员拥有这三种特殊身份之一时，再利用职务上的便利，故意编造未曾发生的保险事故进行虚假理赔，骗取保险金归自己所有的，就形成保险诈骗罪与职务侵占罪的法条竞合。第2款亦是同理。

事实上区别法条竞合犯与想象竞合犯的难度较大，因为二者的相似之处确实很多，容易混淆。如有观点认为证券交易所、证券公司的从业人员，证券业协会或者证券管理部门的工作人员，故意提供编造的虚假信息并且传播，诱骗投资者买卖证券，扰乱证券交易市场，造成严重后果的行为属于想象竞合犯，其行为既触犯现行刑法第181条第1款编造并传播证券交易虚假信息罪，又触犯第2款诱骗投资者买卖证券罪。②笔者以为这种观点值得商榷。首先，证券交易所、证券公司的从业人员，证券业协会或者证券管理部门的工作人员，故意提供虚假信息，诱骗投资者买卖证券的行为，是属

① 屈学武．金融刑法学研究［M］．北京：中国检察出版社，2004：168.

② 林亚刚．金融犯罪罪数形态的探讨［J］．法商研究，2000（4）.

于编造并传播证券交易虚假信息罪与诱骗投资者买卖证券罪的交叉重合部分，可见这两个法条之间存在交叉关系；其次，在发生法条竞合的情况下，是只能适用一个法律条文而排斥其他法律条文。这是因为法条竞合犯犯罪中的诸种事实特征归根结底只与一个法条规定的犯罪构成全部相符，就是说它所触犯的数个法条，只有其中一个法条才是对法条竞合犯的最全面、最准确的法律评价。想象竞合犯则与之不同，除了行为仅有一个以外，其他诸种事实特征分别与其所触犯的数法条中规定的犯罪构成相符合，就是说用它所触犯的数法条中哪个法条对其进行法律评价都可以。因此，在想象竞合犯的处罚上是采用“从一重罪处断”原则。① 根据上述区分原则，对于证券交易所、证券公司的从业人员，证券业协会或者证券管理部门的工作人员，故意提供编造的虚假信息并且传播，诱骗投资者买卖证券，扰乱证券交易市场的行为，只能适用编造并传播证券交易虚假信息罪或者诱骗投资者买卖证券罪对之进行评价，而不可能同时适用编造并传播证券交易虚假信息罪和诱骗投资者买卖证券罪进行评价。因此，笔者以为上述情形更为符合法条竞合的情形。

2. 危害金融安全犯罪的继续犯问题

所谓继续犯，是指一个已经实现犯罪既遂的行为，在既遂后的相当时间内持续侵犯同一或相同客体的犯罪。其基本特征是：只实施一个犯罪行为；持续侵犯同一或相同的客体；在犯罪既遂后，犯罪状态仍在继续中；犯罪行为在相当的时间内持续。② 就危害金融安全的犯罪而言，笔者以为持有假币罪、违法发放贷款罪、用客户资金非法拆借、发放贷款罪等可以认定为具有继续犯的特征，比如只要行为人对假币处于持有的状态，则犯罪行为与不法状态都同时处于持续状态；又如行为人实施的相关贷款犯罪，由于非法放贷持续一定的期间，行为人非法放贷多久、借款人非法受贷多久，犯罪

① 吴振兴．罪数形态论［M］．北京：中国检察出版社，1996：173.

② 马克昌．犯罪通论［M］．武汉：武汉大学出版社，1999：621-623.

行为与不法状态就同时持续多久。①

3. 危害金融安全犯罪的结果加重犯问题

所谓结果加重犯，是指故意实施基本的犯罪构成要件的行为，发生基本犯罪构成结果以外的重结果，刑法对重结果规定加重法定刑的犯罪。构成结果加重犯首先要具有基本的犯罪构成，即在客观方面行为人实施一个行为，触犯一罪名的犯罪，足以成立基本犯，在主观方面须有犯罪的故意；其次还必须有加重结果，即刑法规定的行为人在实施某种基本犯罪构成的行为时，又发生了基本犯罪构成以外的重结果，行为人对加重结果必须在主观上有罪过。② 至于危害金融安全的犯罪是否具备结果加重犯，人们有着不同的看法:③

第一种观点认为:“在金融犯罪中，犯罪结果往往以数额的形式表现出来。……又如新修订刑法第 172 条规定的持有、使用伪造的货币罪，如果持有、使用伪造的货币数额较大的（指一般的、基本的犯罪构成），处……如果持有、使用伪造的货币数额特别巨大，处……。这条规定中，数额巨大的持有、使用伪造的货币罪和数额特别巨大的持有、使用伪造的货币罪，就是结果加重犯。在金融犯罪中，以数额为构成要件的规定很多，结果往往以数额的形式表现出来。所以，有的也将以数额为构成要件的犯罪称为数额犯；以数额为加重构成要件的，称为数额加重犯。但是……数额是犯罪结果的一种表现形式，所以，将之纳入结果加重犯加以论述。”④

第二种观点认为，根据结果加重犯的基本特征和成立条件，破坏金融管理秩序的犯罪中不具有属于结果加重犯的犯罪。所谓

---

① 屈学武. 金融刑法学研究［M］. 北京：中国检察出版社，2004：173.

② 马克昌. 犯罪通论［M］. 武汉：武汉大学出版社，1999：652-657.

③ 由于以下观点中的“金融犯罪”与本文“危害金融安全的犯罪”在外延上基本一致，因此具有可比性。

④ 舒慧明. 中国金融刑法学［M］. 北京：中国人民公安大学出版社，1997：123.

“数额较大”或者“数额巨大”、“数额特别巨大”的结果，都只是该种犯罪客观方面作为结果的要件，不是结果加重犯的加重结果。①

还有一种折中的观点，认为金融犯罪中虽然没有严格意义上的结果加重犯，但是，从广义上看，由于数额加重犯与情节加重犯也在量刑上有所加重，从这一角度看，它们可谓广义的结果加重犯。②

笔者以为第二种观点是正确的，在危害金融安全犯罪中不存在结果加重犯。诚然，在这类犯罪中存在着大量的数额犯和情节犯，但它们并不等同于结果加重犯，在结果加重犯中，加重结果不是基本犯罪构成要件的结果。又不是可以与基本犯罪构成相分离的结果。③ 比如在实施抢劫犯罪时致人死亡的，基本犯罪是抢劫罪，而在抢劫罪的基础上又发生了致人死亡的结果，性质是完全不同的。而在危害金融安全犯罪的条文中，对性质相同危害不同的两种或两种以上的结果的规定表现形式是：数额较大的 + 数额巨大的 + 数额特别巨大的，一般情节 + 情节严重的 + 情节特别严重的。如刑法第171条规定，出售、购买伪造的货币或者明知是伪造的货币而运输，数额较大的，处……；数额巨大的，处……；数额特别巨大的……。又如刑法第177条规定，有下列情形之一，伪造、变造金融票证的，处……；情节严重的，处……；情节特别严重的，处……。这些表述方式只是属于对加重处罚的结果的规定，并不是基本犯罪之外的重结果，其性质是相同的，而且当发生的是“数额巨大”或者“数额特别巨大”的结果时，就不可能存在另一个“数额较大”的结果，即（一个）行为只能发生一个“数额较大”

① 林亚刚．金融犯罪罪数形态的探讨［J］．法商研究，2000（4）．

② 屈学武．金融刑法学研究［M］．北京：中国检察出版社，2004：172．

③ 马克昌．犯罪通论［M］．武汉：武汉大学出版社，1999：654．

或者“数额巨大”、“数额特别巨大”的结果，它们是不可能并存的。① 对于第三种观点，笔者以为，所谓广义的结果加重犯与狭义的结果加重犯，主要是从基本犯罪的罪过是仅指故意还是包括过失这个角度来谈论的，并不是在是否包括数额加重犯、情节加重犯等问题上所作的广义与狭义之分，所以该观点并不足取。

4. 危害金融安全犯罪的想象竞合犯问题

所谓想象竞合犯，是指基于一个犯意的发动，实施一个犯罪行为而触犯数个罪名的犯罪。其特征在于行为人只实施了一个行为，而该一行为同时触犯了数罪名。它是属于形式上数罪并合处罚的情形，遵循从一重罪论处的处罚原则。②学界对于非法获取证券交易内幕信息的人，与他人串通，以事先约定的时间、价格和方式相互进行证券交易，操纵证券交易价格的情形如何定性存在争议。有观点认为“其一行为既触犯现行刑法第 180 条泄露内幕信息罪，又触犯现行刑法第 182 条操纵证券交易价格罪，为想象竞合犯”。③还有观点认为行为人不仅仅实施了单纯的“买入或卖出证券”——即内幕交易行为；而且实施了“与他人串通，以事先约定的时间、价格和方式相互进行证券交易，操纵证券交易价格”的行为，因而是以两个构成要件行为触犯了两个法益、两种罪名，更符合牵连犯的学理特征。④ 笔者赞同第一种观点，牵连犯和想象竞合犯的一大区别在于前者是实施了两个或两个以上的犯罪行为，触犯数罪，而后者则是只实施了一个犯罪行为却触犯数罪，上述问题争论的焦点也是在于行为人实施的究竟是一个犯罪行为还是两个犯罪行为。刑法第 180 条规定：“证券交易内幕信息的知情人员或者非法获取证券交易内幕信息的人员，在涉及证券的发行、交易或

---

① 林亚刚．金融犯罪罪数形态的探讨［J］．法商研究，2000（4）．

② 马克昌．犯罪通论［M］．武汉：武汉大学出版社，1999：671-674.

③ 林亚刚．金融犯罪罪数形态的探讨［J］．法商研究，2000（4）．

④ 屈学武．金融刑法学研究［M］．北京：中国检察出版社，2004：183.

者其他对证券的价格有重大影响的信息尚未公开前，买入或者卖出该证券，或者泄露该信息，情节严重的……”。由此可以看出，非法获取证券交易内幕信息的人员在相关信息尚未公开前，实施了买入或者卖出该证券行为的，构成内幕交易罪，而在刑法第182条规定采用“与他人串通，以事先约定的时间、价格和方式相互进行证券交易”的方式操纵证券交易价格的，也必须实施买入或者卖出该证券的行为。而在上述争论的问题中，所谓的买入、卖出行为其实是同一的，行为人获取了交易内幕信息之后，与他人串通进行证券交易，进而操纵证券交易价格获取非法利益，在整个过程中只有一个买入或卖出证券的行为，但同时触犯了内幕交易罪与操纵证券市场罪，显然应该属于想象竞合犯而非牵连犯。

5. 危害金融安全犯罪的牵连犯问题

牵连犯是指行为人为实施一个犯罪，其方法行为或结果行为又触犯其他罪名的情况。其基本特征是：须有两个以上的行为；两个以上的犯罪行为须有牵连关系；两个以上的行为须触犯不同的罪名。① 牵连犯的处罚原则是从一重处断。在危害金融安全的犯罪中，构成牵连犯的情况比较多。如伪造货币之后又将伪造的货币予以出售或者运输的，就分别构成伪造货币罪和出售假币罪，或者是伪造货币罪和运输假币罪，二者之间存在目的行为与方法行为的牵连，形成牵连关系。同时刑法明确规定，对于伪造货币并出售或者运输伪造的货币的，依照伪造货币罪定罪并从重处罚。又如行为人通过伪造、变造金融票证或者伪造、变造、收买国家机关的公文、证件、印章，或者是伪造公司、企业、事业单位、人民团体印章等行为，实施各种金融诈骗犯罪的，就会同时触犯刑法分则其他章节的相关犯罪，形成方法行为与目的行为的牵连关系。在处罚方面，如果刑法没有作出特别规定的，就按牵连犯从一重处断的原则进行处理；但是如果刑法作出了明确规定的，则依刑法之规定。如上述对伪造货币并出售或者运输伪造的货币的行为的处理规定。又如保

① 马克昌．犯罪通论［M］．武汉：武汉大学出版社，1999：681-685.

险诈骗罪中第2款规定“有前款第四项、第五项所列行为，同时构成其他犯罪的，依照数罪并罚的规定处罚”，即对于采用故意造成财产损失的保险事故，或者故意造成被保险人死亡、伤残、疾病的，通过这些手段来骗取保险金，虽然存在事实上的牵连关系，但不能从一重处断，因为刑法已经作出“数罪并罚”的专门规定。

6. 危害金融安全犯罪的连续犯问题

连续犯是指行为人出自连续的同一故意，连续实施数个独立成罪的行为，触犯同一罪名的犯罪。其特征是：须有连续的同一犯罪故意，须连续实施数个可以独立成罪的行为，须触犯同一罪名。连续犯属于裁判上的一罪，如何处罚刑法没有明文规定，在理论和实践中以一罪论，在裁判上从重处罚。① 危害金融安全犯罪中出现连续犯的情形比较多，金融诈骗罪中的八个具体犯罪都有可能构成连续犯。如行为人在一段时间里连续使用伪造的信用卡或作废的信用卡等进行信用卡诈骗的，就构成信用卡诈骗罪的连续犯。

（四）危害金融安全犯罪共犯数额问题

根据我国刑法规定，共同犯罪是指两人以上共同故意犯罪。就危害金融安全的犯罪而言，基本上不发生必要共犯的问题，但在实践中有很多危害金融安全的犯罪往往是由多人共同完成的。如集资诈骗罪，行为人实施集资诈骗行为需要面对社会上大多数不特定的公众，一人往往难以完成，一般是多个犯罪人通过各自分工、共同协作来完成诈骗集资款的犯罪行为；又如伪造、变造货币、金融票证、有价证券等犯罪以及擅自设立金融机构罪，擅自发行股票、公司、企业债券罪，等等，有时是几个犯罪人共同作案，有的甚至是犯罪集团实施的有组织犯罪，因此必须予以足够的重视。

在危害金融安全的共同犯罪中，由于各个共同犯罪人在犯罪的过程中所处的地位和发挥的作用各异，根据罪责刑相适应原则，必须对各个犯罪人区别对待，处以不同的刑罚。由于危害金融安全犯罪中很大一部分是属于数额犯，因此在共犯问题的讨论中，需要探

---

① 马克昌．犯罪通论［M］．武汉：武汉大学出版社，1999：691-700.

讨的主要是对各个犯罪人应根据怎样的犯罪数额来确定其刑事责任。

理论上对于如何确定共同犯罪人各自的犯罪数额有几种不同的观点①：(1) 分赃数额说，此说主张各共同犯罪人只对自己实际分得赃物的数额承担刑事责任；(2) 参与数额说，主张各共同犯罪人应对本人参与的经济犯罪数额承担刑事责任；(3) 分担数额说，主张各共同犯罪人应对本人"应当分担"的数额负责，至于如何确定各共同犯罪人"应当分担"的数额，应采用百分比的计算方法；(4) 综合数额说，主张综合考虑全案因素，确定各共同犯罪人行为的大小，然后据此定罪量刑；(5) 犯罪总额说，主张应以共同犯罪的财物总额作为确定各共同犯罪人的刑事责任的标准。其中分赃数额说忽视了共同犯罪的整体性，而且只注重犯罪人实际分得赃物的最后结果，却忽视了各个犯罪人在共同犯罪中所发挥的不同作用，因而是片面的，何况不见得所有的共同犯罪都一定进行分赃。参与数额说同样也忽视了各个犯罪人在共同犯罪中所起的作用，如对于主犯中的首要分子不能仅以其实际参加的犯罪数额追究刑事责任，而应该以整个犯罪涉及的总金额定罪量刑，否则有悖于我国刑法对共同犯罪刑事责任的规定。分担数额说在解决量刑问题上有可取之处，但不适用于定罪。至于综合数额说则过于抽象，难以解决实际问题。运用犯罪总额说解决定罪问题是可行的，它体现了共同犯罪的整体性，符合共同犯罪必须共同承担刑事责任的要求，但在解决量刑问题时则有其局限性。

根据以上的总结，我们认为，首先可以以犯罪数额说作为大原则解决定罪问题，只要行为人所犯罪行的总数额达到该罪的定罪标准，则其行为构成该危害金融安全的犯罪，应当对所有共同犯罪人追究本罪的刑事责任。其次，再进一步考虑各个不同的犯罪人具体应当如何量刑。犯罪人共同实施犯罪的结合方式是多种多样的，有

---

① 王晨．诈骗犯罪的定罪与量刑［M］．北京：人民法院出版社，1999：56-60.

的是以犯罪集团的形式进行，有的仅是属于一般的共同犯罪形式。按照我国刑法的规定，如果是组织、领导犯罪集团的首要分子，则要按集团所犯的全部罪行处罚，那么在计算犯罪数额时，不论其是否亲自参加了全部犯罪活动，都应以该罪的总数额从重处罚；而对于一般共犯中的各犯罪人以及犯罪集团中首要分子以外的主犯、从犯、胁从犯，则根据其实际参加的犯罪活动所分担的实际金额计算。当然，追究各犯罪人的刑事责任时，除了考虑犯罪金额之外，还应考虑其在整个犯罪过程中所起的作用以及其他情节，综合衡量最终应该判处的刑罚。

三、危害金融安全犯罪刑罚执行的若干问题

刑罚执行是打击犯罪和矫正犯罪人的必经途径，也是司法公正和效率的集中表现。笔者在此想着重探讨危害金融安全犯罪缓刑执行方式的改进以及资格刑的相关问题。

（一）危害金融安全犯罪中缓刑的执行

对罪行轻微的危害金融安全犯罪人处以缓刑，是刑罚非监禁化的一种表现，此类罪犯的人身危险性相对较小，但是不将其收监也无法完全排除其在社会上继续实施危害金融安全犯罪的可能性。因而，对于被判处缓刑的犯罪人在缓刑考验期内的监管是非常重要的。我国对缓刑犯的监督考察是由公安机关负责，并由犯罪人原所在单位或者基层组织予以配合。但囿于警力的限制以及公安机关内并没有类似于国外的专职缓刑监督官的编制，我国对缓刑犯的监督考察往往是流于形式。因此，为了保证监督的效果，可以考虑由公安机关与相关部门、组织签订监管责任书，委托其监管缓刑犯。对于原在金融机构工作，具有某种专门资质，如金融高级管理人员任职资格、证券从业资格的缓刑犯，可以考虑将其交由相应的行业协会组织，如银行同业公会、证券业协会来负责监管。对于其他的犯罪人，可以考虑交由金融监管部门来监管。这些部门的专业性强，而且对犯罪人的过往情况相对熟悉，可以及时发现犯罪人的动向和不轨行为。这些机构有权监察和禁止缓刑犯实施与金融相关的活动

并检查其账户、资产情况。此外，也可以考虑令缓刑犯缴纳一定的保证金，以保证其在缓刑期间遵纪守法、认真改造。如有违反缓刑监管要求的，情节不太严重的，可以首先没收保证金，以增强对缓刑犯的约束。

（二）危害金融安全犯罪中资格刑的执行

我国现行金融安全刑事立法中没有规定资格刑，但在有关金融法规中则作出了受到刑事处罚的自然人在一定期限内不得在金融机构从业，不得担任金融机构的高级管理人员的规定，① 这种职业禁止性规定实际上已经涉及资格刑应考虑的内容。在实践中行政主管部门一般是根据法院的判决来宣告剥夺犯罪人从事金融活动的特殊资格，但这种剥夺资格方法从性质上看属于非刑罚方法，具有行政属性。金融活动主要是平等主体之间的法律关系，但由于金融活动的高度专业化、要式性以及对诚信的要求，法律法规规定了一些特殊的准入资格限制，使其在私权性质上又增添了公权色彩，形成“私法公法化”的现象。在国外，剥夺这种私法上的权利的资格刑在刑罚种类上主要包括吊销执照、剥夺从事一定职业或营业的权利以及从事具有一定危险性活动的权利等，如对交通肇事罪犯处以禁止驾驶的处罚。应当说，资格刑在金融安全犯罪中适用是很有针对性的，它可以成为一种很有效的控制行为人再犯的方法和惩罚的手段。在具体实施上，它可以是有一定期限的，如禁止行为人接触某类金融活动若干年；也可以是终身的，如永远剥夺行为人金融从业资格。虽然现行刑法对资格刑没有作出规定，但从长远来看，我国的资格刑种类必定会更为丰富，目前，只属于剥夺公权的剥夺政治权利刑罚已经发展到了既有剥夺公权的刑罚也有剥夺私权的刑罚，能够处以资格刑的犯罪类型也会扩充，不局限于目前所规定的危害国家安全的犯罪和严重破坏社会秩序的犯罪。鉴于现行刑法没有作

① 如《商业银行法》第27条规定，因犯有贪污、贿赂、侵占财产、挪用财产罪或者破坏社会经济秩序罪，被判处刑罚，或者因犯罪被剥夺政治权利的，不得担任商业银行的董事、高级管理人员。

出规定，但在非刑事法律中又有此类措施，而且往往在现实中此类措施没有受到足够的重视和监督，其落实往往比较随意，缺乏制度化。因此，我们可以考虑采取变通的方式，当行为人的行为构成犯罪，符合相关非刑事法律中剥夺专业资格的条件时，由司法机关向认定、审核此类特殊资格的金融主管部门提出专门的通知和司法建议，督促其执行，从而保证这种行政属性的资格剥夺方式能够贯彻实施。

同时，对于危害金融安全的单位犯罪，能否采取资格刑措施，也是值得探讨的。国外有对犯罪公司责令解散的立法例，但在我国刑法中没有对此作出规定。在《反洗钱法》中，对于金融机构违法情节特别严重的，该法只是规定反洗钱行政主管部门可以建议有关金融监督管理机构责令停业整顿或者吊销其经营许可证。在《公司法》、《公司登记管理条例》、《企业法人登记管理条例》中只是笼统地提到“公司（企业）因违反法律行政法规的规定，被依法责令关闭的，应当解散”，但在《行政处罚法》中只规定了责令停产停业、吊销许可证和营业执照的行政处罚，而没有规定哪个机关有权决定公司企业关闭解散。实践中的主要做法是对于国有的公司企业，由政府以出资人的身份决定解散、关闭；而对于其他所有制性质的公司企业，主要是由工商行政管理部门吊销其营业执照或责令其办理注销登记；对于金融机构，则由金融监管部门责令停业、实施接管及吊销金融业务许可证作为强制性解散的替代手段。从法理上讲，成立公司等经营性实体也是一种结社权，是一项公民基本权利，如果没有法律的明文规定，行政机关是无权否认公司的法人人格的，而我们日常所见的吊销营业执照等只是对公司组织形式及登记程序不合法的一种处罚，其效果虽然和解散关闭公司企业类似，但性质上是完全不同的。笔者认为，作为各个部门法中最严厉的法律责任承载者，刑法是可以对单位犯罪作出关闭、解散的规定的，而且这种规定也只适宜由刑法作出。对于危害金融安全的单位犯罪，刑法既可以规定吊销营业执照和金融许可证的资格刑，也可以对犯罪情节非常严重的单位处以强行解散的刑罚。鉴于现行刑法没有上述内容，在实践中可以区分具体情况灵活处理，对于犯罪单位是金融机构的，可以向金融监管机关提出司法建议，对犯罪单位进行接管，由其决定是否撤销。对于犯罪单位是非金融机构的，向工商行政管理机关及犯罪单位的上级主管机关提出禁止经营某类业务或吊销营业执照的司法建议，也可以责令出资人、开办单位自行解散该单位。

第三节　危害金融安全犯罪的刑事司法协助

刑事司法协助，是指不同国家、地区的司法机关之间，根据本国缔结、参加的国际条约或者双边互惠原则，相互请求代为一定刑事诉讼行为的活动。它不仅是涉外刑事诉讼程序的一项重要内容，而且是一项重要的司法制度。司法实践中，对于跨国、跨境的危害金融安全犯罪以及犯罪嫌疑人外逃的，必须开展国际、区际的刑事司法合作才能有效地进行打击。刑事司法协助涉及面比较广，从内容上看包括交流刑事信息，委托送达司法文书，委托搜查或者查封财产，传唤证人、鉴定人出庭作证，委托调查和收集物证、书证和视听资料，协助调查知情人，访问被害人，收集证言材料，委托鉴定，委托调查，核实诉讼参与人的身份及其履历情况，通过第三国和国际刑警组织协查案件，通缉在逃犯罪嫌疑人，国际通报制度，引渡犯罪嫌疑人，已决犯移管，协助追缴和移交涉案财物，等等。由于我国目前较为特殊的国家结构和政权体制，既存在着国与国之间的刑事司法协助，也存在着中央政府与两个特别行政区及台湾地区的司法层面的协助。本文拟对国际司法协助和内地与港澳台地区间的区际司法协助中相关问题进行探讨。

一、危害金融安全犯罪国际刑事司法协助的相关问题

我国刑事诉讼法第 17 条规定：根据中华人民共和国缔结或参加的国际条约，或者按照互惠原则，我国司法机关和外国司法机关可以互相请求刑事司法协助。就危害金融安全犯罪而言，由于法律

制度、司法体制、执法水平的差异，目前我国和其他国家的刑事司法协助尚处于起步阶段，在交换情报、追缉逃犯、追缉赃款等方面合作的深度和广度都还不够，其中引渡和移交涉案财产中的问题比较突出。

（一）危害金融安全犯罪人的引渡问题

引渡是国家行使司法主权的重要体现。对不在国境内的犯罪嫌疑人及已决犯只有通过引渡才能使其回国接受刑事审判和服刑。我国按照国际通行惯例制定了引渡法，规定了外国向我国请求引渡和我国向外国请求引渡等问题的条件、程序、审查、执行等内容。从我国法律规定看主要有两种引渡方式：条约引渡和互惠引渡。前者是指根据国际条约的有关引渡条款，通过外交途径向有关国家提出引渡请求，按照引渡程序引渡。我国已经和泰国、白俄罗斯、俄罗斯、保加利亚、罗马尼亚、哈萨克斯坦、韩国等国家签订了一系列双边条约。后者则是在平等互惠的基础上，通过外交途径向有关国家或地区提出引渡请求。我国与建立了外交关系但还未签订引渡条约的国家常用这种方式，如美国、英国、加拿大等。另外，还可以采用一些灵活的做法，如我国警方在实践中会逐案请求有关国家采取驱逐出境等变相引渡的方式遣返逃犯，即由被请求方宣布将逃犯驱逐出境，并通知适当安排，交给中国处理。① 我国目前有大量经济犯罪的犯罪嫌疑人潜逃到国外，其中不少行为人涉嫌危害金融安全犯罪，因而在引渡方向上主要是我国向外国请求引渡涉案人员，在此过程中存在着与国际上通行的死刑不引渡原则以及双重犯罪原则相冲突的问题。

所谓死刑不引渡原则，是指当被请求国有理由认为在引渡后被引渡人可能被处以死刑时，拒绝予以引渡的原则。就国际立法状况而言，不论是各国的国内引渡立法，还是在国际引渡条约中都有很多国家采纳了此原则。如瑞士的《联邦国际刑事协助法》第 37 条

① 叶峰，鲜铁可．国际性经济犯罪的引渡与司法协助［J］．法学，1997（1）．

第2款规定：如果请求国不承诺将不在请求国境内对被追究人处以死刑，或被追究人将会受到有损其人格尊严的待遇，则应拒绝引渡。又如《泰美引渡条约》第6条规定："如果根据请求国的法律请求引渡所依据的犯罪可以判处死刑，而根据被请求国的法律此种犯罪不判处死刑，被请求国主管机关可以拒绝引渡。"联合国《引渡示范公约》第4条"拒绝引渡之任择性事由之（4）规定：按请求国的法律，作为请求引渡原因的罪行应判处死刑，除非该国做出被请求国认为是充分的保证，表示不会判处死刑，或即使判处死刑也不会予以执行"。1957年《欧洲引渡公约》第11条规定："如果按照请求方法律，引渡请求所针对的犯罪可受到死刑处罚，并且就该项犯罪而言，被请求方法律未规定死刑或通常不执行死刑，则可拒绝引渡，除非请求方作出使被请求方认为足够的有关不执行死刑的保证。"我国《引渡法》第8条和第9条列举了应当拒绝引渡和可以拒绝引渡的情形，其中第8条规定的应当拒绝引渡的情形包括本国国民不引渡、一事不再理、政治犯罪、军事犯罪、诉讼时效、赦免、缺席判决等八种，第9条规定的则是本国对犯罪有刑事管辖权和正在或者准备提起刑事诉讼的以及出于人道主义考虑可以拒绝引渡的情形。可见我国引渡法并没有规定死刑不引渡原则。但有观点认为："有的被请求国废除了死刑，其对于引渡请求往往会提出要求请求引渡国作出对保证被请求引渡人不判处死刑的承诺……考虑到作出一定承诺并将这些罪犯引渡回国追究其刑事责任，有利于打击犯罪，保护国家和人民的利益，因此，被请求国就准予引渡附加条件的，可由外交部代表中国政府向被请求国作出承诺。"① 也有学者认为，《引渡法》第50条规定："被请求国就准予引渡附加条件的，对于不损害中华人民共和国主权、国家利益、公共利益的，可以由外交部代表中华人民共和国政府向被请求国作出承诺。对于限制追诉的承诺，由最高人民检察院决定；对于量刑的承诺，

---

① 胡康生．中华人民共和国引渡法释义［M］．北京：法律出版社，2001：95.

由最高人民法院决定。”这里的“被请求国就准予引渡附加条件”，就包括被请求引渡的罪行按照中国法律本应判处死刑，而被请求国要求中国保证对被请求引渡人不予判处或执行死刑的情形。“因此，从严格意义上讲，中国《引渡法》还是十分有限地、间接地接受了死刑不引渡原则。”①

在我国危害金融安全犯罪中，其中一部分犯罪的最高刑是死刑，对于实施了此类犯罪外逃的人员，由于我国的司法机关无法承诺对其不判处死刑，以致死刑不引渡原则成为了我国向其他国家请求引渡犯罪人时的重要障碍。从长远来看，我国应该在立法中承认死刑不引渡原则，虽然我国不可能在短期内完全废除死刑，但是承认该原则与保留死刑并不矛盾。国际上有一种极端的看法，就是将人权保护和保留死刑绝对地割裂开来，认为保留死刑就意味着酷刑，就意味着反人道、不尊重人权，这是非常不理性的。即使是《公民权利和政治权利国际公约》也未完全绝对地否定死刑，该公约第6条第2项规定：在未废除死刑的国家，判处死刑只能是作为对最严重罪行的刑罚，判处应按照犯罪时有效并且不违反本公约规定和防止及惩治灭绝种族罪公约的法律。这种刑罚，非经合法法庭最后判决，不得执行。因此我们不能被上述极端看法所左右，认为一旦承认该原则就意味着我国承诺废除死刑，这完全是两个问题。是否废除死刑是主权国家根据该国国内的政治、经济、文化、历史等各方面因素自主决定的，而死刑不引渡原则则是不同国家间为开展引渡合作而确定的条件和限度，尤其对于奉行不同刑事政策的国家，这一规则有助于克服因刑事政策的差别而产生的障碍，保障引渡合作的健康进行。② 就当前情况而言，我国在实践中的做法实际上已经体现了对死刑不引渡原则的接受，最典型的例子就是对

---

① 刘亚军．引渡新论——以国际法为视角［M］．长春：吉林人民出版社，2004：245，246.

② 张景．国际刑法综述［M］．北京：人民出版社，2004：256.

“余振东案”的处理。① 值得注意的是，全国人大常委会于2006年4月29日批准了中国与西班牙签署的引渡条约，这是我国与欧美发达国家之间的第一个引渡条约。该条约明确规定，“根据请求方法律，被请求引渡人可能因引渡请求所针对的犯罪被判处死刑，除非请求方作出被请求方认为足够的保证不判处死刑，或者在判处死刑的情况下不执行死刑”，否则被请求方“应当拒绝引渡”。可见我国政府和立法部门从务实的角度出发，首次在条约中承认了死刑不引渡原则，此举对加强打击外逃的危害金融安全犯罪有着重大的意义。

所谓“双重犯罪原则”，是指可引渡的罪犯所实施的行为必须是请求引渡国家和被请求引渡国家双方都认为是犯罪的行为。对此多数国家持实质相似说，认为作为请求引渡理由的行为，只要按照

---

① 余振东案曾经震惊中国金融界数载，涉及金额4.82亿美元。该案并没有构成危害金融安全的犯罪，但对该案的处理体现了我国对死刑不引渡原则的接受。自1992年开始，余振东与中国银行开平支行原行长许超凡、经理许国俊（均在逃国外）合谋，利用中国银行联行资金管理上的漏洞，违规占用广东省辖联行账户的大量资金，并通过伪造有关账册平账的手段，贪污公款8247万美元，用于其在境外设立的私营公司。同时，余振东还伙同许超凡、许国俊采取假借企业之名向中国银行开平支行申请贷款的名义，套取巨额联行资金的手段，挪用巨额资金1.32亿多美元，2.73亿多元人民币，2000万元港币，用于其在境外设立的私营公司的经营，并从中获得公司分红等非法利益共6730万港元，全部用于炒卖外汇、股票以及赌博等个人消费。余振东与许超凡、许国俊于2001年10月12日经香港逃往加拿大、美国。2003年中国政府有关部门对美国政府相关部门作出书面承诺，旨在要求美方将余振东遣返回国，同时保证免除对余振东的死刑处置，并放弃对其妻子所犯罪行的追讨。2004年4月，余振东按照美国“辩诉交易”程序，由非法入境、非法移民及洗钱罪名在内华达州法院领得14个月监禁后，被遣返回国。此时，中国政府对余振东回国后涉及的有关刑罚及权利和待遇问题已有正式书面承诺，“中华人民共和国审判机关判处余振东不超过12年的有期徒刑”。2006年3月31日，广东省江门市中级人民法院就余振东贪污、挪用公款案进行一审判决，余振东获刑12年，并处没收个人财产人民币100万元。

请求国法律和被请求国法律罪行间实质相似，均构成犯罪，就符合双重犯罪原则，而无需强调罪名和犯罪构成要件的同一。① 我国在双重犯罪原则的适用上存在着问题。关于金融安全的某些罪名，如外汇犯罪在部分国家并不被认为是犯罪，涉及这些案件的犯罪人的引渡请求很难得到外国政府的支持，即当被请求国的法律没有规定与请求国相同的外汇管理制度时，可以成为拒绝引渡请求的理由。有些学者对此提出了改革双重犯罪原则的主张，认为双重犯罪原则在某些特殊情况下应作变通适用。由于各国确认犯罪的标准不同。所以在请求国要求引渡被请求国不认为是犯罪的某种行为时，在引渡不损害被请求国公共秩序的前提下，被请求国不应以不符合双重犯罪原则为由拒绝引渡。从加强各国在引渡方面的合作上看，这种主张是有积极意义的。② 此外，在实践中要解决上述问题，首先应该加快与相关国家就引渡签订双边条约的进程，向有关国家充分介绍我国刑法有关罪名规定的依据，列举此类犯罪对我国金融安全造成损失的客观事实，通过各种渠道展示我国刑事司法程序的公正性、透明性，加强官方、学术界和民间的交流，消除一些国家对我国司法制度抱有的偏见和疑虑。其次是充分研究被请求国的相关法律法规和司法制度，在提交有关引渡的请求文件和证据时，尽量符合该国的司法习惯。再次，对引渡时我国政府和司法机关向外国政府作出的承诺应当信守，不能以各种变相的方式否决承诺的内容，要树立我国在刑事司法领域的国际形象，令一些谣言不攻自破，使今后的引渡工作能够更加顺利地开展。

（二）涉案财物的移交问题

金融安全犯罪的嫌疑人在出逃之前，往往转移走大量的资金，而且转移的手段非常隐蔽。如中国银行黑龙江省分行哈尔滨市河松街支行行长高山涉嫌金融诈骗案卷走的资金超过 10 亿元人民币，

---

① 王铁崖译：奥本海国际法［M］. 北京：中国大百科全书出版社，1998：342.

② 张景．国际刑法综述［M］. 北京：人民出版社，2004：252.

具体有多少转移到境外还不得而知，由于嫌疑人出逃导致证据链条断裂，对证明犯罪人的资产是犯罪非法所得造成了相当大的困难，而且有些资产通过一定渠道的洗钱变成了犯罪人的合法投资，资产所在国往往拒绝移交给我国。此外，由于我国刑事诉讼法不支持“缺席审判”，对在逃的犯罪嫌疑人，不可能对未到案的被告人提起公诉，并作出处以罚金、没收财产的判决，而且在危害金融安全犯罪附带的民事诉讼中法院也不能对在逃人员的财产作出没收的裁决。而国外司法机关大多数只承认法院的没收判决，使得我国在请求外国政府协助没收并移交涉案人赃款时处于十分困难的境地。①对此，我国一方面应努力和国际条约和惯例接轨，制定针对外逃涉案人员财产没收的有效对策，同时也应扎实做好针对欲引渡罪犯的非法所得证据收集、资金流向调查等基础性工作，在必要时也可以聘请国际知名的会计师事务所等中立机构出具有权威性的审计报告，有力地证明涉案资金的性质和流失过程，揭穿假象和谎言，最大限度地追回损失。

二、内地与港澳之间的区际刑事司法协助与管辖权协调的问题

《香港特别行政区基本法》第95条规定：“香港特别行政区可与全国其他地区的司法机关通过协商依法进行司法方面的联系和相互提供协助。”《澳门特别行政区基本法》中也有相似规定。这些规定确立了我国内地与香港、澳门两个特别行政区之间的司法协助构架，其中也包括刑事司法协助。由于三地之间法律传统、法律渊源、司法制度的差异性以及基本法对特别行政区独立的立法权、司法权的确认，形成了我们常说的“一国两制三法域”的局面，在处理跨越内地和港澳的跨境犯罪时刑事司法协助是势在必行的，而且这种司法协助不同于国与国之间条约性、互惠性的司法协助，而是一个国家内部在考虑到司法系统特异性情况下的制度安排。

① 伦朝平．惩治金融犯罪：期待行政与司法合力［N］．检察日报，［2005-6-6］，http：//www.jcrb.com/n1/jcrb833/ca380608.htm.

就危害金融安全犯罪而言，由于三地间的经贸往来和人员交流十分密切，港澳两地的资金流动和外汇管理也十分宽松，加上香港又是内地的重要融资窗口，大量的危害金融安全犯罪涉案人员、资金和证据线索分散在三地，犯罪分子会有选择地在三地分别实施犯罪预备行为、实行行为、销赃行为，利用三地法律相异的空隙逃避法律制裁。虽然三地司法机关一直都保持着举行高层会晤、合作演习、进行情报交换等方式的合作，但相互间的这种默契与惯例却局限于仅是一种非正式的行政安排，缺乏立法上的保障。因此，理顺三地之间的刑事司法协助思路，确立三地均能接受的区际刑事司法协助体系和规则是亟待解决的重要问题。除此之外，三地之间对刑事管辖权的合理安排也是有力地打击危害金融安全犯罪非常重要的一个方面。

（一）三地间区际刑事司法协助的相关问题

“一国两制”条件下的区际刑事司法协助，在性质上属于国内刑事司法协助，同时又具有一定的特殊性，是一种既不同于国际刑事司法协助、又有别于一般的国内刑事司法协助的特殊刑事司法协助形式。因此，我国区际刑事司法协助制度的建立，不仅要借鉴国际刑事司法协助的有关内容和制度，同时也要注意体现其特殊性。笔者认为，区际刑事司法协助的具体内容可能会涉及下列方面：刑事事宜相互司法协助；逃犯的移交；已决犯的移管。

1. 刑事事宜相互司法协助

刑事事宜相互司法协助旨在加强各法域间的合作与联系，在调查和检控刑事犯罪及进行刑事诉讼方面相互提供协助，其具体内容包括以下各项：

（1）刑事司法文书的送达。刑事司法文书是指在刑事诉讼过程中由司法机关制作或签发的各种法律文件或文书，包括拘留证、逮捕证、传票、出庭通知、刑事起诉书副本、刑事判决书、裁定书、决定书、刑事交付执行通知书，等等。由于这类司法文书关系到三地公民的基本权利，因此应通过积极的司法协助相互委托送达，而尽量避免使用邮寄送达的方式。各地区接到对方法域的委托以后，应尽量及时、准确地送达。对于此类刑事司法文书的送达请求，三地原则上应予接受而不应当拒绝。

（2）相互协助调查取证。为了证实犯罪嫌疑人是否有罪，三地司法机关可以相互委托对方代为调查取证。调查取证包括非强制性方式与强制性方式两种，① 前者包括代为询问当事人、犯罪嫌疑人、证人、鉴定人和其他诉讼参与人，以及代为进行鉴定、检查、勘验等；后者包括代为搜查、扣押、移交、没收犯罪物证或书证以及对犯罪嫌疑人人身进行强制检查等。此外，三地司法机关还可以通过协商，按需要直接派员赴对方境内，在当地司法机关的监督、协助下，依照对方刑事法律程序开展调查取证工作。

（3）协助追缴、移交赃款赃物以及其他犯罪所得。在三地互涉刑事案件中，犯罪分子往往将有关赃款赃物以及其他犯罪所得转移异地，因此，协助他方法域追缴和移交此类犯罪所得亦成为区际间刑事司法协助的一项重要内容。将赃款赃物以及其他犯罪所得追缴并移交给请求方，有利于请求方法域将其作为证据使用，以正确认定犯罪事实，同时还可能被用于返还给被害人以弥补由犯罪造成的损失。故各法域司法机关应根据他方法域的请求，在不侵害第三者合法权益、不妨碍被请求方正在进行的刑事诉讼程序、不违反被请求方有关物品出境和金融方面的法律规定的情况下，将在其境内查获的犯罪人在他方境内犯罪的所得及时移交给请求方。

（4）安排相关人员过境出庭作证。安排相关人员如证人、被害人、鉴定人及其他诉讼参与人等到另一法域出席法庭作证，对于加强案件证据的效力、确保判决的正确性具有重要作用。因此，在不损害被请求方利益、作证人员自愿、确保作证人员在作证期间的安全和合法权益的前提下，各法域司法机关应对他方法域提出的安排相关人员过境出庭作证的请求作出积极有效的安排。

（5）相互交流犯罪情报，提供法律信息。在“一国两制”条

---

① 赵秉志，赫兴旺．中国内地与港澳特别行政区的刑事司法协助问题研究［J］．法学家，1995（2）．

件下的中国，大量三地互涉刑事案件是由犯罪集团有组织地实施的，参与者往往涉及一个、两个甚至多个法域的公民，这些犯罪人穿梭于各法域实施犯罪，并且联系紧密、互通有无，形成了强大的反侦破力量，为警方打击跨境犯罪增加了更大的难度。因此，三地司法机关应加强联系，建立信息网络，及时交换犯罪情报，尤其是犯罪组织的情报，如犯罪组织的成员名单、活动情况等，以便沟通信息，了解动态，从而掌握主动权，有效打击和遏制跨境犯罪。另外，出于司法审判的需要，三地应该相互提供关于各自立法、司法判例及司法解释方面的法律材料，以保持经常性的联络与沟通。

2. 逃犯的移交

逃犯移交是区际刑事司法协助中急需解决的核心问题，三地间若能制定出正式的逃犯移交协议，必能有效地打击跨境犯罪，确保犯罪人不能利用他方法域作为避风港，逃避法律的制裁。笔者认为，三地间的逃犯移交制度，应该既有别于与外国司法机关的合作，也不同于国内一般行政机关之间的协助。我国《引渡法》的出台并没有改变目前三地间逃犯移交所面临的困境。正如早在该法颁布以前就已经有人指出，“国内占主导地位的观点把引渡看作是具有强烈主权色彩的国家间行为并且具有鲜明的政治色彩，这种观点深深地影响着此领域中的实践，同时也决定了内地的法律专家不承认与特别行政区的逃犯移交合作属于‘引渡’范畴，决定了他们不可能把处理引渡案件的现行制度和做法以及拟议中的引渡立法扩展适用于上述两地间的移交逃犯合作”。事实上《引渡法》的具体内容证实了此观点的正确性。我们可以以香港法律第 503 章《逃犯条例》为例进行分析，不难发现，该条例同样不能成为解决区际间逃犯移交问题的法律依据。首先，引渡法第 2 条规定该法适用于“中华人民共和国和外国”之间的引渡，从而明确将香港、澳门排除在外；《逃犯条例》第 2 条规定，该条例只适用于与香港有着“移交逃犯安排（arrangements for the surrender of fugitive offenders)”的“订明地方（prescribed place)”，并明确对“中华人民共和国或其任何部分”作出了排除性规定①。这就说明，《逃犯条例》只是香港作为具有立法权、独立司法权和终审权的特别行政区在对外关系上涉及与外国移交逃犯问题时所依据的法律规定，并不适用于内地。可见，虽然内地与香港各有定型的对外移交逃犯立法，然而它们相互之间如何移交却呈现空白状态。其次，从内容上看，无论是引渡法还是《逃犯条例》，基本上都是采纳国际上通行的引渡原则，如政治犯不移交原则、双重犯罪原则、本国国民不移交原则等，引渡法未就死刑不移交原则作出表述，但《逃犯条例》则明确规定了该原则。只是由于香港作为一个非主权地区实体而非一独立国家，故通篇并未使用“引渡”（extradition），而是采用“移交”（surrender）一词。然而上述原则无法在内地与香港移交逃犯时适用，因为香港、澳门回归之后，是作为中华人民共和国不可分离的一部分在国际社会中存在，它们与内地之间的法律冲突是一国主权之下不同法域的冲突，各方进行司法协助时应当以“确保同一主权下的各法域能够有效地实施自己的法律，以便维护整个国家的法制秩序”②为根本宗旨，既然内地与港澳的根本利益是一致的，因此对于任何危害国家统一、安全和稳定的行为，三地都有义务予以制止和打击。无论行为人是在内地抑或香港、澳门，一旦实施了危害中华人民共和国利益的犯罪而逃往任何法域的，三地均有义务依有关管辖权原则将逃犯遣返，不得以“政治犯不引渡”的国际原则为由拒绝移交。另外我们还应注意到，由于中华人民共和国刑法不属于附件三的内容，故其中有关叛国等犯罪的规定并不适用于港澳，而港澳至今仍未依基本法第23条的授权对有关叛国、分裂国家等犯罪作出规定，况且，该类罪名属“危害国家安全罪”一章，根本就不存在“政治犯”的问题。因此，对于香港、澳门而言，与内地谈“政治犯不移交”原则是荒谬的；本国国民不移交是国家之间沿用的惯例，然而在“一国两制”下，

---

① 参见《逃犯条例》第Ⅰ部第2条对“移交逃犯安排”的释义。

② 黄风．试论中国未来的区际司法协助［J］．法学家，1995（4）．

港澳居民与内地居民均是中华人民共和国国民，故不应适用；至于双重犯罪原则与死刑不移交原则，由于两地刑法差别较大，在内地被认为是犯罪的行为，在港澳可能不构成犯罪，在港澳被认为是犯罪的，在内地也许仅属一般违法行为；香港与澳门虽然已经废除了死刑，但对于内地而言，现在及未来一段时期内废除死刑是不切合实际的。基于以上现实差异，若采用这两个原则，显然极易放纵罪犯，无形中使跨境性质的犯罪增多，纵容犯罪分子外逃，造成三地社会治安动荡，人心惶惶，尤其是一旦在内地实施了可能判处死刑犯罪行为的犯罪人为逃避极刑而逃往港澳，无疑对于港澳治安的稳定构成重大威胁。基于上述理由，引渡法和《逃犯条例》均应仅限于内地或香港与外国移交逃犯时适用，至于区际间的移交则应避免此类主权色彩强烈的规定。

笔者认为，尽管三个法域之间存在着法律理念和制度上的冲突，但本着确保各个法域都能够有效地实施自己的法律，杜绝犯罪分子逍遥法外甚至继续危害其他法域的法律秩序这一出发点，三地均有义务依有关管辖权原则将逃犯遣返，港澳两地可以按照先易后难、平等协商、注重实效的原则，对各方刑法中关于危害金融安全的犯罪进行对比，同时参考国际上的通行做法，对此类犯罪的逃犯移交达成谅解，并由两地立法会制定相应法例，解决内地与港澳之间，香港与澳门之间的金融安全犯罪逃犯移交难题。对于涉案财产及非法所得，各法域司法机关也应根据他方法域的请求，在不侵害第三者合法权益、不妨碍被请求方正在进行的刑事诉讼程序、不违反被请求方有关物品出境和金融方面的法律规定的情况下，将在其境内查获的犯罪人在他方境内犯罪的所得及时移交给请求方。

3. 已决犯的移管

移管已决犯是把已被某一法域司法机关判刑的犯罪人送回其原所在地（另一法域）服刑，犯罪人原所在地即另一法域司法机关承认并执行由他方已作出的刑事判决。对于这种刑事司法协助方式的性质，有学者认为，就请求协助的一方而言，是其刑事管辖权的对外扩张；就被请求协助的一方而言，是对外国（或外法域）法律对本国（或本法域）产生效力的一种认可。① 已决犯移管的执行会涉及不同法域间刑法效力的冲突问题，然而由于这种刑事司法协助方式一方面能使犯罪人在自己熟悉的价值观念和思想意识认同的环境里服刑，有助于促使其悔过自新并尽快重返社会，体现了刑罚人道主义精神；另一方面，移管已决犯还有助于缓和监狱管理机构的压力，减少管理上的不便，因而它已被作为国际间（或区际间）刑事司法协助的一项重要内容。笔者认为，三地间移管已决犯必须遵循“双重犯罪”原则和“一事不再审”原则。遵循前一原则的原因在于如果依移管方刑法认定的犯罪人的罪行在被移管方刑法看来并不能构成犯罪的话，那么这种移管就会难以进行，移管双方就会处于一种难堪的境地。因此只有对双方法律都认为构成犯罪的人员才能进行移管，否则就不应该适用移管已决犯这种司法协助方式。“一事不再审”原则是要求被移管方尊重移管方的法律，不再对犯罪人的同一犯罪事实重新进行审理，也不应该改变移管方已经作出的判决。虽然我国刑法第 7 条不承认外国判决对我国具有约束力，但由于内地与港澳是同属一国主权之下的不同法域，不可与外国同日而语，因此我们应在考虑到三地间特殊关系的基础上，尽量简化各种程序，相互尊重，不必套用主权色彩过于强烈的规则。港澳方面同样也应作此考虑，以期三地能尽快制定出正式的移管已决犯协议。

（二）三地之间的刑事管辖权协调问题

刑事管辖权是受理案件和适用刑法的前提。目前，三地对各自刑事管辖权的规定都有所不同，并且由于三个法域的法律规定处于平等地位，并行适用，从而导致在处理危害金融安全犯罪案件中区际刑事管辖冲突时有发生。三地间的区际刑事管辖冲突一般表现为两种形式：一是对同一刑事案件两个以上地方的法律都规定有权管辖，相应法域的司法机关也分别行使了管辖权，即积极冲突；二是

① 谢望原．台、港、澳刑法与大陆刑法比较研究［M］．北京：中国人民公安大学出版社，1998：638，639.

某一刑事案件三地的法律均未明确是否有管辖权或司法机关均未行使管辖权，即消极冲突。① 在危害金融安全犯罪领域，消极冲突的现象比较罕见，大量出现的是积极管辖冲突。从各个法域关于管辖权的规定内容来看，香港坚持普通法的属地原则，其刑法只适用于发生在香港域内的犯罪；澳门受大陆法的影响，基本上是以属地原则为主，也兼采属人原则，对于某些危害金融安全的犯罪，澳门刑法典第5条规定可以行使属人管辖权；内地刑法的空间适用范围则是以属地原则为基础，兼采属人原则、保护原则和普遍原则，即不仅对发生在本领域的犯罪行为行使管辖权，而且对中国公民在中国领域外的某些犯罪行为和外国人在中国领域外对中华人民共和国国家或公民所犯的某些罪行，以及在我国所承担的国际条约义务范围内的国际犯罪，都可以适用内地刑法，同时内地刑法还以“法律有特别规定”的条文排斥了其在港澳特别行政区的适用效力。但是倘若出现三地互涉的刑事案件，各方依本地刑法均有管辖权，就不可避免地导致管辖冲突的发生。在一些危害金融安全的刑事案件中主要表现为以下几种情况：

1. 三地居民进入对方法域实施危害金融安全犯罪的，例如港澳居民在内地实施犯罪或者内地居民进入港澳犯罪，犯罪地、犯罪人居住地、受害人所在地分别依照属地管辖原则、属人管辖原则、保护原则，均主张刑事管辖权；

2. 同一危害金融安全的犯罪行为的犯罪预备地、实施地、犯罪结果发生地涉及内地、香港、澳门三地，而内地、香港、澳门三地司法机关依照各自的刑法、刑事诉讼法均主张管辖；

3. 一人犯数罪，数个犯罪行为或结果跨越内地、香港、澳门，三地均主张管辖；

4. 内地居民与港澳居民共同实施的危害金融安全犯罪，三地司法机关均主张管辖；

① 陈永生．中国内地与香港刑事管辖冲突及解决［J］．山东法学，1998（2）．

笔者认为，要解决上述区际刑事管辖冲突问题，应以属地管辖原则为主，兼采属人管辖原则加以解决。具体言之，在一般情况下，对于在内地发生的刑事案件由内地管辖并适用内地刑法，发生在港、澳的刑事案件则应由港、澳司法机关管辖并适用其刑法，至于犯罪人的居住地问题可以不予考虑。

然而众所周知，“犯罪地”的外延包括了犯罪行为预备地、实施地和犯罪结果发生地，如果同一犯罪行为的预备地、实行地以及危害结果发生地跨越了内地、香港、澳门，或者一个刑事案件牵涉数个犯罪行为，这数个犯罪行为跨越了内地、香港、澳门，就会出现即使是基于属地管辖原则，仍可能存在管辖争议。对于第一种情况，有学者认为，当犯罪预备行为和实行行为不在一地时，由于犯罪的实行行为较预备行为危害性大，故应以犯罪实行行为地来作为划分刑事管辖权的标准；当犯罪实行行为和犯罪结果不在一地时，由于犯罪结果往往较犯罪行为地更能集中反映犯罪的危害性，故应由犯罪结果地行使管辖权。① 笔者不太赞同这种观点，原因在于：1. 在预备行为本身足以构成犯罪的情况下，仍坚持只有犯罪实行行为地有权管辖似乎有失偏颇；2. 犯罪实行行为和犯罪结果作为一个整体，很难说谁危害大谁危害小，比如有人认为如果“从取证调查的角度考虑，（犯罪危害性）通常与犯罪实行行为比较密切”。② 3. 从实际情况考虑，这种标准会给执行带来较高难度，容易出现扯皮现象。因此笔者建议，应依“实际控制”原则来解决这一问题，也就是由实际控制犯罪人地法院管辖并适用法院地法。对于第二种情况，即一案中数个犯罪行为跨越三地的，可以由主要犯罪地法院管辖。

另外，对于一些特殊案件，则有必要根据“一国两制三法域”

---

① 黄进，黄风．区际司法协助研究［M］．北京：中国政法大学出版社，1993：234.

② 高铭暄等．中国区际刑法与刑事司法协助研究［M］．北京：法律出版社，中国方正出版社，2000：142.

的实际情况，通过属人原则来划分管辖权。如犯罪人在对方法域实施了侵害与犯罪人同一法域的居民、法人或政府利益的犯罪行为的情形，或者是内地、香港、澳门互相派往对方法域有关政府代表机构的工作人员在派驻地实施了危害金融安全犯罪行为的情形。

三、大陆与台湾地区的刑事司法协助问题

台湾作为我国领土不可分割的一部分，与祖国大陆一直保持着紧密联系。虽然两地尚未完成统一，台湾地区的法律和司法也处于自成一体的状态，但两岸之间在法律方面的交流合作却是无法否认和避免的。过去两岸之间无法开展刑事方面的司法协助，有些犯罪分子逃窜到台湾后就可以逍遥法外。现在随着经贸往来和其他方面的交流日益密切，两岸间开始通过一些半官方组织开展了逃犯押解、移交等工作，迈出了刑事司法合作的第一步。大陆和台湾在打击危害金融安全犯罪方面进行合作是很有必要的。近年来，以台湾为基地实施危害内地金融安全的犯罪屡有发生，如台湾就查获过多起伪造上千万元、上亿元人民币的大案，并且随着台湾和大陆经贸热潮的升温，一些不法分子以到大陆投资办厂为名，诈骗银行贷款，或实施其他类型的金融诈骗行为，得逞后即卷款潜逃，对大陆的金融安全造成了一定的威胁。各方都应该认识到，两岸之间开展金融安全刑事司法的合作协助是共同的利益所在，也是大势所趋。在明确这种司法协助不属于国家与国家之间的司法协助的前提下，两岸可以本着平等协商、注重实效、官方与民间并行、灵活处理的原则，借鉴内地与港澳之间开展区际刑事司法协助的经验和做法，逐步地将这一领域的司法协助合作引向深入。

余论：刑法是金融安全保护的最后一道屏障

今天，当面临危害金融安全的犯罪行为像宇宙黑洞一样吞噬财富、像核子裂变一样繁殖风险的局面时，人们都在不断思索金融安全如何才能得到更好的保护。尽管人们首先想到的是刑法，最津津乐道的也是刑法，但我们应该看到，目前中国处于经济、社会格局巨变的转型时期，国家对经济社会的控制范围、控制方式和控制力度都有所不足，各种失范行为得以在制度空隙、管制真空中大量孳生，在某种意义上甚至可以说是防不胜防的，单纯依靠绳墨讼事、严刑杀伐只是一种亦步亦趋收拾残局的权宜之策，无法遏止危害金融安全违法犯罪的暗流，其造成的许多负面影响是长久而深远的。而事实上我们并非无险可守、无计可施，我们完全可以先行一步，有所作为，从多个渠道着手，综合地防堵、治理金融安全隐患，拒灾损于千里之外。从长远来看，我们应该以建立金融安全保护机制为目标。这样的机制是综合性的，应该是多部门共同参与、多手段交叉使用、由内而外的协同性体制。具体而言，必须形成严密的金融安全治理组织体制、技术体制和协调体制。

当前，保护金融安全尤其应该注意以下问题：（1）严密金融监管。严密的金融监管在金融安全治理中发挥着基础性的作用，经常性的金融监管需要由金融机构内部监管和外部监管共同组成。内部监管追求的目标应是建立真实完善的金融机构法人治理结构和有力的内控机制，不给金融机构内部人员以及内外勾结犯罪留下可乘之机。外部监管不能只局限于对金融机构的审批和金融机构的规章制度是否合法合规，还要加强对金融机构在经营中的操作规范性监管，不能只追求严厉处罚，更要评估处罚是否有操作性和针对性。

具备条件的话应利用技术手段远程控制监管，对尚不具备条件的则用密集的检查、巡查来实现。这两种监管的范围和比重应该根据具体金融形势作出调整，并且相互补缺，形成一张无缝式的监管网。（2）行政部门的积极配合。作为与金融安全密切相关的行政管理法规的执行者和配合者，各个行政主体在金融安全治理过程中作用发挥的好坏直接影响到金融安全的大局，尤其是工商、税务、海关、财政、审计、国土、房管等行政部门要积极分担金融安全的维护重任。比如犯罪分子常用私刻印鉴、印章、伪造抵押证明等方式诈骗贷款，如果公安机关对刻章行业、房管部门对土地房产抵押手续进行严格尽职的管理，不被犯罪分子钻漏洞，这类犯罪必定会有所收敛。实践证明，执法部门多堵塞一个制度空隙或漏洞，就相当于减少了一分违法犯罪的可能性；执法部门在第一时间察觉违法犯罪，就相当于增加了一分修复金融安全的把握性。（3）动员社会各界积极参与对金融安全的保护。充分动员和有效组织金融活动中的各个社会中介性机构以及金融行业的其他辅助部门参与金融安全治理有重大的意义。虽然它们各有自身利益，但要对防范危害金融安全犯罪形成充分的共识，能够立足全局相互支持、相互补充，积极主动地发现和揭露违法犯罪线索。（4）建立完善的金融安全信息系统。在组织机制以外，我们还可以考虑建立各个层次的金融安全信息系统，将社会信用系统、各部门的政务信息系统、各个金融机构的金融信息系统联结起来，实现金融安全信息情报的共建共享，共同维护好金融安全的大局。总之，金融安全的保护需要有灵活、务实的跨行业、跨部门、跨法律的协调机制，需要解决好行政手段与法律手段之间、各个法律部门之间、专职行政部门和其他行政部门之间、行政部门与非行政部门之间的协作，消除摩擦，形成合力，增强对金融安全违法犯罪活动反应的即时性和打击的坚决性。

本书站在刑事法的立场，从刑事政策、刑事立法、刑事司法的角度，在不同层次上探讨了如何加强对金融安全的刑事保护。然而同时我们必须清醒地认识到，刑事手段绝不是保护金融安全的最佳选择，我们不应过分夸大和依赖刑法在其中的地位与作用，虽然运用刑事手段严厉打击犯罪能够在短期内取得立竿见影的效果，但绝非良策。卢梭曾说：“刑法在根本上与其说是一种特别的法律，还不如说是对其他一切法律的裁定。”① 日本学者也指出，刑法是对不服从第一次规范如民法规范、行政法规范所保护的利益进行强有力保护的第二次规范。② 这也许能够为我们确定刑法在保护金融安全的各种各样措施之中处于怎样的地位予以启示，即运用刑法预防和打击危害金融安全犯罪只是整饬金融安全中的一极，刑法应该也只能是保护金融安全的最后一道屏障，而不是仅仅依靠刑法屡屡“亮剑”来换回脆弱的金融安全。

① （法）卢梭．社会契约论［M］．何兆武，译．上海：商务印书馆，2003：70.

② 梁根林．刑罚结构论［M］．北京：北京大学出版社，1998：174.

参考文献

著作类：

1. 马克昌．犯罪通论［M］．武汉：武汉大学出版社，1999.

2. 马克昌．刑罚通论［M］．武汉：武汉大学出版社，1999.

3. 李海东．刑法原理入门（犯罪论基础）［M］北京：法律出版社，1998.

4. 张幼文等．经济安全：金融全球化的挑战［M］．上海：上海社会科学院出版社，1999.

5. 刘锡良等．中国金融安全问题研究［M］．北京：中国金融出版社，2004.

6. 梁勇．开放的难题：发展中国家的金融安全［M］．上海：上海社会科学院出版社，北京：高等教育出版社，1999.

7. 周道许．金融全球化下的金融安全［M］．北京：中国金融出版社，2001.

8. 臧景范．金融安全论［M］．北京：中国金融出版社，2001.

9. 倪健民．国家金融安全报告［M］．北京：中共中央党校出版社，1999.

10. 何炼成等．中国市场经济发展的无序与有序［M］．西安：西北大学出版社，1993.

11. 刘跃进．国家安全学［M］．北京：中国政法大学出版社，2004.

12. 谈锋．安全预警：关注中国面临的紧要问题［M］．北京：经济日报出版社，2004.

13. 高铭暄，马克昌．刑法学［M］．北京：北京大学出版社，2000.

14. 杨春洗，高铭暄，马克昌，余叔通．刑事法学大辞书［M］．南京：南京大学出版社，1990.

15. 肖扬．中国新刑法学［M］．北京：中国人民公安大学出版社，1997.

16. 储槐植．刑事一体化与关系刑法论［M］．北京：北京大学出版社，1997.

17. 储槐植，宗建文．刑法机制［M］．北京：法律出版社，2004.

18. 陈兴良．本体刑法学［M］．上海：商务印书馆，2001.

19. 陈兴良．刑法哲学．修订第三版［M］．北京：中国政法大学出版社，2004.

20. 张明楷．法益初论［M］．北京：中国政法大学出版社，2000.

21. 鲜铁可．金融犯罪的定罪与量刑［M］．北京：人民法院出版社，1999.

22. 梁根林，张立宇．刑事一体化的本体展开［M］．北京：法律出版社，2003.

23. 吴振兴．罪数形态论［M］．北京：中国检察出版社，1996.

24. 姜伟．犯罪形态通论［M］．北京：法律出版社，1994.

25. 魏东．刑法各论若干前沿问题要论［M］．北京：人民法院出版社，2005.

26. 顾肖荣．经济刑法［M］．上海：上海人民出版社，2003.

27. 李建华．经济刑法立法研究［M］．长春：吉林大学出版社，2001.

28. 陈泽宪．经济刑法新论［M］．北京：群众出版社，2001.

29. 周振想．金融犯罪的理论与实务［M］．北京：中国人民公安大学出版社，1998.

30. 赵秉志，杨诚. 金融犯罪比较研究［M］. 北京：法律出版社，2004.

31. 顾肖荣，倪瑞平. 金融犯罪惩治规制国际化研究［M］. 北京：法律出版社，2005.

32. 薛瑞麟. 金融犯罪研究［M］. 北京：中国政法大学出版社，2000.

33. 白建军. 金融犯罪研究［M］. 北京：法律出版社，2000.

34. 胡启忠等. 金融犯罪论［M］. 成都：西南财经大学出版社，2001.

35. 谭秉学，王绪祥. 金融犯罪学概论［M］. 北京：中国社会科学出版社，1993.

36. 曲新久. 金融与金融犯罪［M］. 广州：中信出版社，2003.

37. 莫洪宪，康均心. 国家安全研究：第1卷.

38. 秦醒民. 金融犯罪的惩治与预防［M］. 北京：中国检察出版社，1996.

39. 最高人民检察院检察理论研究所. 金融犯罪司法实务及预防对策［M］. 上海：上海辞书出版社，1997.

40. 胡启忠. 金融刑法适用论［M］. 北京：中国检察出版社，2003.

41. 屈学武. 金融刑法学研究［M］. 北京：中国检察出版社，2004.

42. 王新. 金融刑法导论［M］. 北京：北京大学出版社，1998.

43. 卢勤忠. 中国金融刑法国际化研究［M］. 北京：中国人民公安大学出版社，2004.

44. 舒慧明. 中国金融刑法学［M］. 北京：中国人民公安大学出版社，1997 .

45. 杨书文，翁开国，李宏民等. 金融刑事法律实务［M］. 北京：工商出版社，1999.

46. 张军. 破坏金融管理秩序罪 [M]. 北京: 中国人民公安大学出版社, 2003.

47. 郎胜.《关于惩治破坏金融秩序犯罪的决定》释义 [M]. 北京: 中国计划出版社, 1995.

48. 刘宪权. 金融风险防范与犯罪惩治 [M]. 上海: 立信会计出版社, 1998.

49. 陈正云, 俞善长. 危害金融管理秩序的认定与处理 [M]. 北京: 中国检察出版社, 1998.

50. 赵秉志. 金融诈骗罪新论 [M]. 北京: 人民法院出版社, 2001.

51. 李邦友, 高艳东. 金融诈骗罪研究 [M]. 北京: 人民法院出版社, 2003.

52. 王晨. 诈骗犯罪的定罪与量刑 [M]. 北京: 人民法院出版社, 1999.

53. 白建军. 金融欺诈与预防 [M]. 北京: 中国法制出版社, 1994.

54. 阮方民. 洗钱罪比较研究 [M]. 北京: 中国人民公安大学出版社, 2002.

55. 邵沙平等. 控制洗钱及相关犯罪法律问题研究 [M]. 北京: 人民法院出版社, 2003.

56.《反洗钱》编写组. 反洗钱 [M]. 北京: 中国金融出版社, 2003.

57. 张国炎, 张建. 期货犯罪与防范论 [M]. 北京: 人民法院出版社, 2005.

58. 刘华. 票据犯罪研究 [M]. 北京: 中国检察出版社, 2001.

59. 杨春洗. 刑事政策论 [M]. 北京: 北京大学出版社, 1994.

60. 肖扬. 中国刑事政策和策略问题 [M]. 北京: 法律出版社, 1996.

61. 赵秉志．刑事政策专题探讨［M］．北京：中国人民公安大学出版社，2005.

62. 卢建平．刑事政策与刑法［M］．北京：中国人民公安大学出版社，2004.

63. 曲新久．刑事政策的权力分析［M］．北京：中国政法大学出版社，2002.

64. 刘仁文．刑事政策初步［M］．北京：中国人民公安大学出版社，2004.

65. 侯宏林．刑事政策的价值分析［M］．北京：中国政法大学出版社，2005.

66. 邱兴隆，许章润．刑罚学［M］．北京：中国政法大学出版社，1999.

67. 邱兴隆．关于惩罚的哲学——刑罚根据论［M］．北京：法律出版社，2000.

68. 梁根林．刑罚结构论［M］．北京：北京大学出版社，1998.

69. 中国政法大学刑事法律研究中心、英国大使馆文化教育处．中英量刑问题比较研究［M］．北京：中国政法大学出版社，2001.

70. 高铭暄等．中国区际刑法与刑事司法协助研究［M］．北京：法律出版社，北京：中国方正出版社，2000.

71. 黄进，黄风．区际司法协助研究［M］．北京：中国政法大学出版社，1993.

72. 胡康生．中华人民共和国引渡法释义［M］．北京：法律出版社，2001.

73. 刘亚军．引渡新论—— 以国际法为视角［M］．长春：吉林人民出版社，2004.

74. 马克昌．比较刑法原理：外国刑法学总论［M］．武汉：武汉大学出版社，2002.

75. 储槐植．美国德国惩治经济犯罪和职务犯罪法律选编

[M]. 北京：北京大学出版社，1994.

76. 储槐植. 美国刑法. 第三版 [M]. 北京：北京大学出版社，2005.

77. 周密. 美国经济犯罪和经济刑法研究 [M]. 北京：北京大学出版社，1993.

78. 张明楷. 外国刑法纲要 [M]. 北京：清华大学出版社，1999.

79. 朱华荣. 各国刑法比较研究 [M]. 武汉：武汉出版社，1995.

80. 张景. 国际刑法综述 [M]. 北京：人民法院出版社，2004.

81. 卞耀武. 德国证券交易法律 [M]. 北京：法律出版社，1999.

82. 卞耀武. 法国证券、期货交易法律 [M]. 北京：法律出版社，1999.

83. 王世洲. 德国经济犯罪与经济刑法研究 [M]. 北京：北京大学出版社，1999.

84. 黎宏. 日本刑法精义 [M]. 北京：中国检察出版社，2004.

85. 顾肖荣，郁忠民. 美国日本证券犯罪实例精选 [M]. 上海：上海社会科学院出版社，1999.

86. 刘强. 美国刑事执行的理论与实践 [M]. 北京：法律出版社，2000.

87. 沈宗灵. 法理学 [M]. 北京：高等教育出版社，1994.

88. 沈宗灵. 现代西方法理学 [M]. 北京：北京大学出版社，1992.

89. 胡夏冰. 司法权：性质与构成的分析 [M]. 北京：人民法院出版社，2003.

90. 朱大旗. 金融法 [M]. 北京：中国人民大学出版社，2000.

91. 黎四奇．金融企业集团法律监管研究［M］．武汉：武汉大学出版社，2005.

92. 中国法律年鉴：2002 年卷，2003 年卷［M］．北京：中国法律年鉴社出版.

93. 林山田．刑法特论．上［M］．台北：台北三民书局，1978.

94. 林山田．经济犯罪与经济刑法［M］．台北：台北三民书局，1981.

95. 韩忠谟．刑法原理［M］．北京：中国政法大学出版社，2002.

96. 高仰止．刑法总则之理论与实用．第三版［M］．台北：台湾五南图书出版公司，1986.

97. 陈朴生．刑法总论［M］．台北：台湾正中书局，1969.

98. 陈朴生．刑事经济学［M］．台北：台湾正中书局，1975.

99. 蔡墩铭．现代刑法思潮与刑事立法［M］．台北：台湾汉林出版社，1977.

100. 蔡墩铭．矫治心理学［M］．台北：台湾正中书局，1988.

101. 苏俊雄．刑法总论［M］．台北：台湾大学法学院图书部.

102. 陈志龙．法益与刑事立法［M］．台北：台湾大学丛书编辑委员会，1992.

103. 黄荣坚．刑法问题与利益思考［M］．台北：台湾元照出版社，2001.

104. 林纪东．刑事政策学．第四版［M］．台北：台湾正中书局，1969.

105. ［法］卢梭．社会契约论［M］．何兆武，译．上海：商务印书馆，2003.

106. ［法］米海依尔·戴尔玛斯-马蒂．刑事政策的主要体系［M］．卢建平，译．北京：法律出版社，2000.

107. [法] 马克·安赛尔. 新刑法理论 [M]. 卢建平, 译. 香港: 香港天地图书有限公司, 1989.

108. [英] 边沁. 立法理论——刑法典原理 [M]. 孙力, 译. 北京: 中国人民公安大学出版社, 1993.

109. [英] 彼得·斯坦, 约翰·香德. 西方社会的法律价值 [M]. 王献平, 译. 北京: 中国人民公安大学出版社, 1990.

110. [德] H·科殷. 法哲学 [M]. 林荣远, 译. 北京: 华夏出版社, 2002.

111. [美] 查尔斯·E·林布隆. 政策制定过程 [M]. 朱国斌, 译. 北京: 华夏出版社, 1989.

112. [美] 詹姆斯·M·布坎南. 民主财政论 [M]. 穆怀朋, 译. 上海: 商务印书馆, 1993.

113. [美] 小奥利弗·温德尔·霍姆斯. 普通法 [M]. 冉昊, 译. 北京: 中国政法大学出版社, 2006.

114. [美] 克莱门斯·巴特勒斯. 矫正导论 [M]. 孙晓雳, 译. 北京: 中国人民公安大学出版社, 1991.

115. [意] 菲利. 实证派犯罪学 [M]. 郭建安, 译. 北京: 中国政法大学出版社, 1987.

116. [俄] 博斯洛夫. 刑事政策的基础 [M]. 刘向文, 译. 郑州: 郑州大学出版社, 2002.

117. [日] 大谷实. 刑事政策学 [M]. 黎宏, 译. 北京: 法律出版社, 2000.

118. [日] 大谷实. 刑法总论 [M]. 黎宏, 译. 北京: 法律出版社, 2003.

119. [日] 芝原邦尔. 经济刑法 [M]. 金光旭, 译. 北京: 法律出版社, 2002.

120. [日] 前田雅英. 日本刑法各论 [M]. 董璠兴, 译. 台北: 台湾五南图书出版公司, 2000.

121. [日] 西原春夫. 刑法的根基与哲学 [M]. 顾肖荣等, 译. 北京: 法律出版社, 2004.

122. ［日］西原春夫．日本刑事法的重要问题：第2卷［M］．金光旭，译．北京：法律出版社，日本：成文堂，2000．

123. 俄罗斯联邦刑法典释义［M］．黄道秀，译．北京：中国政法大学出版社，2000．

124. 德国刑法典［M］．徐久生，庄敬华，译．北京：中国方正出版社，2004．

125. 英国刑事制定法精要［M］．谢望原等，译．北京：中国人民公安大学出版社，2003．

论文类：

1. 曹建明．金融安全与法制建设［M］//杨正鸣．金融犯罪与法律控制．上海：立信会计出版社，1999．

2. 魏东．论现代刑法的犯罪化根据［M］//赵秉志．刑法评论：第4卷．北京：法律出版社，2004．

3. 严然．中美洗钱罪构成特征比较研究［M］//于志刚．刑法问题与争鸣：第1辑．北京：中国方正出版社，2004

4. 王新．危害金融犯罪的刑事立法及其评析［M］//陈兴良．刑事法评论：第3卷．北京：中国政法大学出版社，1998．

5. 卢建平．制定《反洗钱法》，加强对洗钱犯罪的惩治与防范［M］//赵秉志．刑事法治发展研究报告．北京：中国人民公安大学出版社，2002．

6. 陈兴良，周光权．困惑中的超越与超越中的困惑——从价值观念角度和立法技术层面的思考［M］//陈兴良．刑事法评论：第2卷．北京：中国政法大学出版社，1998．

7. 梁根林．解读刑事政策［M］//陈兴良．刑事法评论：第11卷．北京：中国政法大学出版社，2002．

8. 刘华．论经济犯罪的刑事政策［M］//顾肖荣．经济刑法．上海：上海人民出版社，2003．

9. 倪瑞平．上海金融犯罪与金融风险研究［M］//顾肖荣．经济刑法．上海：上海人民出版社，2003．

10. 储槐植．议论刑法现代化［M］//刑法论文选萃．北京：中国法制出版社，2004.

11. 游伟．模式构建与罪刑设置——经济犯罪的思考［M］//刑法论文选萃．北京：中国法制出版社，2004.

12. 杨兴培．刑事法学一体化视野下的刑事政策走向研究［M］//高铭暄，赵秉志．刑法论丛：第9卷．北京：法律出版社，2005.

13. 钟安惠．我国市场经济下的“经济犯罪”与国家刑罚权［M］//苏惠渔．市场经济与刑法．北京：人民法院出版社，1994.

14. 刘沛，卢文刚．金融安全的概念及金融安全网的建立［J］．国际金融研究，2001（11）.

15. 陈树生．中国金融风险防范与化解［J］．求索，2004（3）.

16. 林俊国，傅海波．金融监管国际合作的最新发展及前景展望［J］．商业研究，2002（12）.

17. 李哲．金融监管的国际合作［J］．武汉市经济管理干部学院学报，1999（4）.

18. 邓保同，祁泽林．略论中国参与金融监管的国际合作［J］．学习论坛，2001（3）.

19. 何贻纶．国家安全观刍议［J］．政治学研究，2004（3）.

20. 张士铨．从全球化角度深入研究国家经济安全问题［J］．当代世界与社会主义，2001（6）.

21. 李少军．论经济安全［J］．世界经济与政治，1998（11）.

22. 戴小平．论金融安全区的构建［J］．经济问题，2000（6）.

23. 王元龙．我国对外开放中的金融安全问题研究［J］．国际金融研究，1998（5）.

24. 高晋康．金融法治与我国金融安全［J］．湖南省政法干部管理学院学报，2002（3）.

25. 储槐植．论刑法学的若干重大问题［J］．北京大学学报：

哲社版，1993（3）.

26. 储槐植．市场经济与刑法［J］．中外法学，1993（3）.

27. 唐稷尧．困境与根源：刑法对经济犯罪的控制［J］．四川师范大学学报：社会科学版，2001（1）.

28. 韩豫宛，符莲香．当前我国金融刑法中存在的问题探究［J］．现代法学，1999（5）.

29. 王海滨．关于金融犯罪的理论思考［J］．中国城市金融，1999（9）.

30. 李岚．金融犯罪分类研究［J］．经济与法，2004（8）.

31. 王均平．金融犯罪风险防控体系结构的分析［J］．法商研究，2001（2）.

32. 刘宪权．金融犯罪数额问题的刑法分析［J］．法学，1998（1）.

33. 马滔，李玉花．金融犯罪研究综述［J］．人民检察，2001（2）.

34. 王学成．论金融犯罪的概念及构成特征［J］．广东商学院学报，1999（3）.

35. 宋利红．金融反恐形势分析及对策研究［J］．福建公安高等专科学校学报，2003（5）.

36. 王运生．浅析金融犯罪之界定［J］．河南省政法管理干部学院学报，1999（6）.

37. 国林．金融犯罪初探［J］．政法论坛，1998（5）.

38. 林亚刚．金融犯罪罪数形态的探讨［J］．法商研究，2000（4）.

39. 莫洪宪，王彦．中国犯罪学研究会犯罪社会学专业委员会’99金融犯罪控制国际研讨会综述［J］．社会公共安全研究，2000（2）.

40. 胡启忠．论金融犯罪的立法模式——金融犯罪立法研究（三）［J］．西南民族学院学报：哲学社会科学版，2002（5）.

41. 刘远，于改之．金融诈骗罪立法评说——从欺诈犯罪说起

[J]. 法学，2001 (3).

42. 白建军. 论我国银行业的刑法保护 [J]. 中外法学，1998 (4).

43. 张明楷. 新刑法与法益侵害说 [J]. 法学研究，2000 (1).

44. 魏东. 论作为犯罪客体的法益及其理论问题 [J]. 政治与法律，2003 (4).

45. 马冬梅. 犯罪客体与法益论 [J]. 山东公安专科学校学报，2003 (3).

46. 杨春洗，苗生明. 论刑法法益 [J]. 北京大学学报：哲社版，1996 (6).

47. 刘仁文. 论刑事政策的评估 [J]. 政法论坛，2002 (4).

48. 陈卫东，石献智. 刑事政策在刑事司法中的地位和作用 [J]. 江海学刊，2002 (5).

49. 古立峰. 刑事诉讼中的刑事政策：以社会理论为基础的分析理路（一个导论）[J] 法律科学，2004 (2).

50. 陈兴良. 刑事政策视野中的刑罚权结构调整 [J]. 法学研究，1998 (6).

51. 龙宗智. 论我国转型期规制经济的刑事政策 [J]. 法学，2005 (1).

52. 李希慧，杜国强. 我国现行刑事政策的反思及完善——以维护社会稳定为切入点 [J]. 法学论坛，2003 (4).

53. 尤小文. 转型期经济犯罪形势及其刑事政策 [J]. 中国人民公安大学学报，2002 (5).

54. 刘东根. 两极化——我国刑事政策的选择 [J]. 中国刑事法杂志，2002 (6).

55. 沈德咏. 略论刑事政策与经济犯罪审判 [J]. 法律适用，2004 (7).

56. 励进. 2000 年中国刑法学研究会年会综述 [J]. 法学，2001 (2).

57. 李洁. 论一般没收财产刑应予废止 [J]. 法制与社会发展, 2002 (3).

58. 熊向东, 王思鲁. 再论没收财产刑的废止 [J]. 河南省政法管理干部学院学报, 1998 (1).

59. 万选才, 李海荣. 不断更新缓刑观念 依法扩大适用范围——关于广东省佛山市缓刑适用少问题的调研 [J]. 人民司法, 2003 (12).

60. 陈永生. 中国内地与香港刑事管辖冲突及解决 [J]. 山东法学, 1998 (2).

61. 张明. 中国国际刑事司法协助的理论与实践: 上 [J]. 中国司法, 2001 (12).

62. 张明. 中国国际刑事司法协助的理论与实践: 下 [J]. 中国司法, 2002 (1).

63. 程荣斌. 经济全球化与刑事司法协助 [J]. 中国法学, 1999 (4).

64. 叶峰, 鲜铁可. 国际性经济犯罪的引渡与司法协助 [J]. 法学, 1997 (1).

65. 向党. 国际警务概述 [J]. 中国人民公安大学学报, 1997 (3).

66. 卜思天·儒潘基奇. 比较刑事法的若干法哲学思考 [J]. 杨忠民, 译. 比较法研究, 1995 (1).

67. 时建中. 外资银行监管法律问题研究》, [EB/OL]. http: //www. jcrb. com/zyw/n7/ca423745. htm.

68. 宗建文. 刑事立法思想现实化 [EB/OL]. 中国法学网. http: //www. iolaw. org. cn/paper19. asp.

69. 林育生. 经济刑法之基本问题 [EB/OL]. http: //www. ntpu. edu. tw/law/paper/04/2001a/8971202a. PDF.

70. 庄哲维. 经济犯罪问题之研究——以洗钱问题之探讨为中心 [EB/OL]. http: //www. ntpu. edu. tw/law/paper/04/2001a/8971502a. PDF.

71. 王俊翔．内线交易之刑法问题［EB/OL］. http://www.ntpu.edu.tw/law/paper/04/2001a/9071401a.PDF.

72. 吴秉皇，张宗存．期货交易法操纵行为之刑法问题［EB/OL］. http://www.ntpu.edu.tw/law/paper/04/2001a/9071404a.PDF.

硕博士论文类：

1. 麦天骥．金融犯罪论．武汉大学法学院1997年博士学位论文.

2. 廖梅．目的犯研究．武汉大学法学院2005年博士学位论文.

3. 赵威．数额犯研究．吉林大学法学院2005年博士学位论文.

4. 陈松林．中国金融安全问题研究．华中农业大学2001年博士学位论文.

5. 杨劬．金融全球化背景下我国的金融安全研究．四川大学2003年硕士学位论文.

6. 李盾．金融开放对我金融安全的影响及对策建议．对外经济贸易大学2003年硕士学位论文.

7. 卢文刚．国际关系中的金融安全研究．暨南大学2001年硕士学位论文.

外文类：

1. 平野龙一．现代法Ⅱ——现代法与刑罚［M］. 日本：岩波书店，1965.

2. 吉冈一男．刑事政策的基本问题［M］. 日本：成文堂，1990.

3. 藤本哲也．刑事政策概论：全订版［M］. 日本：青林书院，1970.

4. 庄子邦雄，大塚仁，平松义郎．刑罚的理论与实现［M］. 日本：岩波书店，1977.

5. Herry Kissinger. How to Achieve the New World Order [J]. Time, 1994-3-14.

6. Herbert L. Packer. The Limits of the Criminal Sanction [M]. Stanford University Press, 1968.

7. Hazel Croali. White Collar Crime: Criminal Justice and Criminology [M]. Open University Press, 1992.

8. Paul M. Evans. Studying Asia Pacific Security: The Future of Research Training and Dialogue Activity [M]. University of Toronto — York Press, 1994.

9. Marise Cremona & Jonathan Herring. Criminal Law [M]. Macmillan, 1998.

10. Thomas J. Gardner. Criminal Law Principles and Cases (3rd edition) [M]. West Publishing Company, 1985.

后　记

《论金融安全的刑法保护》一书，是在我的博士论文基础上修改而成的。保护金融安全是近年来极受人们关注的问题，由于从刑法学角度研究金融安全在国内尚处于起步阶段，能够直接予以参考的资料有限，加之本人学术水平仍待进一步提高，因此文中可能存在错漏之处，敬请学界师长和同仁批评、指正。

本书能够完成、出版，离不开武汉大学诸多老师的关心与帮助。首先得益于恩师莫洪宪教授的鼓励与鞭策，在跟随恩师学习的岁月里，收获之丰并非笔墨所能形容，她不仅使我领略到博大精深的刑法理论，还使我深深感受到了她高尚的人格，她的宽容、深邃、练达、睿智，融合在她特有的亲和力当中，成为一位称职的好导师、一个相当优秀的现代女性。能够遇到这样一位导师实在是我三生有幸，没有她，也就不可能有今天的我。在本文的写作过程中，恩师给予了悉心指导，从观点到文字，字斟句酌，甚至是标点符号都得到了她的一一修正，全文无不倾注了她的大量心血，学生的感激之情难以述说。同时还要感谢徐水生教授，不论是致电家中还是直接前往，都得到他的热情接待和关心，在此表示学生由衷的谢意。

马克昌先生作为刑法学界一代宗师，学术功底深厚、思维敏捷、和蔼慈祥，八十高龄仍然亲自为我们上课、主持案例讨论，为我们指点迷津，得以见识先生的学识与风范，实是一大幸事。

还要感谢林亚刚教授、康均心教授、李希慧教授、刘明祥教授、皮勇副教授、陈家林副教授，他们的热情鼓励、耐心指导是我前进的源泉与动力，有幸聆听诸位老师的指教，使我获益匪浅。

还要感谢多年来结下深厚友谊的诸多同门，包括童德华、黄明儒、廖梅、杨彩霞、叶小琴、黄丽勤、赵慧、周娅、田蒿、赵军、王雨田、赵辉、刘爱军、胡隽、李成、王燕飞、邓小刚、王树茂、何荣功、张阳、谢雄伟、黄旭巍、张亚军、张芳英、张忠国、刘斌、王娜、易建国、张波、胡春丽、赵波等师兄弟姐妹，在与他们的交往中，他们给予了我无私的帮助，使我感受到同学间温暖而纯洁的情谊，在此深表谢意。

最后，要感谢我亲爱的父母和姐姐，正是多年来他们的默默支持与鼓励，才使我充满了力量，义无反顾地追逐着自己的梦想。

李　娜

2006 年 4 月于武大枫园

武汉大学刑法学博士文库

书目

不作为犯研究
量刑的基本理论研究
刑事责任的一般理论
犯罪过失研究
结果加重犯基本理论研究
正当防卫论
死刑限制论
电子商务领域犯罪研究
帮助犯研究
中国死缓制度的理论与实践
刑法的社会文化分析
共同正犯研究
身份犯研究
犯罪客体研究
间接故意研究
实行行为研究
侵犯商业秘密罪研究
论金融安全的刑法保护

图书在版编目(CIP)数据

论金融安全的刑法保护/李娜著 .—武汉：武汉大学出版社，2009. 1

武汉大学刑法学博士文库

ISBN 978-7-307-06475-1

Ⅰ.论… Ⅱ.李… Ⅲ.金融—刑事犯罪—研究—中国 Ⅳ.D924.334

中国版本图书馆 CIP 数据核字(2008)第 122061 号

责任编辑:田红恩　　责任校对:刘　欣　　版式设计:马　佳

出版发行:**武汉大学出版社**　(430072　武昌　珞珈山)

(电子邮件:cbs22@whu.edu.cn 网址:www.wdp.com.cn)

印刷:湖北省荆州市今印印务有限公司

开本:880×1230　1/32　印张:7.875　字数:217 千字　插页:2

版次:2009 年 1 月第 1 版　　2009 年 1 月第 1 次印刷

ISBN 978-7-307-06475-1/D·821　　定价:16.00 元
